ÉLÉMENTS

DE

LÉGISLATION

COMMERCIALE ET INDUSTRIELLE

ÉLÉMENTS

DE

LÉGISLATION

COMMERCIALE ET INDUSTRIELLE

PAR

E. DELACOURTIE

Avocat à la cour d'appel de Paris, Docteur en droit

OUVRAGE RÉDIGÉ CONFORMÉMENT

aux programmes officiels

POUR L'ENSEIGNEMENT SECONDAIRE SPÉCIAL

(QUATRIÈME ANNÉE)

TROISIÈME ÉDITION

PARIS

LIBRAIRIE HACHETTE ET Cie

79, BOULEVARD SAINT-GERMAIN, 79

1876

PRÉFACE

Le commerce consiste dans un ensemble de négociations qui opèrent ou rendent plus facile l'échange des
marchandises et des produits. De tout temps le commerce et ceux qui en font leur profession ont été soumis à une législation spéciale, nécessitée par la nature
même des opérations commerciales, et destinée surtout
à rendre les transactions plus rapides et plus faciles, à
prévenir la mauvaise foi et la fraude. Indiquons les
principales matières qui se trouvent comprises dans
le droit commercial.

Le droit commercial définit les actes de commerce,
les conditions constitutives de la qualité de commerçant,
les obligations qui en résultent ; il règle les principaux
contrats auxquels le commerce donne naissance, la société, la commission, la lettre de change, les conventions
particulières au commerce de mer. L'exactitude à remplir ses engagements est pour le commerçant une obligation rigoureuse : le droit commercial établit pour cette

obligation une sanction sévère. Le commerçant qui cesse ses paiements est en état de faillite, et cet état entraîne pour sa personne et pour ses biens les conséquences les plus graves.

Il faut encore rattacher à la législation commerciale les dispositions qui créent au commerce des organes, une représentation officielle, tels que les chambres de commerce, et celles relatives aux établissements et aux institutions qui, comme les bourses de commerce, les banques et les magasins généraux, servent à la prospérité du commerce, en facilitant les négociations et en fournissant au commerçant le crédit qui lui est nécessaire.

Le commerce n'a pas seulement une législation spéciale, il a aussi une juridiction particulière : dans tous les grands centres d'affaires, il existe des tribunaux de commerce, dont les membres sont élus, et choisis parmi les commerçants. Ils jugent les contestations entre négociants et celles relatives aux opérations de commerce.

A côté de cette législation applicable à tous les genres de commerce et à tous ceux qui exercent cette profession, se placent des règles spéciales à la branche du commerce, qu'on appelle industrie manufacturière, et dont la fonction spéciale est de modifier et de transformer les produits. Ces règles forment la législation industrielle. Le principe général, en matière d'industrie, est la liberté, mais cette liberté souffre des restrictions nécessaires. Ainsi l'État s'est réservé, dans un intérêt supérieur, l'exercice exclusif de certaines industries, la fabrication de certains produits; d'autres industries sont soumises à une réglementation, à raison du danger qu'elles peuvent présenter, soit pour la santé publique, soit pour le bon ordre et la sécurité des citoyens. La législation industrielle s'occupe de ces restrictions ; elle comprend encore les lois destinées à protéger la propriété industrielle, lois sur les brevets d'invention, les marques et les dessins de fabrique; enfin, elle détermine les rapports entre les maîtres et les ouvriers par les lois sur les livrets d'ouvriers, sur l'apprentissage, sur le travail des enfants, et en organisant, pour les contestations entre patrons et ouvriers, une juridiction, particulière, celle des conseils de prud'hommes.

On voit, par ce rapide coup d'œil, combien est vaste et importante la matière que nous avons à traiter. L'utilité de l'étude de la législation industrielle et commerciale ne saurait échapper à personne : s'il est avantageux à tout citoyen de connaître la loi sous l'empire de laquelle il vit, cela est plus indispensable encore pour le commerçant et pour l'industriel qui peuvent chaque jour se trouver en présence de difficultés que la connaissance de la législation leur permettra de résoudre. Que de procès seraient évités, que de mécomptes écartés, i chacun connaissait les formalités qu'il lui faut remplir, et les conditions auxquelles il doit se conformer, dans les affaires où il peut se trouver engagé. L'étude pratique de la législation, la connaissance de ses principes et de ses dispositions essentielles apparaissent donc comme une véritable nécessité.

C'est en nous plaçant à ce point de vue d'utilité pratique que nous avons parcouru et exposé les points principaux de la législation commerciale et industrielle.

Nous avons suivi presque sans changement le programme officiel de 1866. Nous signalerons seulement une interversion : le programme place dans la partie consacrée aux règlements industriels la loi sur le travail des enfants et la loi sur les heures de travail des ouvriers ; nous avons rapporté ces deux points au chapitre qui traite des rapports entre les patrons et les ouvriers, chapitre auquel ils nous paraissent se rattacher plus naturellement. L'ordre du programme nous a paru préférable à tout autre par ce double motif : que, dans un livre d'enseignement, un plan arrêté à l'avance facilite l'étude et les recherches, et qu'en outre le programme nous offrait les éléments essentiels de la matière distribués d'une manière simple et logique.

Nous avons, conformément à ces indications, divisé notre travail en dix-sept chapitres.

Le premier traite des actes de commerce et des commerçants en général ; les chapitres II, III et IV sont consacrés aux différentes restrictions apportées au principe de la liberté du commerce et de l'industrie : établissements dangereux, incommodes et insalubres, monopoles réservés à l'État, industries règlementées. Dans le cinquième, nous nous occupons des établissements de crédit, banques, magasins généraux, établissements de ventes publiques; dans le sixième, de la capacité nécessaire pour faire le commerce et des obligations des commerçants. Les chapitres VII et VIII traitent de la législation industrielle, des rapports entre les patrons et les ouvriers et de la propriété industrielle. Puis, revenant au droit commercial proprement dit, nous étudions les établissements commerciaux, les intermédiaires employés dans le commerce, les sociétés, les effets de commerce, le droit maritime, les faillites et la juridiction commerciale. Ces différents points font l'objet des chapitres IX à XV. Les deux derniers chapitres sont consacrés, l'un aux douanes, et l'autre aux principales dispositions pénales qui se trouvent soit dans le Code pénal, soit dans des lois spéciales, et qui sont particulièrement applicables au commerce et à l'industrie. Nous citerons en particulier la loi sur les coalitions, les lois et règlements sur les machines à vapeur.

Nous avons autant que possible placé, en tête de chaque matière, le renvoi aux articles du Code de commerce ou aux lois spéciales. C'est une indication qui nous paraît utile : elle permet de recourir au texte même de la loi, et de compléter par une étude plus approfondie les notions nécessairement sommaires que nous avons réunies.

Nous sera-t-il permis, en terminant cette préface,

d'exprimer l'espoir que ce livre pourra servir à ceux qui l'auront entre les mains, même après qu'ils auront terminé le cours de leurs études? Nous avons fait en sorte que, devenus industriels ou commerçants, ils y trouveront des renseignements utiles, qui pourront leur fournir quelquefois la solution des difficultés qui se présenteront à eux dans la carrière des affaires.

L'ENSEIGNEMENT SECONDAIRE SPÉCIAL

LÉGISLATION COMMERCIALE ET INDUSTRIELLE

(QUATRIÈME ANNÉE.)

1. Que faut-il entendre plus spécialement par un *acte de commerce?* — Distinction entre les actes de commerce : *actes commerciaux en eux-mêmes* et *actes réputés commerciaux.* — Conséquences qu'entraînent les actes commerciaux. — Caractères constitutifs de la qualité de commerçant — Définir les qualifications de *fabricants, marchands, négociants* et *artisans.* — Quelles sont les opérations dont l'ensemble constitue l'industrie commerciale ?

L'industrie et le commerce ont pour objet les denrées et marchandises.

Expliquer les termes : *entreprises de commissions, courtage, transports, fournitures.*

A propos des entreprises de fournitures, donner quelques idées générales sur les conséquences graves des marchés de fournitures et de travaux publics. — Conditions pour être admis aux adjudications. — principes qui gouvernent l'interprétation de ces marchés. — Cahier des charges. — Situations différentes de l'Administration et de l'adjudicataire. — Mise en régie. — Résiliation. — Paiement ; à-compte ; solde définitif. — Garantie de l'exécution des obligations. — Exposé sommaire des formalités à remplir pour faire valoir ses droits devant l'autorité compétente, aux divers degrés. — Insister particulièrement sur les obligations des adjudicataires et sur les démarches qu'ils peuvent avoir à faire auprès des autorités administratives.

2. L'intérêt public ne permet pas que toute personne puisse établir où il lui plaît un établissement industriel qui pourrait être dangereux, incommode ou insalubre.

Trois classes d'établissements dangereux, incommodes ou insalubres, d'après le décret du 15 octobre 1810. Donner quelques exemples d'ateliers compris dans chacune des trois classes, en ayant soin de choisir ses exemples dans les branches d'industrie les plus répandues dans la contrée. Insister particulièrement sur les formalités à remplir. —Indiquer la formule des demandes —

Présenter un résumé des prescriptions de police et indiquer les sanctions. — Police des ateliers. Dire comment on procède aux enquêtes *de commodo et incommodo*. — Devoirs de ceux qui sont appelés à donner leur avis.

S'il y a opposition, le conseil de préfecture statue, sauf recours au conseil d'État. — Comment se produisent les oppositions ? — Insister sur les formalités à remplir, et donner des formules d'actes en vue de chaque éventualité.

Les propriétaires voisins lésés par un établissement dangereux, incommode ou insalubre peuvent demander des dommages-intérêts même aux propriétaires d'établissements autorisés. A quelle autorité doivent-ils s'adresser ? — Peines portées contre ceux qui forment ces divers établissements sans autorisation ou qui violent les conditions de l'autorisation.

3. La liberté de l'industrie souffre plusieurs exceptions, et d'abord certaines industries sont complétement interdites aux particuliers. Monopole ou privilége pour l'État de l'achat et de la vente des tabacs, de la vente du papier timbré, de la vente du papier filigrané pour la fabrication des cartes à jouer. Ces monopoles sont des sortes d'impôts. — Dans les départements où la culture du tabac est répandue, indiquer les devoirs du cultivateur envers l'Administration. — Sanction de ces obligations. — A propos du *papier timbré*, démontrer que l'emploi du papier timbré est la soumission à un impôt, légitime comme tous les impôts, mais qu'il n'influe en rien sur la force des conventions écrites. — Indiquer la sanction.

Monopoles établis dans un intérêt d'ordre public. — Fabrication de la monnaie. — Fabrication de la poudre. — Transport des lettres et dépêches. — Indiquer avec soin les sanctions pénales encourues pour délits commis envers l'administration des postes. — Quelques détails sur l'emploi du timbre-poste, l'envoi des valeurs, l'affranchissement.—Emploi de la télégraphie privée.

D'autres industries ne peuvent être exercées qu'avec autorisation du Gouvernement. — Fabrication des armes de guerre. — Droit d'imprimer et de vendre des livres. — Devoirs spéciaux de l'imprimeur. — Sanctions. — Formalités à remplir pour obtenir un brevet.

Dans d'autres industries, la loi prescrit certaines règles à observer par ceux qui exercent. — Obligations de ceux qui achètent des matières d'or et d'argent. — Loi sur le travail des enfants dans les manufactures, usines ou ateliers. — Loi sur les heures de travail des ouvriers dans les manufactures et usines.

4. Notions très-générales sur les opérations de banque. — Deux sortes de banques : 1° banques de dépôts et de virement ; — 2° banques de circulation. — Banques publiques. — Banques particulières.

Banque de France et ses succursales dans les départements.

Donner une idée des négociations concernant les marchandises déposées dans les magasins généraux. — Récépissés. — Titres remis au propriétaire de la marchandise. — Effets de l'endossement. — Conditions essentielles de l'endossement. — Libération de la marchandise. — Droit du porteur du warant. — Recours du porteur contre l'emprunteur et les endosseurs. — Perte du récépissé ou du warant. — Notions générales sur les ventes publiques des marchandises en gros. — Formalités pour obtenir l'autorisation d'ouvrir un magasin général ou une salle de ventes publiques. — Obligations des propriétaires ou exploitants.

5. *Des commerçants.* — Qui peut être commerçant? — Mineurs; femmes mariées. — Conditions exigées pour qu'ils soient commerçants. — Conséquences de leur qualité de commerçant. Obligations imposées aux commerçants. — Rappeler les livres exigés par la loi. — Utilité de la tenue des livres. — Habitudes d'ordre et d'économie — Publicité donnée aux conventions matrimoniales. — Prérogatives des commerçants.

6. *Des patentes.* — Notions très-succinctes sur l'impôt des patentes. — Explication de ce qu'il faut entendre par *droit fixe et droit proportionnel.* — Sur quoi est établi le *droit proportionnel?* — Où doit-il être payé? — Se borner à indiquer dans quel cas on est fondé à réclamer. — Demandes en décharge ou en réduction. — Délai dans lequel elles doivent être formées. — Formes de la demande. — A qui doit-elle être adressée? — Tracer les formalités à remplir.

7. Le commerce divise les personnes en patrons et ouvriers. Revenir sur le compte de l'entrepreneur. — Qualités d'un bon entrepreneur: *Intelligence des besoins, génie des affaires, goût, énergie, esprit de ressources.* — Signaler les branches dangereuses de production. — Caractériser les tendances de l'époque au point de vue de la consommation. — Justification des profits de l'entrepreneur. — Dire ce que représentent ces profits. — Avantages et inconvénients de l'emploi des ouvriers étrangers. — Devoirs de l'entrepreneur envers les ouvriers. — Institutions créées à Troyes et à Mulhouse en faveur des ouvriers. — Mensonge de la théorie du *droit au travail.* L'État n'est pas le dispensateur du travail et du bien-être : il ne doit que protection. — L'ouvrier ne doit rien attendre que de son mérite personnel, de son esprit d'ordre et d'économie. — Rappeler toutefois les institutions de protection, d'encouragement et de bienfaisance créées par le Gouvernement en faveur des ouvriers.

Les ouvriers se subdivisent en contre-maîtres, ouvriers et apprentis.

Les règles susénoncées, relatives aux conditions nécessaires pour exercer le commerce, et la patente, s'appliquent spécialement aux patrons. Les conventions entre les patrons et les ouvriers sont réglées entre eux à l'amiable; les difficultés sont portées devant les conseils de prud'hommes.

Les ouvriers sont soumis à l'obligation du *livret*.

Le *livret* contient les engagements de travail entre le patron et l'ouvrier. Droits et devoirs du patron et de l'ouvrier à propos du *livret*. — Il n'est délivré qu'un seul livret à chaque ouvrier, sauf le cas de perte. — Formalités à remplir pour se faire délivrer un livret. — Formalités en cas de perte. — Insister sur les sanctions pénales, en cas de fabrication de faux livret, ou de falsification, ou de faux nom.

8. *De l'apprentissage.* — L'apprentissage est un contrat par lequel un entrepreneur, chef d'atelier, ou même ouvrier, s'engage à enseigner son art ou métier à une autre personne, qui s'oblige, de son côté, à travailler pour le premier. Le contrat peut être constaté par écrit ou être fait verbalement.

Que doit contenir l'acte d'apprentissage? — Insister sur les formalités qui président à la formation du contrat d'apprentissage. — Clauses qu'on ne peut pas y introduire. — Incapacités. — Devoirs réciproques. — Droits des parents. — Limite des droits du patron.

Comment finit le contrat d'apprentissage? — Congé d'acquit. — A quoi s'expose le fabricant, chef d'atelier ou ouvrier, convaincu d'avoir détourné un apprenti de chez son maître.

9. *De la propriété industrielle.* — A quoi s'applique la propriété industrielle?

Brevets d'invention. — Caractère du brevet d'invention. — Bien insister sur cette considération, que l'Administration ne se constitue nullement juge de la réalité et du mérite de la découverte; qu'elle n'examine pas même si la découverte est ou n'est pas nouvelle; qu'elle délivre le brevet aux risques et périls des demandeurs.

L'obtention légitime d'un brevet suppose quatre conditions : 1° qu'il y ait invention ou découverte; 2° que cette invention ou découverte soit nouvelle; 3° qu'elle ait un caractère industriel; 4° qu'elle soit licite. Entrer ici dans quelques détails et donner des exemples pour expliquer en quoi consiste la nouveauté de la découverte. — *Nouveaux produits, nouveaux moyens* ou *application nouvelle* de moyens connus. — Signaler les découvertes non susceptibles d'être brevetées.

Il y a aussi des brevets de perfectionnement. — Brevets d'addition. — Conséquence de ces brevets. — Droits respectifs du titulaire d'un premier brevet, et du titulaire d'un brevet de perfectionnement. — L'étranger peut prendre un brevet en France pour sa découverte. — Durée des brevets pris pour des découvertes déjà brevetées à l'étranger.

Durée des brevets : cinq, dix ou quinze ans. Dépôt de la demande du brevet. Insister sur ce point que, les demandes irrégulières étant rejetées, il est important de former une demande régulière, sous peine de perdre la priorité de l'invention. — Détailler toutes les formalités à remplir. — Taxe des brevets. — Droit du breveté. — Droit des autres industriels pendant la durée du brevet. — Publicité donnée à la découverte.

Les brevets peuvent être cédés en tout ou en partie. — Conditions de la cession. — Droits du cessionnaire. — Ses devoirs. — Nullité et déchéance des brevets.

Quelles en sont les causes et les différences.

10. Des marques de fabrique. — En quoi elles consistent. — La marque doit être inhérente aux produits.

Conditions exigées pour devenir propriétaire d'une marque. — Marques d'origine.

Dessins de fabrique. Les dessins formés par le tissu, ou brodés ou imprimés, pour constituer une propriété, doivent constituer une invention; doivent être déposés aux archives du conseil des prud'hommes. Dans cette matière, se préoccuper surtout des formalités à remplir pour faire constater son droit.

11. De la contrefaçon. — Ses éléments. — Deux actions contre la contrefaçon : action publique, amende et emprisonnement; action civile, dommages et intérêts ou réparation du dommage causé.

Actions en contrefaçon portées devant le tribunal correctionnel. Tout propriétaire ou cessionnaire de brevet peut agir contre le contrefacteur.

La contrefaçon des marques de fabrique et des dessins de fabrique donne lieu également à deux actions : action criminelle, action civile.

Usurpation de noms. Deux actions.

L'usurpation d'enseignes, d'étiquettes, d'enveloppes, ne donne lieu qu'à une action civile en dommages et intérêts. Le professeur insistera particulièrement sur les démarches à faire pour arriver à la constatation de la contrefaçon. — Il se préoccupera surtout de diriger l'industriel, dont les droits ont été violés, dans les différentes phases de la poursuite en contrefaçon.

12. *Établissements commerciaux.* — Chambres de commerce. Bourses de commerce. Halles, foires et marchés. — Notions générales sur les *Chambres de commerce.* — Conditions d'éligibilité. — Utilité des bourses de commerce. Indiquer d'une manière générale les négociations qui s'y font.

13. *Intermédiaires de commerce.* Commissionnaires. Leur ca-

ractère. Commissionnaires acheteurs ou vendeurs. Obligations du commissionnaire envers le commettant.

Obligations du commettant envers le commissionnaire. Privilége du commissionnaire pour ses avances, et conditions de ce privilége. Quelques détails sur les commis de commerce. — Dire dans quelles limites les commis, comme mandataires tacites, engagent leurs mandants envers les tiers. — Procuration des commis voyageurs. — Attributions des caissiers.

14. *Suite des intermédiaires de commerce*. Des commissionnaires de transport par terre et par eau. Leurs obligations en recevant les marchandises à transporter. Le commissionnaire de transport fait effectuer le transport par un voiturier. Sous ce nom, le Code de commerce comprend tout voiturier, batelier entrepreneur de diligences publiques.

Lettre de voiture. Sa forme; ce qu'elle doit contenir. Donner la formule. — Ses effets. — Aux risques de qui voyage la marchandise? Responsabilité du commissionnaire et du voiturier. Réception des objets transportés et paiement du prix de voiture. — Insister sur le cas où il y a refus ou contestation pour la réception. — Formule de requête à présenter en cas de refus ou de contestation. — Formule de rapport d'experts. — Droit du voiturier.

15. *Suite des intermédiaires de commerce*. — Agents de change et courtiers. Indication sommaire de leurs attributions. — Recours que l'on peut avoir à exercer contre les agents de change. — Parler des oppositions que l'on peut avoir à faire sur leur cautionnement. — Démarches. — Formalités.

16. *Suite des intermédiaires de commerce*. — Courtiers. Courtiers de marchandises, courtiers d'assurances, courtiers interprètes et conducteurs de navires, courtiers de transport par terre et par eau, et, à Paris, courtiers-gourmets, piqueurs de vin. — Facteurs de commerce.

17. *Des sociétés*. — Définition de la société. — Conditions pour qu'il y ait société. — Apport. — Intérêt commun. — Bénéfices à réaliser. Caractères de la société commerciale. — Étendue du contrat de société. — Diverses espèces de sociétés commerciales.

18. *Sociétés en nom collectif*. — Caractère de ces sociétés. *Raison sociale*. Forme obligatoire. Publicité.

Sanction de la publicité. Pouvoirs des associés gérants. — Quelles règles suit-on, à défaut de stipulations sur le mode d'administration? — Signature sociale. — Droits des créanciers particuliers de l'un des associés. — Responsabilité des gérants. — Actes modificatifs des conditions primitives. — Commis des sociétés.

19. *Sociétés en commandite simple*. — Caractère de ces so-

ciétés. — Commanditaires et commandités. Raison sociale. Mêmes formes, même publicité que pour la société en nom collectif. Donner un aperçu général de l'organisation des sociétés en commandite. — Division du capital.

20. *De la commandite par actions.* — Formation de la société. — Émission et négociation des actions. — Souscription du capital social et versement par chaque actionnaire du quart du montant de ses actions. — Responsabilité des souscripteurs d'actions. — Négociabilité des actions. — Apport. — Assemblées. — Attributions et responsabilité des conseils de surveillance. — Sanctions pénales.

21. *Des sociétés anonymes.* — Caractère de ces sociétés. Autorisation du Gouvernement. Formes. Capital toujours divisé en actions. Pas de raison sociale. Désignation de la société. Les pouvoirs des gérants sont réglés par l'acte de société. Donner une idée de l'organisation intérieure d'une société anonyme. Insister sur la responsabilité des administrateurs et les obligations des associés. — Des obligations émises par les sociétés anonymes. — Notions générales sur les *tontines.* — Sociétés anonymes étrangères en France. — Droit de transmission sur les obligations des sociétés financières ou industrielles.

22. *Des sociétés à responsabilité limitée.* — Définition de ces sociétés. — Nombre des associés. — Capital social. — Quand sont-elles constituées? Souscription et versement du capital. Apport ne consistant pas en numéraire. Sanction des formalités prescrites pour la constitution de ces sociétés. Publicité. Les administrateurs. Les assemblées générales. Les commissaires. Prélèvement sur les bénéfices. Responsabilité des commissaires et administrateurs. Peines.

Association en participation : nature particulière de cette association. — Pas de formes prescrites, pas de publicité. Comment elle se règle.

Le professeur s'attachera, dans toute cette matière des sociétés, à bien caractériser chacune des associations, à montrer les conséquences pratiques qui peuvent en résulter pour les membres qui en font partie. Il évitera avec soin toutes les questions controversées, donnera les meilleures formules d'actes de société, et insistera particulièrement sur les droits des assemblées et les devoirs des surveillants.

23. Dissolution des sociétés. — Publicité obligée. — Liquidation des sociétés dissoutes.

Fonctions des liquidateurs : faire faire inventaire, tenir des registres, inscrire leurs opérations, faire des rapports, conserver l'actif. — Pouvoirs des liquidateurs. — Insister sur les devoirs des liquidateurs ; donner un aperçu des procédés de liquidations.

24. *Lettres de change.* — Du change. — Diverses significations de ce mot. — Change des monnaies.

Définition de la lettre de change. — Son but. — Conditions de sa validité. — Énonciations qu'elle doit contenir. — Questions relatives à la valeur fournie. — Clause d'ordre. Clause de retour sans frais. — Énonciation : *sans autre avis de.* — Lettres par 1re, 2e, 3e, etc. — Énonciations exigées ; facultatives. — Suppositions de nom, de qualité, de domicile, de lieu, de valeur. — Effets de la supposition. — Insister sur les dangers du fait de *tirer en l'air.* — Lettres de change souscrites par des femmes et par des mineurs.

Exemples de lettres de change, formules. La lettre de change est un acte commercial par lui-même. — Timbre mobile pour les effets de commerce venant de l'étranger.

25. *De l'endossement.* — Définition. — Conditions de l'endossement. Formule d'endossement. De l'endossement en blanc, très-utile en pratique. Ses effets. — Allonges. — Endossement par acte séparé. — Endossement après l'échéance. — Endossement irrégulier. — Solidarité.

De la provision. Conditions pour qu'il y ait provision. — Importance de l'existence de la provision. — Qui doit faire la provision ? — A qui appartient la provision ?

De l'acceptation. — Présomption qui s'y rattache. — Quand est-on forcé de présenter à l'acceptation ? — Époque de la présentation à l'acceptation. — Son irrévocabilité. — Acceptation restreinte. — Ce qu'il faut faire, en cas d'acceptation conditionnelle de la part du tiré. — Délai accordé pour accepter.

Formes de l'acceptation. Ce qu'il faut faire en cas de refus d'acceptation. — Cas de faillite du tiré *avant* ou *après* l'acceptation. — Obligations des cautions.

De l'acceptation par intervention. Moment de cette acceptation. — Pour qui peut-on accepter ainsi ? — Effets de l'intervention. — Forme. — Devoir de l'intervenant.

Aval. — Ce que c'est. — Sa forme. — Ses effets.

26. *De l'échéance ou terme fixé pour le paiement.* — Différents modes. Expliquer ce qu'il faut entendre par échéances à vue, à jours, mois, usances *de vue*; à jours, mois, usances *de date*; échéances à jour fixe ; échéances en foire. — Échéances tombant un jour férié.

Du paiement. — Défaut de paiement à l'échéance. — Nécessité du protêt, faute de paiement. Dangers du paiement anticipé. — Titre sur lequel on doit payer. — Mode de paiement. — Cas où la lettre porte qu'elle sera payée en monnaie étrangère. — Paiement par à-compte. — Passe de sacs.

Quand peut-on former opposition au paiement d'une lettre de change ? — Que doit faire le propriétaire d'une lettre de change qui l'a égarée ? — Cas de perte d'une lettre de change non acceptée et d'une lettre revêtue de l'acceptation. — Lettre à un seul exemplaire égarée. — Cas de lettre de change fausse acquittée par le tiré. — Lettre falsifiée. — Le professeur insistera particulièrement sur les démarches à faire dans des cas pareils. — Dans quel délai le porteur doit-il exiger le paiement de l'acceptation ? — Énumérer les devoirs du porteur, et faire connaître les conséquences de toute omission. — Cas où l'on peut faire protester *avant* l'échéance. — Cas où le porteur ne se présente pas. — Positions des différents obligés envers le porteur. — Droits et devoirs du porteur envers le tireur et les endosseurs. — Sanctions.

Formes du protêt. — Poursuites à exercer par le porteur, faute de paiement. — Dans quels délais ? — Fausse indication de domicile. — Ce que c'est qu'une retraite. — Notions sommaires. — Quelques mots sur le règlement du rechange à l'égard du tireur et des endosseurs. — Formules.

27. *Du billet à ordre et des chèques.* — Formule du billet à ordre. — Différence avec la lettre de change. — Le billet à ordre est soumis, comme la lettre de change, au timbre proportionnel. — Insister sur le billet à ordre. — Énonciation du *bon* ou *approuvé*. — Billets à domicile. — Billets au porteur. — Mandats. — Lettres de crédit. — Formules de tous ces titres. — Insister sur les dangers auxquels exposent les renouvellements de billets.

Des chèques. — Définition.

Le chèque, tiré d'un lieu sur un autre ou sur la même place, n'est pas par lui-même un acte de commerce. — Effets.

Délais de paiement très-restreints. — Exempts de timbre pendant dix ans. — Beaucoup de lettres de change se tirent sous forme de chèques, pour éviter le timbre. — Sanction des fraudes qui peuvent avoir lieu en matière d'effets de commerce. — Prescriptions en matière d'effets de commerce.

28. *Notions sommaires sur le commerce maritime.* — Cette partie du cours sera surtout traitée dans les localités voisines des ports de mer ou des grands fleuves. — Le professeur expliquera d'abord certaines expressions relatives au commerce maritime, telles que : *navire, vaisseau, tonneau, jaugeage, tonnage, agrès, etc.* — Il dira ensuite quels sont les droits auxquels sont soumis les navires tels que droits de tonnage, pilotage, touage, etc. — Il parlera des pièces dont les navires doivent être pourvus. — Responsabilité des propriétaires de navires, armateurs ou non armateurs. — Du connaissement. — Ce que c'est. — Droits et devoirs du capitaine avant le départ et pendant le voyage. — Pouvoirs à bord. — Devoirs à l'arrivée. — Insister sur les diverses clauses possibles de l'engagement des matelots ; démontrer la

conséquence de ces clauses. — Droit des matelots en cas de résolution ou de modification de leurs engagements. — Notions générales sur l'assurance maritime. — Insister sur les obligations de l'assuré.

Ce que c'est que le délaissement. — Quand peut-il avoir lieu?

Qu'entend-on par avarie? — Jet et contribution. — Dans les contrées qui avoisinent la mer, on pourra donner quelques détails sur l'effectif de la marine marchande française et les services transatlantiques, tels que la *Compagnie des Messageries maritimes* et la *Compagnie générale transatlantique*. Services annexes. Tableau, dressé par ordre et suivant le chiffre des tonneaux, des pays étrangers avec lesquels la France entretient annuellement le plus de relations. — Relevé comparatif du mouvement de la navigation marchande de la France avec l'étranger et les colonies et la grande pêche.

29. *De la faillite.* — Cessation et suspension de paiements. — Renouvellement des billets.

Déclaration de faillite par le failli dans les trois jours de la cessation de paiements. — Cette cessation de payements est constatée par un jugement du tribunal de commerce. — Insister sur la déclaration de cessation. — Indiquer les formalités. — Rétractation de la déclaration. — Lieu de la déclaration.

Dépôt du bilan. — Que doit contenir le bilan? — Déclaration d'office. — Actes nuls de droit. — Actes annulables.

30. *Effets du jugement déclaratif de faillite.* — Dessaisissement. — Suspension des poursuites individuelles. — Exigibilité des dettes du failli. — Cessation du cours des intérêts. — Apposition des scellés.

31. *Administration de la faillite.* — Syndics définitifs. Droits et devoirs des syndics. Insister sur le droit qu'ont les créanciers d'élever des réclamations contre les opérations des syndics. — Indiquer la marche à suivre. — Donner une formule du mémoire ou compte sommaire que les syndics devront remettre au juge-commissaire. — Entrer dans quelques détails sur la vérification des créances. — Mettre en relief les droits des créanciers et les démarches qu'ils ont à faire. — Droit d'assister à la vérification. Preuve des créances. — Admission des créances. — Contestation des créances. — Sanction du défaut de comparution et d'affirmation.

32. Du concordat. Traité entre le failli et ses créanciers. Convocation des créanciers. A quelle majorité a lieu le concordat. Les créanciers privilégiés ou hypothécaires ne votent pas, sinon ils perdent leur droit de préférence. Insister particulièrement sur les oppositions au concordat. Quels créanciers ne peuvent former opposition? — Dividendes. Quelques notions sur les concordats par abandon de l'actif.

33. *De la banqueroute.* — Banqueroute simple. — Banqueroute frauduleuse. — Dangers que peuvent courir des actes de complaisance inconsidérée.

De la réhabilitation. — Quand a-t-elle lieu ? Donner la formule d'une demande en réhabilitation. — Formule d'opposition à la réhabilitation.

34. Rappel de la compétence des tribunaux de commerce. — Des arbitrages. — Indiquer succinctement la marche d'un procès commercial. — Devoirs des arbitres. — Ordonnance d'*exequatur*. Où se porte l'appel, si les parties n'y ont pas renoncé ?

35. *Douanes.* — Elles peuvent être envisagées : 1° comme impôt ; 2° comme mesure de protection pour l'industrie nationale.

Les tarifs consistent dans des tableaux énumérant les marchandises, avec indication des droits auxquels elle sont soumises. — Surtaxe de navigation pour les marchandises importées par navires étrangers. Modération de droits pour les marchandises ayant une certaine provenance. — Tares. — Passavants. — Acquits-à-caution.

36. *Des entrepôts.* — Définition. — L'entrepôt est réel ou fictif. Les marchandises sont vérifiées à leur entrée. Délai légal de la durée de séjour en entrepôt. Les marchandises peuvent toujours être retirées en acquittant les droits. Elles sont de nouveau vérifiées à la sortie. On peut les envoyer d'un entrepôt à un autre sans acquitter les droits. Certaines marchandises peuvent seules être admises à l'entrepôt fictif, denrées coloniales, marchandises encombrantes, comme marbres bruts, meules, ardoises, etc. On n'accorde généralement l'entrepôt fictif que dans les villes où il y a un entrepôt réel.

Du transit. Définition.

En principe, le transit n'a lieu que par voie de terre. Déclaration. — Plombage. Vérification à la sortie.

Cabotage. — Grand et petit cabotage. — Destinées du petit cabotage.

Primes d'exportation, encouragements en argent donnés par le Gouvernement français à des négociants français, pour qu'ils trouvent un avantage à porter des produits français sur un marché étranger.

37. *Législation pénale en matière de douanes.* — Son caractère particulier. — Contraventions, délits, crimes. — Moyens de poursuite. Visites domiciliaires, saisie de marchandises, contraintes.

L'Administration peut transiger avec ceux qui ont violé les lois des douanes. Elle peut aussi, après la peine prononcée, en accorder une remise totale ou partielle.

Prescription. — Soit en faveur de la régie, soit contre elle, par le délai d'un an sans demande ou sans poursuite.

38. *Partie pénale.* — Article 387 du Code pénal, modifié par la loi du 13 mai 1863. — Violation des règlements relatifs aux manufactures, au commerce et aux arts. — Délits des fournisseurs. — Epizooties et mesures générales prises pour arrêter la contagion. — Animaux domestiques; mauvais traitements. — Dégât commis par les bestiaux. — Appareils à vapeur et chaudières à vapeur (loi du 21 juillet 1856, décret du 27 janvier 1865).

TABLE DES MATIÈRES

FIN DE LA TABLE

ÉLÉMENTS
DE LÉGISLATION
COMMERCIALE ET INDUSTRIELLE

INTRODUCTION HISTORIQUE.

Origines du droit commercial. — Pour faire un historique complet de la législation commerciale, il faudrait faire l'histoire du commerce lui-même. Ce serait là une étude pleine d'intérêt, mais que les limites de ce travail ne nous permettent pas d'aborder. Qu'il nous suffise, pour montrer quelle influence le développement des relations commerciales peut exercer sur la prospérité des nations, de rappeler, qu'au Moyen Age et dans les temps modernes, des états peu importants par leur territoire et leur population, comme les républiques italiennes, les Villes Anséatiques et plus tard la Hollande, ont dû au commerce leur grandeur et leur influence en Europe.

Le développement du commerce entraîne comme conséquence nécessaire l'étude de la législation commerciale : aussi c'est dans les villes d'Italie, si prospères alors, que nous trouvons au Moyen Age les jurisconsultes qui ont les premiers tracé les principes fondamentaux du droit commercial. Le commerce était régi par des usages ou coutumes ayant force de loi qui déterminaient les règles relatives aux contrats et aux opérations auxquels il donne naissance. Les recueils les plus importants de cette époque sont relatifs au commerce maritime. Nous citerons notamment le *Consulat de la mer*, qui relate les usages et coutumes de la mer suivis sur les côtes de la Méditerranée, et les *Roles d'Oléron*, résumé des coutumes applicables à la navigation de l'Océan. Ces deux recueils remontent, suivant les conjectures les plus vraisemblables, au XIIIe siècle. Indépendamment de ces coutumes générales et des coutumes spéciales aux diverses places de commerce, les édits et ordonnances de nos rois avaient établi certaines règles relatives au commerce, mais toutes ces dispositions étaient incomplètes et ne pouvaient suffire aux besoins que faisait naître le développement des négociations commerciales.

Ordonnances de 1673 et de 1681. — Il faut arriver au règne de Louis XIV pour trouver un monument législatif comprenant l'ensemble du droit commercial. Colbert avait imprimé au commerce une vive impulsion; sous son administration habile, des manufactures, des établissements commerciaux se fondèrent en grand nombre : les entreprises maritimes et les armements prirent une grande extension. En même temps se faisait sentir la nécessité d'une législation plus parfaite, plus complète, ayant un caractère d'uniformité qui avait fait défaut jusqu'alors. En 1673 parut une première ordonnance sur le commerce en général. Colbert en fut le promoteur, et elle fut rédigée presqu'entièrement par les soins de Savary, ancien négociant, familiarisé par une longue pratique avec la jurisprudence commerciale. Le nom de Savary est lié si intimement à l'ordonnance de 1673, qu'on a souvent substitué au nom de code marchand, qui lui était donné dans l'usage, le nom de code Savary. L'ordonnance de 1673 fut suivie de l'ordonnance de 1681, appelée ordonnance sur la marine, et qui est consacrée au droit maritime et au commerce de mer. L'ordonnance de 1681 est considérée comme le chef-d'œuvre législatif de cette époque; « elle est sans contredit, disait Valin, l'un de ses commentateurs, la plus belle de toutes celles de Louis XIV. » Ce n'est pas en France seulement que cette ordonnance excita l'admiration : les nations voisines nous l'envièrent, et elle fût bientôt adoptée presque généralement en Europe.

Nous avons insisté sur les ordonnances de Louis XIV, parce que notre droit commercial actuel s'y rattache directement et leur a emprunté un grand nombre de dispositions. Cependant ces ordonnances, un siècle après leur promulgation, paraissaient déjà susceptibles d'une révision; en 1787 une commission fut chargée de procéder à ce travail. Les évènements politiques empêchèrent la réalisation de ce projet; et c'est seulement sous le Consulat que fut reprise l'œuvre de la réforme des lois commerciales.

Code de commerce. — En 1801, une commission, nommée par le premier consul, se mit à l'œuvre et prépara la rédaction d'un Code de commerce. En 1806 le projet rédigé par la commission fut soumis aux délibérations du conseil d'État. Cinq lois furent successivement présentées au vote du Corps législatif et adoptées par lui. Ces cinq lois ont été réunies en un seul corps, sous le nom de Code de commerce, par une loi du 15 septembre 1807, qui fixa au 1er janvier 1808 la mise à exécution du nouveau Code. Le Code de commerce est divisé en quatre livres consacrés, le premier, au commerce en général; le deuxième, au commerce de mer; le troisième, aux faillites et banqueroutes; le quatrième, à l'organisation et à la compétence des tribunaux de commerce. Les dispositions du Code de commerce forment une seule série d'articles : il comprend 648 articles.

Modifications au Code de commerce. — Le Code de commerce est le monument le plus important de notre droit commercial. Les nations les plus éclairées et les plus commerçantes l'ont adopté; et la France a eu ainsi l'honneur de fournir à plusieurs législations européennes les éléments essentiels de leur droit commercial. Toutefois des imperfections ont été signalées dans cette œuvre considérable; d'un autre côté le progrès du commerce a rendu nécessaires des dispositions nouvelles. De là des modifications assez nombreuses apportées depuis 1808 au Code de commerce. Sans vouloir les énumérer, nous nous contenterons de citer la loi de 1838, qui a remanié entièrement le livre III, consacré aux faillites et banqueroutes, et la loi de 1867 qui a soumis à un régime nouveau les sociétés par actions.

Ancienne législation industrielle; corporations. — Nous avons jusqu'à présent indiqué les sources de la législation commerciale proprement dite, il nous reste à ajouter quelques mots sur l'histoire de la législation industrielle. Le caractère essentiel de notre ancienne législation industrielle est le régime des corporations. L'industrie était organisée par corps de métiers : il fallait, pour exercer une profession industrielle, se faire recevoir dans le corps de métier, et on n'y arrivait que par des épreuves longues, difficiles et dispendieuses. Chaque corps de métier avait son domaine, dont il ne pouvait sortir; on a souvent cité l'exemple des fripiers et des tailleurs : les premiers ne pouvaient faire un habit neuf, tandis que les seconds ne pouvaient réparer un vieil habit. Les débats entre les diverses corporations ont souvent occupé les cours de justice, et engendré des procès qui duraient pendant des siècles.

Des statuts, des règlements et des chartes, déterminaient l'organisation des diverses corporations, les conditions et les formes d'admission, les rapports entre les maîtres et les apprentis; le mode de fabrication et de vente était aussi imposé, tout était ainsi réglé et prévu à l'avance. Ce régime supprimait la liberté du travail, et entraînait les plus graves inconvénients : il perpétuait l'esprit de routine, empêchait les procédés nouveaux et les inventions de se produire, et, en arrêtant le libre effort de l'initiative individuelle, il apportait un obstacle invincible au progrès de l'industrie. Le régime des corporations fut aboli par un édit célèbre de Louis XVI qui porte la date du mois de mars 1776, et est dû à l'initiative de Turgot. Cet édit qui, dans son préambule, affirme en termes éloquents le principe de la liberté du travail, peut être considéré comme inaugurant le régime nouveau de l'industrie moderne.

Législation industrielle actuelle. — Le principe de la liberté de l'industrie est le fondement de notre législation actuelle; mais des restrictions nécessaires sont apportées à ce principe. Ces restrictions se trouvent contenues dans un certain nombre de lois, datant de diverses époques. Ainsi un décret du 15 octobre 1810 et une ordonnance du 14 janvier 1815 régissent les établissements dangereux, incommodes et insalubres ; une loi du 22 mars 1841 réglemente le travail des enfants dans les manufactures ; le contrat d'apprentissage est régi par une loi du 22 février 1851. Citons encore la loi du 5 juillet 1844 sur les brevets d'invention, la loi du 23 juin 1857 sur les marques de fabrique, la loi du 25 mai 1864, qui établit des peines contre ceux qui, par violence ou par fraude, portent atteinte à la liberté du travail. Cette diversité de lois est regrettable ; elle rend plus difficile la connaissance de la législation industrielle. Qu'il nous soit permis sur ce point de citer l'opinion d'un économiste contemporain, M. Levasseur. Après avoir rappelé la rédaction du Code de commerce, M. Levasseur ajoute : « On peut adresser au conseil d'État le reproche de n'avoir pas tracé un cadre assez large. Au lieu d'un Code de commerce, c'était un Code de l'industrie et du commerce qu'il aurait dû rédiger, car, entre les deux, la distinction est parfois impossible, et le plus souvent inutile à marquer. L'une et l'autre créent entre les hommes des rapports d'une nature particulière qui doivent être déterminés par des lois spéciales ; il eût été bon que ces lois fussent réunies en un même corps, de façon à ce que tout homme fabriquant et trafiquant connût facilement ses droits et ses devoirs, comme chaque citoyen apprend les siens dans le Code civil (1). » Ces considérations nous paraissent fort justes et nous ne pouvons que nous y associer. Quoi qu'il en soit, ce qu'il faut retenir, c'est qu'il n'existe pas un Code de l'industrie, comme il existe un Code de commerce, et que c'est dans des lois spéciales qu'il faut rechercher tout ce qui concerne le droit industriel.

(1) *Histoire des classes ouvrières*, t. Ier, p. 296. — Paris, Hachette et Cie, 1807.

CHAPITRE PREMIER.

DES ACTES DE COMMERCE ET DES COMMERÇANTS.

(Code de commerce, art. 1er, 632, 633, 638.)

Division. — La première question à résoudre, lorsqu'on aborde l'étude de la législation commerciale, est de déterminer quels actes elle régit et quelles personnes y sont soumises. Tel est l'objet de ce chapitre, dans lequel nous examinerons les actes qualifiés actes de commerce, les conséquences qu'ils entraînent, et enfin les caractères qui constituent la qualité de commerçant.

De là deux sections, consacrées : la première, aux actes de commerce, la seconde, aux commerçants.

SECTION Ire.

DES ACTES DE COMMERCE.

Objet du commerce. — Le commerce consiste dans les diverses négociations qui ont pour but d'opérer et de faciliter les échanges des produits de la nature et de l'industrie, à l'effet d'en tirer quelque profit. Le commerce a pour objet les denrées et les marchandises; on entend par denrées, les produits destinés à la consommation de l'homme ou des animaux, tels que le vin, les vêtements, etc; par marchandises, toute chose, autre que les immeubles, les maisons ou les terres, qui peut être vendue ou louée.

Le commerce peut s'appliquer aux produits naturels, ou aux produits travaillés et mis en œuvre par la main de l'homme. Cette branche importante du commerce, consistant à modifier ou transformer par le travail les produits naturels, prend le nom d'industrie manufacturière; ceux qui l'exercent sont des manufacturiers ou fabricants.

Diverses espèces de commerce. — On divise aussi le commerce, en commerce de gros et commerce de détail, commerce intérieur et commerce extérieur. Le commerçant en gros achète les produits, soit dans les lieux de production, soit là où ils ont le moins de valeur, les transporte dans les lieux où ils ont plus de valeur et les vend par quantités considérables. Le commerçant en détail achète ses articles au marchand en gros, ou même au producteur, les rassemble dans une boutique et les revend par petites portions, à mesure qu'ils sont demandés par le consommateur.

Le commerce intérieur est celui qui a pour objet de vendre en France des marchandises d'origine française; le commerce extérieur consiste, soit à amener et à vendre en France des produits étrangers, soit à transporter en pays étranger, pour les y écouler, des produits français. La première de ces opérations s'appelle importation, la seconde, exportation.

Ce qu'il faut entendre par actes de commerce — Les négociations diverses dont l'ensemble constitue le commerce prennent le nom d'actes de commerce. Tout acte de commerce suppose chez celui qui le fait : l'intention de réaliser un bénéfice; c'est un caractère commun que nous retrouverons dans les diverses espèces d'actes ou de négociations que nous allons parcourir.

Achat pour revendre. — Le type le plus simple de l'acte de commerce est l'opération qui consiste à acheter des denrées ou des marchandises pour les revendre, et tirer un profit de cette revente. Ainsi le marchand en détail achète au négociant en gros des marchandises pour un certain prix; il les revendra ensuite, en les détaillant à des consommateurs, pour une somme supérieure à celle qu'il aura payée. Que celui qui achète les marchandises ait l'intention de les revendre telles qu'elles lui ont été livrées, ou qu'il ait l'intention de les travailler, et de les revendre, après en avoir modifié la forme ou la nature, peu importe, l'opération a toujours le même caractère; en effet, dans un cas comme dans l'autre, celui qui achète a l'intention de revendre et de tirer un bénéfice de la différence entre le prix de l'achat et le prix de la revente. Il y a également acte de commerce de la part de celui qui achète des marchandises, non pour les revendre, mais pour les louer, pour les mettre pendant un certain temps à la disposition de ceux qui en auront besoin; ainsi celui qui achète des voitures pour les louer au public, des livres pour le service d'un cabinet de lecture, fait un acte de commerce; il achète pour tirer un bénéfice, non de la revente, mais de la location des choses ainsi achetées. Le caractère de l'acte de commerce ne se rencontre pas au contraire, lorsqu'un propriétaire, cultivateur ou vigneron vend les denrées récoltées sur la terre qu'il cultive, le blé, le vin, les fruits ; il n'a pas acheté pour revendre, il vend ce que la terre a produit; il ne ferait même pas acte de commerce, en achetant soit les objets nécessaires à sa culture, soit les tonneaux, les sacs qu'il revendra ensuite avec le blé et le vin, car il n'achète pas ces objets pour tirer un bénéfice de leur revente ; s'il les vend, c'est comme accessoire des denrées qui sont l'objet principal et direct du marché. De même encore, celui qui achète un objet quelconque pour son usage personnel, une voiture par exemple, et qui la revend quelque temps après, soit pour en acheter une autre, soit parce qu'elle lui est devenue inutile, n'a pas fait acte de commerce, car il a acheté cette voiture pour s'en servir, et non dans le but particulier de la revendre avec un bénéfice.

Acheter des marchandises avec l'intention de les revendre ou d'en louer l'usage, et de réaliser un bénéfice sur cette opération, voilà donc le caractère essentiel de cette première classe d'actes de commerce. A cette opération première s'en rattachent un grand nombre d'autres que nous allons parcourir et examiner successivement.

Entreprise de manufactures. — Nous trouvons d'abord : l'entreprise de manufactures. Il y a entreprise de manufacture, lorsqu'une personne se met à la disposition du public pour transformer, à l'aide d'ouvriers ou de machines, une matière à laquelle le travail donne une plus grande valeur. Ainsi les différentes industries qui prennent la laine, le fil, le coton pour en faire des étoffes, le fer, pour créer des machines ou des ustensiles quelconques, rentrent dans cette dénomination d'entreprise de manufactures. Souvent le manufacturier achète les matières premières, et revend ensuite le produit de son industrie qui a transformé cette matière première; il fait alors, comme nous l'avons vu, acte de commerce en achetant pour revendre. Mais il ferait également acte de commerce, s'il n'achetait pas les matières premières qu'il met en œuvre. Ainsi le fabricant, auquel un marchand d'étoffes fournit de la laine brute pour qu'il la travaille et en fasse une étoffe, fait acte de commerce, bien qu'il n'achète pas la laine, qu'il se contente de la mettre en œuvre par ses machines et ses ouvriers. Il bénéficie de la différence qui existera entre la somme qui lui sera payée par le marchand et ce qu'il déboursera pour faire travailler la marchandise; c'est sur la main-d'œuvre qu'il réalise un profit.

Opérations de commission et de courtage. — Viennent ensuite les opérations de commission et de courtage. Il faut expliquer ces expressions : nous aurons à revenir plus tard avec quelque développement sur les opérations qu'elles désignent. Souvent des commerçants ne peuvent entrer en relations ensemble, parce qu'ils sont éloignés, parce qu'ils ne se connaissent pas; ces relations, qui ne peuvent se nouer directement, s'établissent par des intermédiaires, auxiliaires indispensables du commerce : ces intermédiaires sont les commissionnaires et les courtiers. Le commissionnaire ne se contente pas de mettre les parties en présence, il figure personnellement dans l'opération; s'il est chargé de vendre, il est personnellement obligé de livrer la marchandise, s'il est chargé d'acheter, il est obligé au paiement du prix. L'opération terminée, le commissionnaire compte avec celui pour qui il a agi, il lui remet les sommes, les valeurs ou les marchandises qu'il a reçues pour lui, il se fait rembourser de ce qu'il a payé, et reçoit un salaire, qui s'appelle droit de commission. A la différence du commissionnaire, le courtier ne fait que rapprocher les parties et régler entre elles les conditions du marché; l'affaire conclue, son rôle est terminé; elle s'exécutera entre les parties elles-mêmes, sans que le courtier soit personnellement tenu du résultat, sans qu'il devienne débiteur. Le courtier a, comme le commissionnaire, droit à un salaire. Les opérations que font les commissionnaires ou les courtiers, appelées opérations de commission, opérations de courtage, sont des actes de commerce.

Entreprises de transports et de fournitures. — Après les opérations de commission et de courtage, nous devons citer, dans l'énumération rapide que nous faisons des actes de commerce, les entreprises de transports, et les entreprises de fournitures. Les entrepreneurs de transports sont au nombre des agents principaux du commerce ; ils se chargent de conduire d'un lieu dans un autre les marchandises, les effets ou les personnes. L'entrepreneur de transports fait acte de commerce, car il spécule sur la location des moyens de transport et il en tire un profit. L'entreprise de transport constitue toujours un acte de commerce, sans qu'il y ait à distinguer s'il s'agit de transports par terre ou de transports par eau. Les exemples d'entreprises de transports sont nombreux : nous indiquerons, pour les transports par terre, les entreprises de diligences et de roulage, les compagnies de chemins de fer ; pour les transports par eau, les entreprises de navigation maritime ou fluviale.

Les entreprises de fournitures consistent dans l'obligation que prend une personne de fournir pendant un certain temps des denrées ou autres objets à un prix convenu. Ainsi celui qui s'oblige à fournir à un établissement public, un lycée, un collége, certaines marchandises nécessaires pour la consommation annuelle, du bois, de l'huile, fait une entreprise de fournitures. Les marchés de fournitures les plus importants, sont ceux qui sont conclus avec l'État, pour subvenir aux nécessités des divers services publics, et notamment de l'armée et de la marine. Comme ces marchés de fournitures sont soumis à des règles spéciales, et qu'ils entraînent pour ceux qui les font des conséquences graves, nous y consacrerons quelques développements à la suite de ce chapitre.

Lettres de change; opérations de change et de banque. —
Sont encore rangées parmi les actes de commerce les lettres
de change, les opérations de change et de banque. Nous aurons à expliquer plus loin avec détail ce que sont les lettres
de change, à quelles formes elles sont soumises, quelles conséquences elles entraînent. Disons seulement, quant à présent,
que la lettre de change est un écrit, revêtu d'une forme particulière, et qui contient l'engagement de faire toucher à une
personne une somme d'argent dans un lieu autre que celui
où le titre est souscrit. Les opérations de banque sont de diverses natures : elles consistent notamment à recevoir en
dépôt les fonds des particuliers, à escompter, c'est-à-dire à
payer avant qu'ils soient échus, moyennant un certain
bénéfice, des lettres de change ou billets, à ouvrir des crédits, à fournir des fonds à des commerçants. Il y a opération
de change, lorsqu'on échange des pièces de monnaie contre
d'autres, par exemple des pièces de monnaie étrangères
contre des pièces de monnaie françaises, ou lorsqu'on s'engage à faire toucher à une personne une somme d'argent
dans un lieu autre que celui où elle se trouve. La lettre
de change rentre à ce second point de vue dans les opérations de change. Les opérations de change ne sont actes de
commerce qu'autant qu'elles sont faites dans le but d'en tirer
un profit pécuniaire : celui qui change à un ami un billet de
banque, et lui fournit en monnaie la somme qu'il représente, ne fait pas acte de commerce; il en est autrement
du changeur qui fait sa profession de ces sortes d'opérations,
et qui en tire un bénéfice.

Enumération des autres actes de commerce. — Nous
devons citer encore : les agences ou bureaux d'affaires.
Celui qui tient un bureau d'affaires, ou agent d'affaires,
représente ses clients, moyennant un salaire, dans les affaires
qu'ils peuvent avoir; il poursuit pour eux le recouvrement
de ce qui leur est dû, leur fournit des placements, leur procure des acheteurs pour vendre un immeuble, un fonds de
commerce, sert d'intermédiaire pour toutes les négociations
qui lui sont confiées. On considère enfin comme constituant

des actes de commerce, les établissements de ventes publiques, les entreprises de spectacles publics, théâtres, concerts, les entreprises ayant pour objet la construction ou la vente des navires destinés à la navigation maritime, ou à la navigation des fleuves, rivières et canaux, enfin les différents actes qui se rattachent à la navigation maritime : location des navires, engagement du capitaine ou des matelots, assurances maritimes.

Distinction des actes commerciaux en eux-mêmes et des actes réputés commerciaux. — Les divers actes que nous venons de parcourir sont commerciaux par leur nature même ; ils ont ce caractère par quelque personne qu'ils aient été faits. Lorsqu'un simple particulier, un non commerçant, signe une lettre de change, il fait acte de commerce, tout aussi bien que si la lettre de change était signée par une personne exerçant la profession de commerçant. Il est d'autres actes qui ne sont point commerciaux de leur nature, mais qui peuvent emprunter ce caractère à la qualité de celui qui y figure ; faits par un commerçant, ils sont actes de commerce, faits par un non commerçant, ils ne sont point actes de commerce : c'est ainsi que tous les billets souscrits, tous les engagements contractés par un commerçant, sont réputés faits pour les besoins de son commerce, et, par suite, actes de commerce. Il n'y a là du reste qu'une simple présomption, ou induction tirée par la loi du fait le plus ordinaire ; si les circonstances, ou la nature même de l'acte, indiquaient que l'engagement pris par le commerçant est étranger à son commerce, la présomption de commercialité disparaîtrait. Ainsi un commerçant achète du vin, du bois, destiné à sa consommation personnelle, il loue un appartement pour son habitation et celle de sa famille, une maison de campagne ; tout cela n'est pas fait évidemment pour les besoins du commerce, et n'a pas dès lors le caractère d'acte de commerce.

Conséquences qu'entraînent les actes de commerce. — Il est temps d'indiquer les conséquences particulières qu'entraîne le caractère commercial d'un acte. La première est que, si des contestations s'élèvent sur l'exécution de l'acte

qui a le caractère d'acte de commerce, ces contestations seront jugées, non par les tribunaux ordinaires, juges de paix
ou tribunaux de première instance, mais par les tribunaux
spéciaux institués pour juger les contestations commerciales,
les tribunaux de commerce; et cela, alors même que cet
acte aurait été fait par un non commerçant. En second
lieu, la preuve des actes de commerce peut en général être
faite par des modes que la loi civile ne reconnaîtrait pas : la
correspondance échangée entre les parties, les livres de commerce; la preuve par témoins peut même être admise par
les tribunaux de commerce, quelle que soit l'importance du
procès, tandis qu'en matière civile, la preuve par témoins
n'est en général possible qu'autant que l'objet du litige n'excède pas la valeur de cent cinquante francs. Notons enfin,
qu'avant la loi du 22 juillet 1867 qui a aboli la contrainte par
corps, toute condamnation commerciale s'élevant à plus de
deux cents francs entraînait cette voie rigoureuse d'exécution.

SECTION II.

DES COMMERÇANTS.

Caractères constitutifs de la qualité de commerçant. —
Nous venons d'indiquer le caractère et les conséquences des
actes de commerce, nous avons à rechercher maintenant à
quels signes, à quels caractères on reconnaît le commerçant.
Un ou plusieurs actes de commerce faits par une personne
ne suffisent pas pour lui donner cette qualité. Il faut que ces
actes de commerce soient assez répétés pour constituer une
habitude, et en outre, que celui qui les fait se présente au
public comme exerçant ces actes. En un mot, est commerçant celui qui fait du commerce sa profession habituelle.

Les commerçants sont soumis à des obligations et à des
règles particulières : ils sont obligés de tenir des livres,
de publier leur contrat de mariage; tous les engagements
qu'ils prennent sont réputés pris pour les besoins de leur
commerce, et par conséquent commerciaux; enfin, lors-

qu'ils cessent de satisfaire à leurs engagements, ils peuvent être déclarés en faillite ; nous verrons que l'état de faillite, qui est spécial aux commerçants, entraîne des conséquences extrêmement graves.

Sens des mots : fabricant, marchand, négociant, artisan. — L'expression commerçant, dont nous nous sommes servi, est l'expression légale, celle que la loi emploie pour désigner tous ceux qui exercent la profession commerciale, sans distinguer la nature et l'importance du commerce ou de l'industrie à laquelle ils se livrent. Les commissionnaires, les banquiers, les courtiers, les armateurs, les manufacturiers sont des commerçants, tout aussi bien que les marchands proprement dits, ceux qui vendent et achètent des marchandises pour leur compte. Dans le langage usuel, différentes expressions sont employées pour désigner les divers genres de commerce. Voici les principales : on appelle plus particulièrement négociants ceux qui vendent en gros, marchands, ceux qui vendent en détail. Le fabricant ou manufacturier est celui qui, à l'aide d'ouvriers ou de machines, travaille des produits pour leur donner une forme ou une nature nouvelle. Il ne faut pas confondre le fabricant et l'artisan : le fabricant est commerçant, l'artisan ne l'est pas. Il est incontestable que l'on ne peut considérer comme commerçant celui qui ne fournit que son travail, et qui confectionne un ouvrage dont la matière lui a été fournie. Il y a plus de difficulté à distinguer du commerçant celui qui fournit à la fois la matière et son travail. Nous pensons qu'on ne doit pas mettre au nombre des commerçants l'ouvrier qui, travaillant seul, au fur et à mesure des commandes qui lui sont faites, réalise un bénéfice, non sur la matière, mais sur son propre travail. On ne peut lui donner ni la qualité de marchand, ni celle de fabricant ou manufacturier ; c'est un simple artisan.

APPENDICE.

DES MARCHÉS DE FOURNITURES ET DE TRAVAUX PUBLICS.

Distinction des marchés de fournitures et de travaux publics. — Nous avons eu l'occasion, dans le cours de ce chapitre, de faire allusion aux marchés qui peuvent intervenir entre les particuliers et l'État. Nous examinerons, dans cet appendice, les règles spéciales auxquelles ils sont soumis. On distingue deux classes de marchés : les traités qui consistent dans l'obligation, prise par un particulier envers l'État, de livrer des denrées ou objets mobiliers nécessaires aux différents services ; ce sont les marchés de fournitures. Nous citerons, comme exemples, les marchés faits pour la nourriture ou l'équipement de l'armée, la construction et l'armement de la flotte, l'entretien des équipages. D'autres traités ont pour objet l'exécution de travaux d'utilité publique : ponts, routes, fortifications ; ce sont les marchés de travaux publics

Forme des marchés de fournitures ; adjudication. — Les marchés de fournitures sont passés au nom de l'État par les ministres, les préfets, les directeurs généraux ou autres chefs des services auxquels ces fournitures sont destinées. En règle générale, et sauf quelques exceptions, ces marchés se font pas voie d'adjudication publique. L'adjudication est annoncée un certain temps à l'avance par des affiches ; un cahier de charges est rédigé pour indiquer les conditions du marché. L'adjudication a lieu au rabais, c'est-à-dire que la fourniture est adjugée à celui qui offre de la faire pour le plus bas prix. Tout le monde n'est pas admis à prendre part à l'adjudication ; l'administration, en effet, ne peut accueillir que des personnes capables de bien exécuter le marché. Les conditions nécessaires pour concourir à l'adjudication sont indiquées par le cahier des charges, ceux qui ne les remplissent pas sont immédiatement écartés. Un cautionnement est exigé de l'adjudicataire pour garantir la bonne exécution de son marché ; ce cautionnement consiste, soit dans l'engagement d'une personne solvable qui s'oblige vis-à-vis de l'État à l'indemniser au cas d'inexécution du marché, soit dans le dépôt d'une somme d'argent dans une caisse publique, soit enfin dans une hypothèque fournie par l'adjudicataire sur des immeubles.

Situation différente de l'administration et de l'adjudicataire.—L'adjudicataire est, par le fait seul de l'adjudication, lié envers l'administration ; l'administration, au contraire, n'est engagée que par l'approbation donnée à l'adjudication par l'autorité compétente, le ministre le plus souvent. Si le ministre n'approuve pas l'adjudication, elle est comme non avenue, et le soumissionnaire n'a aucune réclamation à élever.

Obligations de l'adjudicataire. — Une fois l'adjudication approuvée, l'entrepreneur de fournitures doit exécuter son marché en se conformant rigoureusement aux conditions du cahier des charges ; l'administration a toujours la faculté de rejeter les fournitures qui ne rempliraient pas complétement les conditions imposées. L'entrepreneur doit exécuter le marché pendant toute la durée qui lui a été assignée ; l'administration au contraire peut, si les circonstances rendent les fournitures inutiles, résilier le marché, en payant au fournisseur une indemnité qui représente les dépenses qu'il a faites, mais non le bénéfice qu'il aurait pu réaliser, si le marché avait été complétement exécuté.

Sanction de ces obligations. — Le retard apporté par le fournisseur à l'exécution du marché donne à l'administration le droit de retenir une partie du prix des fournitures ; le chiffre de cette retenue est déterminé ordinairement par le cahier des charges.

En cas d'inexécution de la part de l'entrepreneur, la résiliation du marché peut être prononcée ; l'administration, pour subvenir au service laissé en souffrance, peut, ou contracter avec un autre fournisseur un marché qu'on nomme : marché d'urgence, ou procéder à une nouvelle adjudication. Le premier adjudicataire est responsable de la différence entre le prix du nouveau marché ou de la nouvelle adjudication, et le prix auquel la fourniture lui avait été adjugée. L'administration se rembourse de la perte qu'elle éprouve **au moyen** du cautionnement fourni. Nous verrons plus loin que des peines sévères sont édictées par le Code pénal contre les fournisseurs des armées qui ont fait manquer leur service, ou apporté du retard à son exécution.

Contestations entre le fournisseur et l'administration; compétence. — Si des contestations s'élèvent entre l'administration et le fournisseur, elles sont jugées par le ministre dans les attributions duquel rentre la fourniture. La décision du ministre est susceptible de recours devant le conseil d'État. Des marchés de fournitures peuvent intervenir pour le compte des départements et des communes; les règles que nous avons indiquées s'appliquent à ces marchés comme à ceux faits pour le compte de l'État : il n'y a de différence que pour la compétence en cas de contestation. S'il s'agit d'un marché intéressant le département, la contestation est jugée par le ministre de l'intérieur, avec recours au conseil d'État; s'il s'agit d'un marché fait pour une commune, la contestation est jugée par les tribunaux ordinaires, c'est-à-dire les tribunaux de première instance.

Formes des marchés de travaux publics; conditions nécessaires pour concourir aux adjudications; cahier des charges. — Les marchés de travaux publics sont ceux qui ont pour objet l'exécution de travaux d'intérêt général : ponts, routes, construction de bâtiments destinés à des services publics. Les marchés de travaux publics se font généralement par adjudication; les concurrents qui se présentent à l'adjudication doivent justifier de leur capacité par un certificat délivré par un ingénieur ou un architecte; ils doivent en outre fournir un cautionnement en argent ou en rentes sur l'État. L'adjudication doit être approuvée par l'autorité compétente; à défaut d'approbation, elle reste sans effet, et l'adjudicataire n'a droit à aucune indemnité. Les conditions du marché sont précisées par un cahier des charges; indépendamment des clauses spéciales qui s'y trouvent, les entrepreneurs de travaux publics sont soumis à certaines règles générales que nous allons parcourir.

Obligations de l'entrepreneur. — L'entrepreneur doit commencer les travaux à l'époque qui lui a été fixée par l'administration, y entretenir constamment un nombre suffisant d'ouvriers, les exécuter suivant les plans et les ordres qui lui sont donnés, avec les matériaux dont l'emploi est prévu au cahier des charges ; il ne peut, sans le consentement de l'administration, céder à des sous-traitants une partie de son entreprise. Il doit se conformer aux plans et devis arrêtés, et aucun changement ne peut y être apporté par lui, sans un ordre écrit de l'ingénieur qui dirige les travaux ; il doit au contraire, si l'administration juge nécessaire d'augmenter ou de diminuer l'importance des travaux, exécuter les nouveaux ordres qui lui sont donnés : toutefois si les changements en plus excédaient le sixième de l'entreprise, il pourrait demander la résiliation, et en cas de diminution de plus d'un sixième, il pourrait réclamer une indemnité.

Résiliation. — L'administration a toujours le droit d'abandonner les travaux, ou de les ajourner : l'abandon des travaux entraîne de plein droit la résiliation ; lorsque les travaux sont ajournés à plus d'une année, l'entrepreneur peut demander la résiliation ; dans l'un et l'autre cas il a droit à une indemnité. Les prix fixés pour l'exécution des travaux ne peuvent être critiqués par l'entrepreneur, une fois qu'ils ont été acceptés par lui ; il pourrait seulement, s'il survenait une hausse considérable dans les prix, représentant une augmentation d'un sixième pour les travaux restant à exécuter, demander la résiliation.

Mise en régie. — Lorsque les travaux languissent, ou que l'entrepreneur ne se conforme pas aux plans et aux ordres qui lui sont donnés, le préfet prend un arrêté, par lequel il met l'entrepreneur en demeure de remplir ses engagements ; puis, à l'expiration d'un délai qui ne peut être moindre de dix jours, si l'entrepreneur n'a pas obéi à cette injonction, le préfet, par un nouvel arrêté, prescrit l'établissement d'une régie. Cette mesure consiste à faire exécuter les travaux par les agents de l'administration. Si la dépense occasionnée par ce mode d'exécution excède le prix de l'adjudication, l'entrepreneur est obligé de payer la différence ; si, au contraire, l'administration fait une dépense moindre que le prix de l'adjudication, l'entrepreneur n'en profite pas, le bénéfice est pour l'administration. Après avoir établi la régie, le préfet doit en référer au ministre compétent, qui prescrit, soit la résiliation pure et simple du marché, soit une adjudication nouvelle aux risques et périls de l'entrepreneur, soit la continuation de la régie. L'entrepreneur peut faire cesser la régie en justifiant qu'il a les moyens nécessaires pour reprendre les travaux et les mener à bonne fin.

Indemnité en cas d'accidents de force majeure. — L'entrepreneur, victime d'accidents de force majeure, un incendie causé par le feu du ciel, une inondation, peut réclamer une indemnité, mais à la condition de faire constater l'accident par les agents de l'administration, et de former la demande en indemnité dans les dix jours qui suivent le fait y donnant naissance.

Réception des travaux et paiement. — Dès que les travaux sont terminés, il est procédé par les ingénieurs à leur réception provisoire. La réception a pour objet de constater l'achèvement des travaux, d'en vérifier l'importance, de rechercher s'il existe des vices d'exécution. A compter de la réception provisoire court un délai, appelé délai de garantie, qui est de six mois ou d'un an, selon la nature des travaux, et pendant lequel l'entrepreneur doit pourvoir à leur entretien. A l'expiration de ce délai, il est procédé à la réception définitive. Si des vices d'exécution étaient constatés, l'entrepreneur serait tenu de recommencer à ses frais les parties défectueuses du travail.

Des à-comptes sur le prix des travaux peuvent être payés à l'entrepreneur au cours de l'entreprise, jusqu'à concurrence des neuf dixièmes du prix total ; le dernier dixième ne peut jamais être payé qu'après la réception définitive.

Réclamations et contestations ; compétence. — L'entrepreneur, qui a des réclamations à faire, doit s'adresser d'abord à l'ingénieur en chef ; s'il n'obtient pas satisfaction de l'ingénieur en chef, il s'adressera au préfet. Si la difficulté prend un caractère litigieux, l'entrepreneur doit former sa demande devant le conseil de préfecture; c'est la juridiction compétente pour juger les contestations qui s'élèvent entre l'administration et les entrepreneurs; la décision du conseil de préfecture peut être attaquée devant le conseil d'État.

CHAPITRE II.

DES ÉTABLISSEMENTS DANGEREUX, INCOMMODES OU INSALUBRES.

(Décret du 15 octobre 1810. — Ordonnance du 14 janvier 1815. — Décret du 25 mars 1852.)

Division des établissements dangereux, incommodes et insalubres en trois classes; exemples. — Le principe de la liberté de l'industrie, qui est fondamental dans notre législation, est soumis à certaines rectrictions nécessaires. La première que nous rencontrons, et l'une des plus importantes, est relative à certains établissements auxquels on donne le nom d'établissements dangereux, incommodes et insalubres. Certaines industries peuvent compromettre la sécurité des voisins par les dangers particuliers d'explosion ou d'incendie qu'elles présentent, leur causer par le bruit, par les émanations qu'elles entraînent une incommodité grave, nuire enfin à la santé publique. Les établissements, destinés à l'exploitation de ces industries, ne peuvent se former sans une autorisation spéciale, et, une fois établis, ils restent soumis à une surveillance constante de la part de l'administration. Toutefois ils n'entraînent pas tous des inconvénients aussi graves : aussi les a-t-on divisés en trois classes; la première comprend les établissements qui doivent être éloignés des habitations particulières, à raison des exhalaisons qui s'en dégagent, ou des accidents auxquels ils peuvent donner lieu. Nous trouvons dans cette classe : les abattoirs publics, qui y sont rangés à raison de l'odeur malsaine et de l'altération qu'ils produisent dans les eaux du voisinage ; les usines où ss fabrique l'acide sulfurique, à raison des émanations nuisibles que dégage cette fabrication ; les ateliers d'artificiers, à raison des dangers d'explosion et d'incendie. Les établissements de seconde classe sont ceux dont l'éloignement des habitations n'est pas absolument nécessaire, mais dont il importe de ne permettre la formation, qu'après s'être assuré que les opérations qu'on y pratique sont exécutées de manière à n'être ni incommodes, ni dangereuses pour les personnes du voisinage. Nous citerons comme exemples d'établissements de la seconde classe : les usines pour la fabrication du gaz destiné à l'éclairage public ; les inconvénients de ces usines sont l'odeur et le danger d'incendie ; les raffineries et fabriques de sucre, incommodes par la fumée et l'odeur ; les forges et chaudronneries de gros ouvrages, employant des marteaux et machines, qui causent un bruit désagréable et quelquefois intolérable pour les voisins. Enfin, dans la troisième classe, rentrent certains établissements qui sont seulement incommodes et ne présentent nullement le caractère de danger et d'insalubrité : ainsi les brasseries, les buanderies, les ateliers pour le battage, le cardage et l'épuration des laines, crins et plumes de literie.

Classement de ces établissements ; décret du 31 décembre 1866. — La nomenclature des établissements dangereux, incommodes et insalubres a été faite à différentes époques : en 1810 d'abord, puis en 1815 ; des ordonnances royales et des décrets impériaux ont ajouté successivement diverses industries à celles indiquées dans les tableaux publiés à ces deux dates ; enfin les industries nouvelles pouvaient être classées provisoirement par décision du ministre ou du préfet. Un travail nouveau et complet de classement a été fait en 1866. Toutes les industries, rentrant dans la catégorie des établissements dangereux, incommodes ou insalubres, se trouvent énumérées, avec l'indication de la classe à laquelle elles appartiennent, dans un tableau annexé à un décret impérial du 31 décembre 1866. Voici comment cette mesure était expliquée dans le rapport fait à l'Empereur par le ministre de l'agriculture, du commerce et des travaux publics : « Le comité consultatif des arts et manufactures, dit le rapport, a examiné avec le plus grand soin l'état actuel de toutes les industries, sous le rapport de leurs inconvénients pour le voisinage. Il n'a pas hésité à reconnaître que, pour des causes diverses, les perfectionnements introduits ont eu pour résultat d'atténuer ou même d'annuler, dans beaucoup de cas, la nécessité qui, à l'origine, avait déterminé les classements, et que la situation opposée se présente très-rarement. Il a dressé un tableau général destiné à remplacer les classements définitifs ou provisoires antérieurement admis, en s'attachant à n'y comprendre que les industries qui, dans l'état actuel des choses, sont réellement insalubres, dangereuses ou incommodes. Il a été possible, en effet, sans compromettre aucun intérêt, de supprimer les classements définitifs et provisoires pour plus de cent industries, et d'en descendre de classe près de quatre-vingts, tandis que quelques-unes seulement ont dû être introduites dans la nomenclature, ou augmentées de classe. La mesure projetée aura ainsi l'avantage de diminuer le nombre des cas dans lesquels les industriels ont besoin de recourir à l'autorité, et, dans le cas où une autorisation préalable a paru justifiée, de réduire souvent les formalités et les délais. Enfin la réunion dans un seul tableau de tous les classements en rendra la connaissance plus facile aux intéressés. » — (*Moniteur du 16 janvier 1867.*)

La division des établissements dangereux, incommodes et insalubres est fort importante : car, selon la classe à laquelle l'établissement appartient, les formalités et les conditions de l'autorisation sont différentes.

Établissements de première classe; demande d'autorisation. — L'autorisation pour la création des établissements de première classe est accordée par le préfet du département, à Paris et dans le département de la Seine, par le préfet de police. L'industriel qui veut obtenir l'autorisation adresse au préfet une demande, dans laquelle il indique d'une manière précise le lieu où il veut avoir son établissement, la nature des opérations qu'il a pour objet, les mesures destinées à atténuer les inconvénients que peut entraîner son industrie. A la demande doivent être jointes deux copies d'un plan qui indique les dispositions intérieures et extérieures des bâtiments et la situation relative des habitations les plus rapprochées (1).

Affiches; enquête de commodo et incommodo; arrêté du Préfet. — La demande est portée à la connaissance du public par des affiches qui sont placées dans les communes voisines du siége de l'établissement à la distance de cinq kilomètres. Ces affiches restent apposées pendant un mois; ce

(1) *Formule de demande pour un établissement de 1ʳᵉ classe.*

A monsieur le Préfet du département de. . . . . (à Paris, à monsieur le Préfet de police).

Le soussigné (nom et prénoms) fabricant de. . . . . demeurant à. . . . .

A l'honneur de demander à monsieur le Préfet l'autorisation d'établir un atelier de. . . . . dans la commune de. . . . . où il se propose de fixer le siége de son exploitation.

Les procédés ou appareils employés à la fabrication seront (donner une description détaillée).

Les époques, les heures de travail sont. . . . .

Les bâtiments qui doivent servir à l'exploitation sont situés sur un terrain isolé de toute habitation appartenant à des tiers, dont les plus rapprochés sont à une distance de. . . . . mètres.

Les circonstances topographiques que présente la localité (indiquer ces circonstances : le voisinage d'une forêt, d'un cours d'eau, l'élévation du sol) sont de nature à mettre les tiers à l'abri des inconvénients et des dangers qui pourraient résulter de la fabrication. — En outre, afin de faire disparaître autant que possible les inconvénients extérieurs, le postulant offre de prendre les précautions suivantes (indiquer ces précautions : élévation des cheminées, appareils fumivores, puisards, etc.); déclarant en outre se soumettre à toutes les conditions qui lui seront imposées par l'arrêté d'autorisation.

A l'appui de sa demande le soussigné produit : un plan en double expédition indiquant : 1° la disposition extérieure des bâtiments et la situation relative des habitations les plus rapprochées; 2° la disposition intérieure des bâtiments ou ateliers, avec indication de l'emplacement des machines, appareils, fours, fourneaux, foyers, réservoirs, puisards, etc.

(Date et signature.)

délai expiré, il est procédé à une enquête appelée enquête *de commodo et incommodo*, c'est-à-dire destinée à faire connaître les avantages et les inconvénients que peut présenter la création de l'établissement. Ce moyen d'information a une grande importance, car il sert de base à la décision qui sera prise sur la demande d'autorisation. L'enquête est faite par le maire de la commune où doit être formé l'établissement, et à Paris, par les commissaires de police. Les propriétaires auxquels peut nuire le voisinage de l'exploitation sont invités à se présenter; ils peuvent faire leurs observations de vive voix ou par écrit. Le maire donne lui-même son avis et dresse un procès-verbal, sur lequel il indique l'opposition formée par les intéressés ou leur adhésion au projet d'établissement; il mentionne également le nom et la demeure de ceux qui ne se sont pas présentés. Le procès-verbal est transmis au préfet qui, après avoir consulté le conseil de salubrité de l'arrondissement, statue sur la demande.

Établissements de seconde classe; demande; enquête; arrêté du Préfet. — La demande pour les établissements de seconde classe est adressée en général au sous-préfet; comme dans l'arrondissement où se trouve le chef-lieu du département il n'y a pas de sous-préfet, les demandes, pour des établissements à former dans cet arrondissement, sont adressées au préfet; à Paris et dans le département de la Seine, au préfet de police. La demande doit désigner avec précision le siége de l'usine et la nature des opérations que comporte son exploitation; elle doit être accompagnée d'un plan. Elle est envoyée par le sous-préfet au maire qui procède à l'enquête; cette enquête n'est pas précédée de l'apposition d'affiches. Le procès-verbal d'enquête est transmis par le maire au sous-préfet qui donne son avis et renvoie toutes les pièces au préfet. C'est le préfet qui accorde ou refuse l'autorisation (1).

(1) *Formule de demande pour un établissement de seconde classe.*

A monsieur le Préfet du département de. . . . . (ou monsieur le Sous-Préfet de l'arrondissement de. . . . . à Paris, à monsieur le Préfet de police).

Établissements de troisième classe; formes de la demande et de l'autorisation. — La demande d'autorisation pour les établissements de troisième classe est adressée au sous-préfet; dans l'arrondissement chef-lieu, au préfet; à Paris et dans le département de la Seine, au préfet de police. L'autorisation est accordée par le sous-préfet ou le préfet, selon la distinction que nous venons de faire. La décision à prendre sur la demande relative à un établissement de troisième classe n'est précédée ni d'affiches ni d'enquête; le sous-préfet doit seulement demander l'avis du maire et de la police locale (1).

Recours de l'industriel auquel l'autorisation a été refu-

Le soussigné (noms et prénoms) fabricant de. . . . . demeurant à. . . . . .

A l'honneur de demander l'autorisation d'établir un atelier de. . . . . (2ᵉ classe).

Les procédés, appareils et époques de fabrication sont (les indiquer).

Les bâtiments qui doivent servir à l'exploitation ne sont pas entièrement isolés d'autres habitations, mais les circonstances topographiques sont de nature à prévenir les craintes d'insalubrité (indiquer ces circonstances).

L'exposant offre d'ailleurs de prendre toutes les mesures et précautions nécessaires pour mettre le voisinage à l'abri des inconvénients pouvant résulter de sa fabrication (énumérer ces précautions).

Il s'engage en outre à se conformer aux conditions qui seront jugées nécessaires par l'administration.

L'exposant produit à l'appui de sa demande un plan.

(Date et signature.)

(1) *Formule de demande pour un établissement de troisième classe.*

A monsieur le Préfet du département de. . . . . (ou le Sous-Préfet de l'arrondissement de. . . . . à Paris, le Préfet de police).

Le soussigné (nom et prénoms) demeurant à. . . . . fabricant de. . . . .

A l'honneur de demander l'autorisation d'établir un atelier de. . . . . (3ᵉ classe).

Les appareils ou procédés employés à la fabrication consistent en. . . . . (en donner le détail).

Les bâtiments d'exploitation et les ateliers sont disposés de la manière suivante (indiquer en quoi consistent les bâtiments et la disposition intérieure des ateliers. La production d'un plan est facultative).

L'atelier, quoique situé dans un quartier habité, ne pourra causer d'inconvénient sérieux aux habitations voisines par suite des mesures de précautions ci-après énumérées (en donner le détail).

(Date et signature.)

sée. — Quelle que soit la classe à laquelle appartient l'établissement, le refus d'autorisation l'empêche de se former. L'industriel, dont la demande a été ainsi rejetée, peut, s'il croit que ce refus n'est pas fondé, attaquer la décision ; s'il s'agit d'un établissement de première ou de seconde classe, il doit se pourvoir devant le conseil d'État dans les trois mois de la notification de l'arrêté du préfet qui rejette sa demande ; s'il s'agit d'un établissement de troisième classe, il doit se pourvoir devant le conseil de préfecture.

Oppositions ; compétence du conseil de préfecture. — Après avoir ainsi déterminé les formalités à remplir par l'industriel qui veut obtenir l'autorisation, nous devons rechercher ce qu'ont à faire les propriétaires qui s'opposent à la création de l'établissement et qui soutiennent que son voisinage pourrait leur nuire. L'enquête leur permet d'abord de formuler leur opposition ; s'ils n'ont pas fait consigner leur protestation sur le procès-verbal d'enquête, ils peuvent l'adresser directement au préfet. Enfin, si l'autorisation a été accordée, les intéressés, alors même qu'ils ne se seraient pas opposés lors de l'enquête, peuvent se pourvoir devant le conseil de préfecture contre l'arrêté d'autorisation. Ce recours devant le conseil de préfecture n'est soumis à aucun délai ; il est formé par une requête déposée au secrétariat du conseil, signée de la partie elle-même, d'un avoué ou d'un mandataire. La décision du conseil de préfecture peut être l'objet d'un pourvoi devant le conseil d'État. Remarquons que les seules causes d'opposition qui puissent être accueillies, sont celles tirées de la nature même de l'établissement, des dangers, de l'insalubrité, de l'incommodité qu'il peut occasionner. Une opposition fondée sur une autre cause, quelle qu'elle soit, ne saurait réussir ; ainsi celui qui se fonderait, pour demander le retrait de l'autorisation, sur la concurrence que peut lui faire l'établissement nouveau, serait certain de voir son recours rejeté (1).

---

(1) *Formule de recours au conseil de préfecture.*
A MM. les Membres du conseil de préfecture de. . . . . .
Le soussigné (nom, prénoms, demeure).
A l'honneur de vous déférer un arrêté de M. le Préfet (ou de M. le

Conditions de l'autorisation; police des ateliers; sanction.
— L'autorisation n'est accordée que sous certaines conditions destinées à atténuer ou à faire disparaître les inconvénients inhérents à l'industrie. Ces conditions varient selon la nature de l'établissement, voici cependant les précautions les plus ordinaires : quand il s'agit d'établissements de première classe, on ne les autorise qu'à une certaine distance des habitations; cette distance varie selon les circonstances. On prescrit en général la construction d'appareils destinés à brûler la fumée, de cheminées élevées, de puisards pour absorber les matières qui pourraient se corrompre, la fermeture complète des ateliers.

Malgré l'autorisation accordée, les établissements de première classe peuvent, s'ils entraînent de trop graves inconvénients pour la salubrité publique, la culture ou l'intérêt général, être supprimés par un décret rendu sur l'avis du conseil d'État. Cette faculté de suppression n'existe pas pour les établissements de seconde ou de troisième classe. Les établissements autorisés sont soumis à la surveillance de l'administration : cette surveillance a pour but de rechercher si les conditions sous lesquelles l'autorisation a été accordée sont remplies, et de s'assurer que des inconvénients imprévus ne se produisent pas dans l'exploitation. Le préfet du département peut ordonner la fermeture de l'établissement, soit lorsqu'il n'est pas autorisé, soit lorsque le propriétaire ne se conforme pas aux conditions de l'arrêté d'autorisation. Le bénéfice de l'autorisation serait perdu si l'établissement était transféré dans un autre lieu, ou si l'exploitation était interrompue pendant six mois. Dans ces deux cas une nouvelle autorisation est nécessaire.

Sous-Préfet), accordant au sieur . . . . . l'autorisation d'établir à. . . . . . un atelier de. . . . .

(Énumérer les dangers et les inconvénients que pourrait présenter l'établissement.)

En conséquence, le soussigné conclut à ce qu'il vous plaise :

Annuler ledit arrêté; dire en conséquence qu'il n'y avait lieu d'accorder l'autorisation demandée.

(Date et signature.)

La création sans autorisation d'établissements soumis à cette condition, l'infraction, quelle qu'elle soit, aux prescriptions de l'arrêté d'autorisation, constituent des contraventions qui peuvent être poursuivies devant le tribunal de simple police, et entraînent une condamnation à l'amende et même à l'emprisonnement en cas de récidive.

Demandes en dommages-intérêts formées par les voisins ; compétence. — L'industriel qui exploite un établissement incommode ne doit pas se croire à l'abri de toute réclamation par cela seul qu'il a obtenu l'autorisation administrative. Il doit avoir soin de prendre toutes les précautions possibles pour éviter de nuire au voisinage. En effet l'autorisation n'enlève pas aux voisins le droit de se plaindre, s'ils éprouvent un préjudice grave à raison de l'exploitation de l'établissement, si, par exemple, les émanations qui s'en échappent rendent l'habitation désagréable ou impossible, si le bruit ou la fumée troublent ceux qui occupent les maisons rapprochées de l'établissement. Les propriétaires voisins peuvent, en pareil cas, demander et obtenir des dommages-intérêts pour la dépréciation que cause à leur propriété la proximité d'un établissement de cette nature. Ces demandes en dommages-intérêts sont de la compétence de l'autorité judiciaire ; elles doivent être portées devant les tribunaux de première instance.

CHAPITRE III.

DES MONOPOLES ÉTABLIS AU PROFIT DE L'ÉTAT.

Définition des monopoles ; motifs pour lesquels ils sont établis. — Le monopole est l'exploitation par un seul ou par un certain nombre de privilégiés d'un commerce ou d'une industrie qui, d'après le droit commun, devrait appartenir à tout le monde. C'est l'exception la plus complète au principe de la liberté commerciale, et elle ne peut se justifier que par des motifs d'intérêt public. L'État s'est réservé exclusivement la fabrication et la vente de certains produits, l'exploitation de certains services. Ces monopoles établis au profit de l'État n'ont pas tous le même caractère : les uns sont de véritables impôts, et se justifient par la nécessité de subvenir aux charges publiques ; tels sont les monopoles qui ont pour objet la fabrication et la vente des tabacs, du papier timbré, du papier spécial destiné à la fabrication des cartes à jouer. Les autres ont le caractère de mesures de police et de sûreté publique, ou sont fondés sur la nécessité d'assurer l'exactitude et la régularité de certains services. Ces monopoles peuvent sans doute augmenter les revenus de l'État, mais le caractère d'impôt n'est qu'accessoire, et n'est pas la raison déterminante qui les a fait établir. Cette seconde classe comprend la fabrication de la monnaie, la fabrication et la vente de la poudre, les postes, enfin la télégraphie. Parcourons successivement ces divers objets.

§ I. — TABACS.

Constitution et importance du monopole des tabacs. — Ce monopole est un des plus importants par le chiffre considérable que représente le produit de la vente des tabacs. Le produit de la vente des tabacs, pour les neuf premiers mois de 1875, s'élève à 229,652,000 francs. L'importation des tabacs étrangers et la culture en France ne sont permises que pour le compte du gouvernement, lui seul opère la fabrication et le débit des tabacs étrangers et indigènes. Tout ce qui concerne la surveillance de la culture, la fabrication et la vente des tabacs, rentre dans les attributions de l'administration ou régie des contributions indirectes.

Culture du tabac ; obligations des cultivateurs. — La culture du tabac n'est autorisée en France que dans certains départements qui sont désignés par des décrets, partout ailleurs elle est interdite ; il est seulement permis au propriétaire d'avoir dans un jardin ou enclos une quantité de pieds de tabac inférieure au nombre de vingt. Dans les départements où la culture est autorisée, celui qui veut s'y livrer doit en faire la déclaration et obtenir une permission ; il doit, en faisant la déclaration, déterminer la contenance qu'il se propose de planter en tabac. La permission est accordée par une commission spéciale présidée par le préfet du département. Chaque année, le ministre des finances détermine le nombre d'hectares qui pourront être cultivés en tabac, les quantités qui devront être fournies, et les prix des diverses qualités de tabac de la récolte de l'année suivante. C'est d'après les bases ainsi fixées par le ministre que sont accordées les permissions de culture. Le cultivateur, auquel la permission a été accordée, doit représenter à l'administration la totalité de sa récolte ; il doit compte en argent des quantités qui manqueraient, et si, par suite d'un accident, une partie de sa récolte est perdue, il doit en avertir immédiatement les agents de la régie et faire constater le fait, autrement il serait obligé de payer la partie de la récolte qui aurait ainsi péri. La culture est soumise à une surveillance exercée par des employés spéciaux, qui ont pour mission de s'assurer que le cultivateur n'étend pas sa culture au-delà des limites fixées par la permission, de constater le nombre de pieds et de feuilles de tabac, les déficits qui pourraient se produire, de rechercher si le cultivateur livre bien la totalité de sa récolte, en un mot, de garantir la régie contre les fraudes qui pourraient être commises à son préjudice.

Les fraudes du reste sont réprimées par des peines sévères : ainsi, lorsque l'étendue de la culture excède de plus d'un cinquième le nombre d'hectares ou d'ares pour lequel la permission a été accordée, ou lorsque le nombre de pieds de tabac excède également de plus d'un cinquième le nombre autorisé par les règlements, eu égard à l'étendue de la culture, le cultivateur est passible d'une amende, et en outre privé du droit de cultiver à l'avenir. La récolte livrée à l'administration, le cultivateur ne doit conserver aucune provision ; les tiges et souches de ses plantations doivent être détruites immédiatement. Indépendamment de la fourniture des manufactures impériales, les cultivateurs peuvent être, moyennant certaines conditions, autorisés à cultiver pour l'exportation à l'étranger. Ils sont soumis à la même surveillance que s'ils cultivaient pour les manufactures françaises, et ils doivent avoir fait sortir de France leur récolte tout entière avant le premier août de l'année qui suit la récolte.

Fabrication et vente. — La fabrication du tabac s'opère dans des établissements exploités pour le compte de l'État, et dirigés par des agents dépendant de la régie des contributions indirectes. Ces établissements qui existent dans différentes villes, notamment à Paris, à Lyon, à Nantes, prennent le nom de manufactures nationale des tabacs. La vente aux particuliers se fait dans des bureaux de débit, dont les titulaires, soumis à une surveillance rigoureuse, sont nommés par l'administration. Les tabacs sont livrés par la régie aux débitants, et vendus par ceux-ci au public, à des prix fixés par des décrets. Des dispositions sévères assurent contre la fraude le monopole de l'État. L'introduction en France de tabacs étrangers est prohibée en général, à moins qu'ils ne soient achetés pour le compte de la régie ; il est interdit également de faire circuler des tabacs sans une permission, et ce, à peine d'amende et de saisie des moyens de transport, voitures ou autres. La culture sans autorisation, la fabrication et la vente, ailleurs que dans les manufactures ou débits autorisés, constituent des contraventions punies d'amendes qui peuvent s'élever à un chiffre important, de la saisie des ustensiles et des tabacs.

§ II. — PAPIER TIMBRÉ.

Définition. — Le papier timbré est un papier spécial sur lequel est apposée au nom de l'État une empreinte ou timbre. Ce papier, fabriqué par l'administration dans des dimensions déterminées, est vendu aux particuliers par des débitants commissionnés.

Timbre de dimension et timbre proportionnel. — Le prix du papier timbré varie, suivant sa dimension, de 60 cent.

à 3 fr. 60 cent.; c'est là ce qu'on appelle le timbre de dimension. Il y a en outre le timbre proportionnel, qui est apposé sur les billets à ordre et lettres de change et sur les actions des sociétés. Ce timbre est ainsi appelé parce que le droit perçu est plus ou moins élevé selon la somme ou valeur que représente le billet ou l'action.

Obligation d'employer le papier timbré; sanction. — Le papier timbré doit être employé pour tous les actes ou écrits destinés à constater une convention, ou pouvant servir de preuve. Mais il faut bien remarquer, que la seule sanction de l'obligation de se servir du papier timbré consiste dans une amende, qui est perçue lorsque l'acte non timbré est produit en sus du droit de timbre qui eût dû être payé. La convention rédigée sur papier non timbré n'en a pas moins tout son effet: la formalité du timbre, établie dans un but d'impôt, n'a pas en général d'influence sur la validité des actes. Il en est autrement toutefois en matière de lettres de change et de billets à ordre; nous verrons plus loin, qu'en cette matière spéciale, la contravention aux dispositions relatives au timbre peut avoir des conséquences graves au point de vue même de la validité de l'effet.

Fabrication et vente du papier timbré. La fabrication et la vente des papiers timbrés, la perception des droits et des amendes, sont dans les attributions de l'administration de l'enregistrement et des domaines qui elle-même dépend du ministère des finances. Le produit des droits de timbre pour les neuf premiers mois de 1875 a été de 114,479,000 francs.

§ III. — CARTES A JOUER.

Fabrication et vente des cartes à jouer; obligations des fabricants et débitants. — La fabrication des cartes à jouer n'est permise qu'avec une autorisation ou licence, de l'administration des contributions indirectes. Les fabricants paient un droit pour obtenir cette licence et sont soumis à la surveillance des employés de la régie. La fabrication des cartes ordinaires ne peut se faire qu'avec du papier fourni par l'administration et portant l'empreinte de ses moules. Ce papier est payé d'après un tarif réglé par la ministre des finances ; un droit est perçu sur chaque jeu de cartes fabriqué. Lorsque le fabricant ne peut justifier de l'emploi ou de l'existence de tout le papier qui lui a été livré, il doit payer un droit double de celui dont il eût été tenu, si le papier manquant avait été employé à la fabrication. La vente des cartes n'est permise qu'aux marchands commissionnés par la régie ; l'entrée en France des cartes étrangères est interdite. Les contraventions à ces règles sont punies d'amende, de la confiscation des objets fabriqués, vendus ou introduits en fraude, souvent même de l'emprisonnement.

§ IV. — POUDRES.

Fabrication et vente des diverses espèces de poudres. — On conçoit facilement les dangers que pourrait faire courir à l'ordre public la liberté laissée aux particuliers de fabriquer, de vendre et de conserver de la poudre. Le monopole de l'État, pour la fabrication et la vente de la poudre, se justifie donc sans peine. La fabrication de la poudre ne peut avoir lieu que dans les poudrières de l'État. On distingue trois sortes de poudres : la poudre de guerre, la poudre de chasse et la poudre de mine. Tous les établissements pour la fabrication de la poudre ressortissent au ministère de la guerre : la fabrication des poudres est confiée à un corps spécial d'ingénieurs, appelés *ingénieurs des poudres et salpêtres*.

La vente et la détention de la poudre de guerre sont interdites ; par exception, les armateurs peuvent s'en faire livrer pour les besoins de leurs navires, et les artificiers, pour les travaux de leur profession. Les poudres de chasse et de mine sont vendues, aux prix déterminés par l'administration, par des débitants choisis par la régie des contributions indirectes. Les particuliers ne peuvent avoir chez eux en leur possession plus de deux kilogrammes de poudre. Les contraventions en cette matière sont poursuivies devant les tribunaux correctionnels, et punies d'un emprisonnement dont la durée peut aller jusqu'à deux ans et d'amendes d'un chiffre considérable. Le produit de la vente des poudres pour les neuf premiers mois de 1875 s'est élevé à 9,707,000 francs.

3

§ V. — MONNAIES.

Intervention de l'État dans la fabrication des monnaies. — Pour que la monnaie, remplissant le rôle auquel elle est destinée, serve d'instrument habituel aux échanges, il faut que sa valeur soit certaine et puisse être reconnue à la simple inspection. Cette condition ne pourrait être obtenue si la fabrication des monnaies était abandonnée à la libre concurrence ; l'absence de garantie ferait disparaître la confiance nécessaire pour que la monnaie puisse circuler et être acceptée par tous. Telle est la raison de l'intervention de l'État dans la fabrication des monnaies.

Hôtels des monnaies ; commission des monnaies. — La monnaie est fabriquée dans des ateliers spéciaux, créés dans différentes villes, et qui sont appelés hôtels des monnaies. Dans chaque hôtel des monnaies, il y a un directeur qui est chargé de la fabrication, et un commissaire des monnaies auquel appartient la surveillance. L'administration des monnaies est dirigée par un directeur et un sous-directeur nommés par décret : les employés inférieurs sont nommés par le ministre des finances. Ces agents ont pour fonctions de juger le poids des monnaies, de déterminer si, par la qualité du métal et le mode de fabrication, elles sont conformes aux types adoptés, d'exercer un contrôle sur la fabrication dans les divers hôtels des monnaies, de surveiller l'exécution des lois sur la garantie des matières d'or et d'argent. L'administration des monnaies dépend du ministère des finances.

Contrefaçon des monnaies ; pénalités. — La contrefaçon ou imitation frauduleuse des monnaies ayant cours constitue un crime puni des travaux forcés à perpétuité, s'il s'agit de monnaies d'or ou d'argent ; des travaux forcés à temps, pour les monnaies de cuivre ou de billon. La loi punit également le fait d'avoir coloré les monnaies dans le but de tromper sur la nature du métal ; la peine est alors une peine correctionnelle, un emprisonnement de six mois à trois ans.

§ VI. — POSTES.

Organisation du service des postes. — La nécessité
d'assurer le secret et la régularité des correspondances a fait
réserver à l'État le monopole du transport des dépêches. L'exploitation de cet important service est confiée à l'administration des postes, qui fait partie du ministère des finances ; cette
administration se compose d'un directeur général et d'administrateurs qui forment l'administration centrale, dans
chaque département, d'un directeur, chef du service pour le
département ; enfin, dans chaque bureau, il y a un receveur qui
dirige le service de la localité. La poste transporte les lettres,
les imprimés, les papiers de commerce ou d'affaires, les
échantillons d'objets de petite dimension et d'un poids peu
considérable ; elle se charge également, à des conditions déterminées, du transport de l'argent et des valeurs. Afin d'assurer le monopole, il est interdit à toute personne de transporter ou de faire transporter des correspondances par une
voie autre que la poste. La contravention à cette prohibition est punie d'une amende de 150 fr. à 300 fr.

Taxe des lettres ; affranchissement. — Le transport par
la poste des divers objets que nous venons d'énumérer donne
lieu à la perception d'une taxe. Pour les lettres, la taxe est différente selon leur poids, et selon qu'elle est acquittée par l'expéditeur, on dit alors que la lettre est affranchie, ou par le destinataire. Le prix de la lettre simple, n'excédant pas le poids de
dix grammes, ou de quinze grammes, s'il s'agit d'une lettre de
Paris pour Paris, est, lorsque la taxe est acquittée par le destinataire à défaut d'affranchissement, de 25 centimes, si la
lettre est adressée à une personne demeurant dans la circonscription du bureau, et de 40 centimes, pour la lettre adressée
d'un bureau à un autre. Au-delà de dix ou quinze grammes,
la taxe augmente proportionnellement au poids. Dans les
mêmes cas, la taxe de la lettre simple affranchie est de 15
ou 25 centimes. L'affranchissement se fait par l'apposition
sur la lettre d'un timbre, appelé timbre-poste. Les timbres-
poste sont fabriqués par l'administration et vendus aux par-

ticuliers par ses agents; ils sont de divers prix : le moindre est de un centime ; le plus élevé était, jusqu'à ces derniers temps, de quatre-vingts centimes; l'administration a récemment prescrit la fabrication de timbres-poste d'un prix plus fort et allant jusqu'à cinq francs. Lorsqu'une lettre est revêtue d'un timbre-poste insuffisant à raison de sa destination ou de son poids, elle est considérée comme non affranchie, et la taxe, calculée comme s'il n'y avait pas eu affranchissement, est payée par le destinataire, sous déduction toutefois de la valeur du timbre-poste employé. Ainsi, une lettre étant affranchie avec un timbre-poste de 15 centimes, alors que le timbre employé aurait dû être de 25 centimes, le destinataire aura encore à payer 25 centimes, car la taxe de la lettre non affranchie est de 40 centimes. L'usage d'un timbre-poste ayant déjà servi est puni d'une amende de 50 fr. à 1000 fr. et même d'un emprisonnement en cas de récidive.

Imprimés; papiers d'affaires; échantillons. — Les imprimés, les papiers d'affaires et les échantillons sont soumis à des taxes qui, eu égard à leur poids, sont de beaucoup inférieures à la taxe des lettres; pour profiter de ce bénéfice, ils doivent être affranchis. Afin que cette réduction de taxe ne puisse être une occasion de fraude, il est défendu, sous peine d'une amende de 150 à 300 francs, d'insérer dans les imprimés, échantillons, papiers de commerce ou d'affaires, aucune note ou lettre pouvant tenir lieu de correspondance.

Lettres chargées; valeurs déclarées; envois d'argent. — Nous devons ajouter, pour terminer ces notions sur le service des postes, quelques détails sur l'envoi de l'argent ou des valeurs par la poste. On entend par lettres chargées celles qui contiennent des titres ou valeurs-papier quelconques. Ces lettres acquittent une taxe supplémentaire; elles doivent être affranchies, revêtues de cachets ayant une disposition particulière, enfin déposées au bureau de poste par l'expéditeur. Il lui est donné un reçu de la lettre chargée, et le destinataire ne peut se la faire délivrer que contre un reçu : en cas de perte d'une lettre chargée, l'administration n'est

responsable que jusqu'à concurrence de cinquante francs.
Un mode particulier de chargement est employé pour les
billets de banque ou autres valeurs payables au porteur.
Celui qui veut envoyer par la poste une somme en billets de
banque doit faire charger la lettre, l'affranchir et énoncer sur
l'enveloppe en toutes lettres le montant de la valeur qui y est
renfermée. Cette valeur ne peut excéder dix mille francs.
L'administration des postes est responsable de toute la valeur
en cas de perte de la lettre ; seulement sa responsabilité ces-
serait, si la lettre avait péri par suite d'un fait de force majeure, par exemple un naufrage survenu dans une tempête.
L'expéditeur d'une lettre contenant des valeurs déclarées
paie, outre le chargement et le port, un droit proportionnel
qui est de 1 0/0 jusqu'à 100 fr. et de 50 cent. 0/0 par chaque
100 francs ou fraction de 100 francs jusqu'à 10,000 francs. Il
est interdit, sous peine d'une amende de 50 francs à 100 fr.,
d'insérer dans les lettres des bijoux, des objets d'or ou d'argent, et, dans les lettres non chargées, des billets de banque
ou autres valeurs analogues. La poste se charge aussi du
transport du numéraire ; elle reçoit dans ses bureaux les
sommes qui y sont déposées ; un mandat est remis au déposant, et ce mandat, adressé au destinataire, est touché par
lui dans un bureau de poste quelconque de France. Le droit
à acquitter pour ce mode d'expédition est de un pour cent
de la somme expédiée.

Conventions postales. — L'échange des correspondances
avec la plupart des pays étrangers et les taxes à percevoir sont
réglées par des traités particuliers, qu'on appelle conventions
postales. Quelques-unes de ces conventions autorisent même
les envois d'argent, soit de France à l'étranger, soit de l'étranger en France.

Produit des postes. — Pendant les neuf premiers mois de
1875, le produit des postes a été de 80,154,000 francs. Dans ce
chiffre la taxe des lettres entre pour 77,299,000 et les droits
sur les envois d'argent pour 1,217,000 francs. Ces chiffres
indiquent que le mouvement des lettres n'a pas diminué,
malgré l'élévation des droits par les lois votées en 1871.

§ VII. — TÉLÉGRAPHES.

Emploi de la télégraphie privée; taxes. — Les lignes télégraphiques ne peuvent être établies que par le gouvernement ou avec son autorisation; l'exploitation lui en est exclusivement réservée. Le télégraphe électrique n'est pas employé seulement pour le service de l'État, les particuliers peuvent correspondre par ce moyen, par l'intermédiaire des fonctionnaires ou agents de l'administration. L'état n'est soumis à aucune responsabilité à raison du service de la correspondance privée par la voie télégraphique. L'administration des télégraphes dépend du ministère de l'intérieur. Le particulier, qui veut faire usage du télégraphe, doit déposer sa dépêche, écrite et signée de lui, au bureau télégraphique. La dépêche est transmise moyennant une taxe qui varie selon le nombre de mots dont elle est composée. Pour une dépêche de un à vingt mots, la taxe à acquitter est de 50 cent., si la dépêche est adressée dans le même département, de un franc, si elle est adressée dans un département autre que celui où elle est expédiée. Pour les dépêches de Paris pour Paris, la taxe est également de cinquante centimes. La taxe est augmentée de moitié par série on fraction de série supplémentaire de dix mots. Des taxes particulières sont établies pour les dépêches écrites en chiffres, pour les dépêches transmises au moyen d'appareils, dits autographiques, qui fonctionnent sur certaines lignes et reproduisent l'écriture même de celui qui expédie la dépêche; enfin des conventions diplomatiques règlent les conditions et le tarif des dépêches télégraphiques adressées de France à l'étranger ou de l'étranger en France.

Progrès de la télégraphie privée. — La faculté pour les particuliers de se servir du télégraphe a été établie en 1851. Depuis cette époque la correspondance télégraphique n'a cessé de s'accroître dans des proportions considérables. Les bureaux se sont multipliés; en même temps l'abaissement de la taxe rendait plus accessible ce mode de correspondance. Toutefois la télégraphie privée n'est pas, comme la poste, une source de produits pour le Trésor. En 1851 le nombre des dépêches expédiées par le télégraphe était de 9000 environ; il ne s'élève pas aujourd'hui à moins de deux millions ou deux millions et demi. Le produit de la télégraphie privée, insignifiant à l'origine, dépasse actuellement six millions de francs.

CHAPITRE IV.

DES RÈGLEMENTS RELATIFS A L'EXERCICE DE CERTAINES INDUSTRIES.

Division. — Les industries dont nous avons à nous occuper dans ce chapitre ne sont pas, comme celles dont l'État s'est réservé le monopole, interdites aux particuliers. Elles sont seulement soumises à certaines conditions. Il en est qui ne peuvent être exercées qu'avec une autorisation du gouvernement ; ainsi la fabrication des armes de guerre, l'imprimerie et la librairie. D'autres industries sont soumises à des prescriptions particulières ; et, dans cet ordre d'idées, nous aurons à examiner les règlements relatifs à la fabrication et à la vente des matières d'or et d'argent.

§ I. — FABRICATION DES ARMES DE GUERRE.

Autorisation nécessaire pour cette fabrication. — On appelle armes de guerre celles qui servent ou ont servi à armer les troupes françaises ou étrangères, ou qui sont reconnues propres au service de guerre. La fabrication des armes de guerre pour l'intérieur ne peut avoir lieu en principe que dans les établissements de l'État, les manufactures impériales d'armes. Au contraire, toute personne peut, en vertu d'une autorisation du ministre de la guerre, se livrer à la fabrication et au commerce des armes de guerre destinées à l'exportation. Les fabricants autorisés peuvent exécuter les commandes faites par le ministre de la guerre pour le compte de l'État et l'armement des troupes françaises. La fabrication ou le commerce des armes de guerre sans autorisation est puni d'une amende de 16 francs à 1,000 francs et d'un emprisonnement d'un mois à deux ans ; les armes fabriquées ou mises en vente sans autorisation sont confisquées. La simple possession d'une arme de guerre est également punie d'une amende et d'un emprisonnement.

§ II. — IMPRIMERIE ET LIBRAIRIE.

Régime particulier auquel sont soumises ces professions. — Les inconvénients graves que peuvent présenter l'impression et la vente d'ouvrages dangereux pour les mœurs ou pour la paix publique, ont nécessité l'établissement de règles sévères pour l'exercice de la profession d'imprimeur et de libraire.

Limitation du nombre des imprimeurs; brevet; décret du 10 septembre 1870. — Voici quelles étaient les dispositions anciennes relatives à l'exercice de la profession d'imprimeur. Le nombre des imprimeurs était limité; pour pouvoir exercer cette profession, il fallait avoir obtenu du ministre de l'intérieur un brevet qui ne pouvait être ni cédé, ni transmis. Le fait d'imprimer sans avoir obtenu de brevet était puni d'une amende et de l'emprisonnement. Toute condamnation prononcée contre l'imprimeur pour contravention aux lois et réglements de sa profession pouvait entraîner le retrait du brevet et par suite la fermeture de l'établissement.

Les brevets d'imprimeurs ont été supprimés par le décret du 10 septembre 1870. La profession d'imprimeur est libre; celui qui veut l'exercer est soumis à une simple déclaration au ministère de l'intérieur. Le nombre des imprimeurs n'est plus limité.

Devoirs spéciaux de l'imprimeur. — L'imprimeur régulièrement autorisé est soumis à des obligations assez nombreuses que nous allons parcourir. 1° Il doit tenir un livre sur lequel il inscrit par ordre de dates le titre des ouvrages qu'il se propose d'imprimer, le nombre de feuilles, de volumes, d'exemplaires et le format de l'édition. 2° Il est tenu, avant de commencer l'impression d'un ouvrage, de faire la déclaration qu'il se propose de l'imprimer, à Paris, au ministère de l'intérieur, et dans les départements, au secrétariat de la préfecture. 3° Avant de publier et de mettre un ouvrage en vente, l'imprimeur doit en déposer deux exemplaires au ministère de l'intérieur ou au secrétariat de la préfecture ; en outre, si l'ouvrage imprimé est une brochure de moins de dix feuilles d'impression, traitant de matières politiques ou d'économie sociale, il doit en faire le dépôt au parquet du procureur de la République. 4° Tous les exemplaires de l'ouvrage imprimé doivent porter le nom de l'imprimeur et l'indication de sa demeure. L'infraction à l'une de ces obligations entraîne contre l'imprimeur la condamnation à une amende. L'imprimeur doit apporter le plus grand soin à l'examen des ouvrages qu'il imprime : il est en effet responsable des délits commis par l'auteur dans l'ouvrage publié; ainsi l'imprimeur qui imprime en connaissance de cause, un livre contenant un outrage à la morale publique ou aux bonnes mœurs, peut être poursuivi avec l'auteur, et condamné comme lui à l'amende et à l'emprisonnement. De même, l'imprimeur d'un journal, ou écrit périodique traitant de matières politiques, est responsable et peut être poursuivi, si les conditions exigées pour la création du journal n'ont pas été remplies.

Libraires; brevet; obligations. — Avant le décret de 1870, les libraires devaient obtenir un brevet, mais leur nombre n'était pas limité; l'exercice de la librairie sans avoir obtenu de brevet était puni d'un emprisonnement d'un mois à deux ans et d'une amende de cent à deux mille francs. La profession de libraire est libre aujourd'hui comme celle d'imprimeur. Il est interdit au libraire de vendre un livre ne portant pas de nom d'imprimeur; le libraire est aussi responsable des délits commis par l'auteur dans l'ouvrage qu'il met en vente.

§ III. — FABRICATION ET VENTE DES MATIÈRES D'OR ET D'ARGENT.

Garantie; obligations des fabricants et marchands. — Tous les ouvrages d'or et d'argent fabriqués en France doivent être conformes aux titres prescrits par la loi, c'est-à-dire contenir une quantité déterminée de métal fin. Il y a trois titres pour les ouvrages d'or : le premier est de 920 millièmes, c'est-à-dire qu'il n'admet que 80 millièmes d'alliage; le second est de 840 millièmes, le troisième de 750 millièmes. Il y a deux titres pour l'argent : le premier de 950 millièmes, le second de 800 millièmes. La tolérance des titres pour l'or est de trois millièmes; celle des titres pour l'argent est de cinq millièmes. La garantie du titre est assurée par un poinçon appliqué sur chaque pièce après des essais; ce poinçon est différent selon que le titre est plus ou moins élevé. Les fabricants d'ouvrages d'or et d'argent doivent se faire connaître à la préfecture du département et à la mairie de leur domicile. Ils doivent avoir **une** marque particulière dont l'empreinte est déposée à la mairie et à la préfecture, ils doivent présenter, **avant leur achèvement,** les objets de leur fabrication, pour être essayés et poinçonnés aux bureaux établis à cet effet et qui portent le nom de *bureaux de garantie.* Il est perçu lors de cette opération, au profit du Trésor, un droit qui est appelé *droit de garantie.* Les fabricants et marchands d'objets d'or et d'argent doivent avoir un registre, coté et paraphé par le maire, sur lequel ils inscrivent la nature, le nombre, le poids et le titre des matières d'or et d'argent qu'ils achètent ou vendent, avec les noms et demeures de ceux de qui il les tiennent; ils ne peuvent acheter que de personnes connues d'eux ou ayant un répondant. Le but de ces dernières prescriptions est de faciliter les recherches de la justice, pour le cas où les objets ainsi offerts en vente au marchand seraient des objets volés. Les marchands doivent enfin remettre aux acheteurs un bordereau ou facture; ce bordereau, signé du marchand, indique le titre, le poids et la forme des ouvrages vendus, et désigne si ce sont des ouvrages vieux ou neufs. Les fabricants et marchands sont assujettis à la surveillance de l'administration, et peuvent être condamnés à des amendes quelquefois considérables, lorsqu'ils ne se conforment pas aux obligations qui leur sont imposées. Le service de la garantie des matières d'or et d'argent fait partie de l'administration des contributions indirectes.

CHAPITRE V.

DES BANQUES, DES MAGASINS GÉNÉRAUX, DES ÉTABLISSEMENTS DE VENTES PUBLIQUES.

Caractères généraux de ces établissements. — Faciliter les transactions commerciales, procurer au commerçant du crédit, en rendant possible la disposition d'un capital qu'il ne peut faire travailler par lui-même, ou en empêchant ce capital de demeurer oisif, tels sont les avantages que présentent les banques, les magasins généraux, les établissements de ventes publiques. Les banques atteignent ce but, en ouvrant au commerçant des comptes, en effectuant ses recettes et ses paiements, enfin en escomptant ses billets. Les magasins généraux reçoivent en dépôt des marchandises que le négociant peut vendre, ou sur lesquelles il peut emprunter, sans avoir à supporter les frais et les risques du déplacement. Enfin, dans un établissement de ventes publiques, il peut, dans certains cas, réaliser à meilleur compte les marchandises de son commerce. On voit l'intérêt qui s'attache aux établissements dont nous allons étudier successivement les opérations et le fonctionnement.

SECTION Ire.

DES BANQUES.

Objet des opérations de banque. — Le numéraire et les effets de commerce sont l'objet principal des opérations de banque; on appelle banquiers ceux qui se livrent à ce genre de négoce, et maisons de banque, leurs établissements. Les négociations auxquelles se livrent les banquiers sont nombreuses : nous nous contenterons d'indiquer les principales. Les banquiers reçoivent en dépôt les fonds des particuliers; ils opèrent pour leurs clients les recettes et les paiements; ils leur ouvrent des crédits qui les autorisent à disposer sur la maison de banque jusqu'à concurrence des sommes déposées; ils prêtent sur dépôt de titres; ils fournissent des lettres de change ou des lettres de crédit, qui permettent à celui à qui elles sont délivrées de toucher une somme d'argent dans une localité éloignée; ils escomptent les billets à ordre et les lettres de change, c'est-à-dire qu'ils en avancent le montant au porteur avant l'échéance, sous déduction d'une prime, que l'on nomme escompte.

Utilité des banques. — Voici les avantages principaux que les banques peuvent procurer : en recevant des dépôts, elles utilisent des capitaux qui seraient restés improductifs; souvent elles paient un intérêt au déposant, et emploient les sommes déposées à des opérations industrielles ou commerciales, en réalisant ainsi un bénéfice. Par l'escompte, elles permettent au commerçant de se procurer, au moyen des titres qu'il a entre les mains, et avant leur échéance, des fonds qui, versés dans son commerce, donneront à ses opérations plus d'étendue; enfin, en délivrant les lettres de change et les lettres de crédit, elles épargnent aux particuliers les frais, les inconvénients et les dangers du transport du numéraire.

Banques de dépôts et de virement et banques de circulation. — Au point de vue de la nature de leurs opérations, les banques se divisent en : banques de dépôts et banques de circulation. Les banques de dépôts ont pour fonction essentielle de recevoir les fonds qui leur sont déposés; elles inscrivent sur leurs livres le dépôt, et ouvrent un crédit au déposant. Le déposant peut, ou retirer lui-même la somme déposée, ou céder son droit à un tiers qui touchera en son lieu et place; si ce tiers a lui-même un crédit ouvert à la banque, on portera purement et simplement à son crédit la somme qui figurait au crédit de son cédant. Cette opération, qui consiste à transporter du crédit de l'un au crédit de l'autre, et à opérer des paiements au moyen d'une simple mention sur les livres, prend le nom de *virement*; de là le nom de banques à virement qui est quelquefois donné aux banques de dépôts. Les banques de circulation font l'escompte; elles achètent des lettres de change, des billets à ordre, et, en échange des titres qu'elles reçoivent, elles remettent, au lieu d'argent, des billets. Ces billets, qui prennent le nom de billets de banque, sont au porteur; ils se transmettent de la main à la main comme une pièce de monnaie; ils sont remboursables à présentation par l'établissement qui les a émis. Ces billets de banque, destinés à circuler dans le public, peuvent, si la banque qui les émet présente des garanties suffisantes, faire l'office de monnaie et suppléer au numéraire. Le nom de banques de circulation est donné à ces établissements, parce qu'ils font entrer dans la circulation leurs billets; on les appelle aussi banques à billets. Il faut remarquer du reste que la distinction entre les deux espèces de banques n'existe pas d'une manière aussi nette dans la pratique. Les diverses maisons de banque ne se contentent pas de recevoir des dépôts, elles se livrent à d'autres opérations, notamment à l'escompte. Elles sont à la fois banques de dépôt et banques d'escompte; mais elles ne peuvent, en général, émettre de billets; elles ne sont pas banques de circulation.

Banques particulières et banques publiques. — On divise encore les banques, en banques particulières et banques publiques. La nature des opérations auxquelles se livrent les unes et les autres est la même, seulement les banques particulières, n'ayant qu'un crédit limité, sont renfermées la plupart du temps dans un cercle d'opérations moins étendu que les banques publiques, formées avec l'autorisation et sous la surveillance du gouvernement par la réunion de capitaux considérables, et offrant ainsi au public plus de garanties. Cette distinction des banques publiques et des banques particulières a dans notre législation un intérêt : en effet, la faculté d'émettre des billets de banque ne peut appartenir qu'aux établissements spécialement autorisés à cet effet par le gouvernement. La justification de cette disposition se trouve dans ce motif : que la faculté de mettre en circulation des billets faisant l'office de monnaie ne peut, sans de graves inconvénients, appartenir qu'à des établissements présentant toute espèce de garanties, soit par l'importance de leur capital, soit par la sagesse de leur administration.

Privilége de la Banque de France. — La confusion pouvant résulter de la circulation de billets, émis par des établissements divers et n'ayant pas tous la même solidité, a fait sentir la nécessité de ne donner ce droit important qu'à un établissement unique. Cet établissement est la Banque de France. Elle seule aujourd'hui a le droit d'émettre des billets de banque, payables au porteur et à présentation. Avant 1848, il y avait des banques départementales, jouissant d'une existence indépendante, et autorisées par le gouvernement à émettre des billets. En 1848, ces banques départementales ont cessé de fonctionner comme établissements distincts ; elles ont été réunies à la Banque de France, avec le titre de succursales ; par là le privilége accordé à la Banque de France s'est trouvé complétement constitué. Ce privilége, créé en l'an XI pour une durée de quinze années, successivement renouvelé depuis, a été, en 1857, prorogé au 31 décembre 1897.

Son organisation. — Après ces généralités, étudions l'organisation intérieure de la Banque de France et ses principales opérations. La Banque de France est une société anonyme, formée avec l'autorisation du gouvernement, et dont le capital est divisé en actions. Le gouvernement est représenté dans l'administration de la Banque par trois fonctionnaires : un gouverneur et deux sous-gouverneurs nommés par le chef de l'État. Outre le gouverneur et les sous-gouverneurs, l'administration de la Banque se compose de quinze régents, nommés par l'assemblée générale, formée de deux cents plus forts actionnaires, et de trois censeurs nommés également par l'assemblée générale et plus spécialement chargés de la surveillance des opérations. Les régents et les censeurs forment le conseil général de la Banque, qui se réunit sous la présidence du gouverneur ou de l'un des sous-gouverneurs. C'est au conseil général qu'appartient la direction des opérations, mais ses délibérations ne peuvent être mises à exécution, qu'autant qu'elles sont approuvées par le gouverneur et revêtues de sa signature. C'est le gouverneur qui est chargé de l'exécution des délibérations du conseil général, et c'est lui qui représente la Banque, soit dans les actes où elle figure, soit dans les contestations où elle est engagée. En un mot, le conseil général représente le pouvoir délibérant, le gouverneur, le pouvoir exécutif. Chaque année l'assemblée générale des actionnaires se réunit sous la présidence du gouverneur : il lui est rendu compte des opérations de l'année écoulée, elle nomme les régents et les censeurs; elle peut être aussi convoquée extraordinairement, lorsqu'il s'agit de prendre certaines mesures graves, par exemple, d'apporter une modification aux statuts.

Opérations de la Banque de France. — La Banque de France reçoit en dépôt des espèces, des titres ou effets publics, tels que rentes sur l'État, actions ou obligations de chemins de fer, elle perçoit pour ces dépôts un droit de garde; on peut également déposer à la Banque des lingots et des diamants. La Banque ouvre des comptes courants; celui qui est admis à avoir un compte courant verse ses fonds au crédit de ce compte, la Banque opère les paiements qu'il peut avoir à faire, encaisse les effets et les factures qu'il a à recevoir. La Banque de France prête sur dépôt de certains effets publics, rentes sur l'État, actions ou obligations de chemins de fer français, obligations de la ville de Paris. L'avance faite sur ces valeurs doit être remboursée dans un délai assez court, trois mois au plus. Comme les variations de la Bourse peuvent déterminer une baisse qui diminuerait la valeur des titres sur lesquels prête la Banque, elle n'avance qu'une somme inférieure à la valeur qu'ils ont au jour où se fait l'emprunt; la Banque prête également sur dépôt de lingots. Nous arrivons enfin à l'escompte des effets de commerce : la Banque escompte les lettres de change et billets à ordre, à quatre-vingt-dix jours d'échéance au plus, revêtus de trois signatures de commerçants ou de personnes notoirement solvables. Les effets à deux signatures peuvent, par exception, être admis à l'escompte, lorsqu'ils sont souscrits pour fait de marchandises et que la troisième signature est remplacée par la garantie spéciale d'un transfert de rentes sur l'État ou d'actions de la Banque. L'examen des effets présentés à l'escompte se fait par un comité, appelé comité des escomptes, qui comprend le gouverneur, les deux sous-gouverneurs, quatre régents et trois membres du conseil d'escompte. Le conseil d'escompte est composé de douze membres, choisis par les censeurs parmi les actionnaires de la Banque exerçant le commerce à Paris. Le comité des escomptes dresse une liste de tous les commerçants qui présentent une solvabilité suffisante pour que les effets revêtus de leurs signatures soient admis à l'escompte. L'effet admis à l'escompte est présenté lors de l'échéance à celui qui en est débiteur; s'il n'est pas payé, il doit être remboursé immédiatement par celui qui l'a remis à la Banque. Le taux de l'escompte varie selon la situation de la place : il peut dépasser 6 0/0.

Billets de banque. — En échange des valeurs qui entrent dans son portefeuille, la Banque émet des billets. Ces billets sont, comme nous l'avons déjà dit, au porteur, c'est-à-dire qu'ils se transmettent de la main à la main; ils sont remboursables à présentation; la Banque peut toujours être tenue de remettre, en échange d'un de ses billets, la somme qu'il représente en argent. Les billets de banque sont de cinquante francs, cent francs, deux cents francs, cinq cents francs, mille francs et cinq mille francs. Le chiffre total de l'émission des billets est réglé par le conseil général de la Banque; il s'élève actuellement à plus de deux milliards. Les billets de banque sont garantis par le capital de la Banque et les valeurs qui composent son portefeuille. Ces billets, à raison de la confiance qu'inspire la Banque de France, sont reçus partout comme argent. Toutefois, il faut remarquer qu'ils n'ont pas cours forcé, qu'un créancier est fondé à refuser d'être payé en billets de banque et à exiger son paiement en numéraire. Afin de permettre au public de suivre ses opérations et de se rendre compte de l'état de ses affaires, la Banque publie chaque semaine un bilan ou état de situation, qui indique les valeurs qu'elle a en portefeuille, sa réserve en argent et le chiffre des billets en circulation.

Succursales de la Banque de France. — La Banque de France a des succursales dans les places de commerce les plus importantes. La loi qui, en 1857, a prorogé son privilége, lui a même imposé d'établir, dans un délai de dix ans, des succursales dans tous les départements où il n'en existerait pas encore. Les succursales sont administrées, sous la surveillance de l'administration centrale, par un directeur nommé par l'Empereur, et un conseil composé d'administrateurs et de censeurs choisis par le conseil général de la Banque. Les opérations des succursales sont les mêmes que celles de l'établissement principal de Paris; seulement c'est à Paris qu'est concentré tout ce qui concerne la fabrication et l'émission des billets.

SECTION II.

DES MAGASINS GÉNÉRAUX ET DES ÉTABLISSEMENTS DE VENTES PUBLIQUES DE MARCHANDISES EN GROS.

(Lois du 28 mai 1858.)

Définition des magasins généraux. — Les magasins généraux sont des établissements, créés avec l'autorisation du gouvernement, et destinés à recevoir en dépôt des marchandises, matières premières ou objets fabriqués. Les magasins généraux remettent au déposant des titres constatant le dépôt;

4

ces titres, transmissibles par des voies simples et rapides, permettent au propriétaire de la marchandise de la donner en gage ou de la vendre, sans qu'elle sorte du dépôt où elle est placée, et en évitant ainsi les frais et les inconvénients du dé placement. Nous devons expliquer le mécanisme de ces négociations.

Titres remis au déposant; récépissés; warrants. — Le propriétaire de la marchandise reçoit, en la déposant au magasin général, deux titres : l'un appelé *récépissé*, l'autre, *bulletin de gage* ou *warrant*. Ces deux titres énoncent les noms, profession et domicile du déposant, la nature de la marchandise, ainsi que les indications nécessaires pour en établir l'identité et en déterminer la valeur.

Transmission du récépissé et du warrant; ses effets. — Ces deux titres peuvent être transmis ensemble ou séparément, selon la nature de l'opération que veut faire le déposant. Si le déposant veut se faire prêter sur la marchandise, il détache le bulletin de gage ou warrant, et le transmet au prêteur, au moyen d'un endossement. On appelle endossement une mention mise au dos du titre; nous verrons bientôt quelles sont les formes de l'endossement. L'endossement du warrant donne au prêteur un droit de gage sur la marchandise qui se trouve ainsi affectée spécialement au paiement de sa créance.

Si le déposant veut vendre la marchandise, et qu'il n'ait pas détaché le warrant pour la donner en gage, il endosse au profit de l'acheteur le récépissé et le warrant; lorsque la marchandise est déjà donnée en gage, le warrant a été remis au prêteur, le récépissé seul se trouve entre les mains du déposant et est par lui transmis à l'acheteur. L'endossement du récépissé et du warrant, ou du récépissé séparé du warrant, vaut vente de la marchandise. On voit la différence entre les effets de l'endossement du récépissé et de l'endossement du warrant : l'endossement du récépissé opère la vente de la marchandise, l'endossement du warrant donne à celui au profit duquel il est fait un droit de gage ou de nantissement. L'opération faite une première fois peut se renouveler : le porteur du warrant ou du récépissé peut l'endosser à son tour au profit d'une autre personne, et, au moyen d'endossements successifs, la marchandise, sous la forme du récépissé ou du warrant, peut circuler, être vendue ou donnée en gage successivement à différentes personnes.

Formes de l'endossement du récépissé ou du warrant. — Les seules conditions essentielles exigées pour la forme de l'endossement du récépissé ou du récépissé et du warrant réunis sont : la date et la signature de celui qui transmet le titre. L'endossement du warrant séparé du récépissé doit, outre la date et la signature, contenir certaines énonciations relatives à la créance garantie par la marchandise. Il doit indiquer le montant intégral en capital et intérêts de la créance garantie, la date de son échéance et les noms, profession et domicile du créancier. En outre le premier cessionnaire du warrant, celui au profit duquel le déposant l'a endossé, doit faire transcrire l'endossement sur les registres du magasin général ; il est fait mention sur le warrant de cette transcription.

Droits du porteur du récépissé et du warrant ou du récépissé seul. — Après avoir ainsi déterminé le caractère des opérations qui se font au moyen des titres délivrés par les magasins généraux et les formes de la transmission de ces titres, il faut préciser quels sont les droits que confère au porteur la possession, soit du récépissé et du warrant, soit du récépissé ou du warrant séparés l'un de l'autre. Celui qui a entre les mains, par suite d'un endossement régulier, le récépissé et le warrant est devenu propriétaire de la marchandise, l'endossement du récépissé et du warrant valant vente ; il peut donc se présenter au magasin général et se faire délivrer la marchandise contre remise du récépissé et du warrant. Lorsque le récépissé est transmis sans le warrant, parce qu'au moment de la vente la marchandise avait été déjà donnée en gage au moyen de la transmission du warrant, le porteur du récépissé, ainsi séparé du warrant, ne peut avoir plus de droits que celui qui le lui a transmis : il devra payer au porteur du warrant la somme empruntée sur la marchandise, et dont le montant doit être établi par l'endossement même du warrant.

Libération de la marchandise. — Le porteur du récépissé séparé du warrant ne pourra retirer la marchandise du magasin général, qu'en la dégageant par le remboursement de la somme pour laquelle elle a été engagée. Il est possible que l'échéance de la dette ainsi garantie ne soit pas arrivée au moment où le porteur du récépissé veut se faire remettre la marchandise ; il n'est pas cependant obligé d'attendre l'échéance. S'il ne connaît pas le porteur du warrant, ou s'il ne peut s'entendre avec lui sur les conditions d'un remboursement anticipé, il doit déposer à l'administration du magasin général la somme due avec les intérêts jusqu'au jour de l'échéance. Cette consignation libère la marchandise, et permet au porteur du récépissé de se la faire délivrer par le magasin général.

Droits du porteur du warrant. — Quant au porteur du warrant, il a un droit de gage sur la marchandise ; si la dette n'est pas payée à l'échéance par l'emprunteur, le porteur du warrant fait constater le refus de paiement par un acte appelé protêt, et, huit jours après le protêt, il peut faire procéder à la vente des marchandises par le ministère d'un courtier. Il est payé sur le prix de la vente avant tous autres créanciers, sous déduction seulement des sommes dues pour droits d'octroi, de douane, ou autres analogues, des frais de vente dus au courtier, et des frais de magasinage qui sont payés au magasin général. Si la vente des marchandises ne suffit pas pour rembourser complétement le porteur du warrant, il peut exercer pour la différence un recours contre l'emprunteur et les endosseurs successifs du warrant. Le porteur du warrant perd son recours contre les endosseurs, s'il n'a pas fait procéder à la vente dans le mois qui suit le jour du protêt ; il est également déchu de ses droits à leur égard, lorsqu'il ne les a pas assignés en paiement dans un délai déterminé, qui est ordinairement de quinzaine, et qui court du jour de la vente des marchandises. Il faut remarquer que cette déchéance n'existe qu'à l'égard des endosseurs intermédiaires, et que le porteur du warrant conserve, même lorsqu'il a été négligent, le droit de poursuivre l'emprunteur primitif. On voit, par les explications que nous venons de donner, que le warrant a les caractères d'une effet de commerce ; il a, à ce point de vue, de l'analogie avec le billet à ordre, mais il présente une garantie particulière résultant de l'engagement de la marchandise. Le warrant peut être reçu comme effet de commerce par les établissements de crédit qui font l'escompte, par la Banque de France notamment, et, à raison de la garantie spéciale qui y est attachée, la Banque de France qui ne peut, en général, escompter que des effets revêtus de trois signatures, est autorisée à escompter des warrants portant seulement deux signatures.

Perte du récépissé ou du warrant. — Il nous reste à indiquer les formalités à remplir, lorsque le porteur du récépissé ou le porteur du warrant a perdu son titre. Le porteur qui a perdu le récépissé peut obtenir un duplicata en remplissant certaines conditions : il doit justifier qu'il est réellement propriétaire du récépissé perdu, cette preuve se fera ordinairement au moyen des livres de commerce ; obtenir une ordonnance du président du tribunal de commerce, autorisant la délivrance d'un duplicata ; enfin fournir caution : la caution consiste, ou dans une somme d'argent déposée à la caisse des consignations, ou dans l'engagement d'une personne solvable. Le porteur du warrant doit, en cas de perte de son titre, remplir les mêmes conditions pour obtenir le paiement de la créance garantie par le warrant.

Notions générales sur les ventes publiques de marchandises en gros. — Le but général des dispositions que nous venons de parcourir sur les négociations relatives aux marchandises déposées dans les magasins généraux est de rendre disponible et de mobiliser la marchandise, de manière que celui à qui elle appartient puisse toujours, et sans difficulté, se procurer le capital que cette marchandise représente, pour faire honneur à ses engagements et l'employer aux besoins de son commerce. Des motifs analogues ont fait lever les entraves qui existaient, avant 1858, pour les ventes publiques de marchandises en gros, c'est-à-dire par lots d'une valeur assez considérable. Jusqu'en 1858, ces ventes n'étaient permises que par exception, et en vertu d'une autorisation du tribunal de commerce. Ce mode de vente présente cependant un double avantage : aux vendeurs, il permet de réaliser dans les conditions les plus favorables, à raison du concours d'acheteurs appelés par la publicité de la vente ; aux acheteurs, qui tiennent ainsi la marchandise du producteur ou de celui qui l'a importée, il épargne les frais d'intermédiaires qui grèvent la marchandise et en augmentent le prix. C'est en vue de ces avantages que la loi de 1858 a permis, sans autorisation du tribunal de commerce, les ventes publiques en gros pour certaines marchandises qui sont, ou des marchandises exotiques, telles que les denrées alimentaires, les matières premières destinées aux fabriques, ou des marchandises indigènes, parmi lesquelles nous citerons les grains, les huiles, les vins, la houille, les bois de construction ; ces ventes se font par le ministère des courtiers et dans des locaux spécialement autorisés à cet effet.

Formalités pour obtenir l'autorisation d'ouvrir un magasin général ou une salle de ventes publiques ; obligations des exploitants. — Ceux qui exploitent les magasins généraux et les établissements de ventes publiques sont soumis à des obligations communes. Ces établissements, magasins généraux et salles de vente, ne peuvent être créés qu'en vertu d'un décret. La demande est adressée, par l'intermédiaire du préfet, au ministère de l'agriculture, du commerce et des travaux publics. Le postulant doit justifier de ressources en rapport avec l'importance de l'établissement projeté ; il doit en outre fournir un cautionnement en argent ou en valeurs publiques françaises, dont le chiffre est déterminé par le décret d'autorisation. Les propriétaires et exploitants sont responsables de la garde et de la conservation des marchandises qui leur sont confiées ; ils sont tenus de mettre leurs magasins ou salles de vente à la disposition de tous ceux qui veulent y opérer le magasinage ou la vente. Les tarifs des droits à percevoir et les règlements de l'établissement doivent être arrêtés à l'avance, portés à la connaissance du public et transmis, avant d'être mis à exécution, au préfet, à la chambre de commerce et au tribunal de commerce dans le ressort duquel se trouve le magasin ou la salle de vente. Enfin ces établissements restent soumis à la surveillance permanente de l'autorité.

Importance des opérations des magasins généraux et des établissements de ventes publiques. — Quelques chiffres montreront l'importance qu'ont prise les magasins généraux et les ventes publiques de marchandises en gros. Les marchandises entrées dans les magasins généraux, pendant les onze premiers mois de 1866, représentaient une valeur de 435,854,000 francs; pendant ce même temps les magasins généraux ont délivré 20,989 warrants représentant une valeur de plus de 360 millions de francs, sur laquelle on a prêté 249,723,507 francs. Enfin les ventes publiques de marchandises en gros ont atteint, pendant ces onze mois, 51,515,880 francs.

CHAPITRE VI.

DE LA CAPACITÉ NÉCESSAIRE POUR FAIRE LE COMMERCE. — DES OBLIGATIONS ET DES PRÉROGATIVES DES COMMERÇANTS.

Division. — Après avoir, dans les chapitres précédents, étudié les restrictions diverses apportées au principe de la liberté de l'industrie, nous devons, dans ce chapitre, compléter les notions générales que nous avons données sur les commerçants; trois questions feront l'objet de notre étude : quelles personnes peuvent faire le commerce, quelles sont les obligations particulières imposées aux commerçants, enfin quelles sont les prérogatives qui leur appartiennent.

SECTION Ire.

DE LA CAPACITÉ NÉCESSAIRE POUR FAIRE LE COMMERCE.

(Code de commerce, art. 2 à 7.)

Qui peut être commerçant. — En principe, tout le monde peut être commerçant ; il y a cependant des exceptions. En premier lieu, le commerce est incompatible avec certaines professions : des raisons de convenance l'ont fait interdire aux magistrats, aux avocats, aux officiers ministériels, avoués, huissiers, notaires ; de même, il est défendu aux fonctionnaires ou agents du gouvernement de prendre un intérêt dans les adjudications dont ils sont chargés, dans les entreprises qu'ils dirigent. Ces prohibitions ne créent pas une incapacité proprement dite : si une personne, à laquelle le commerce est ainsi interdit à raison de la profession qu'elle exerce, fait néanmoins des actes de commerce, ces actes seront parfaitement valables et entraîneront leurs conséquences habituelles ; mais celui qui les aura faits aura manqué aux règles de sa profession, encourra une peine disciplinaire : la suspension ou la destitution de ses fonctions.

Incapacités. — En second lieu, certaines personnes sont incapables de faire le commerce. L'incapacité a cette conséquence, que les actes faits par l'incapable peuvent être attaqués par lui devant les tribunaux, et que la nullité peut en être prononcée. La nullité enlève à l'acte tout son effet, et le fait considérer comme inexistant. Les incapables sont : les interdits, qui sont privés de l'administration de leurs biens pour cause de démence ; les personnes pourvues d'un conseil judiciaire à raison d'actes de prodigalité ou de faiblesse d'esprit ; enfin les mineurs et les femmes mariées. Il y a une grande différence à faire entre l'incapacité de l'interdit et de la personne pourvue d'un conseil judiciaire, d'une part, et celle des mineurs et des femmes mariées. En effet, tandis que l'incapacité de l'interdit, de celui qui a un conseil judiciaire, est absolue, et ne peut cesser tant que subsiste l'interdiction ou la nomination du conseil judiciaire, celle du mineur ou de la femme mariée peut disparaître par suite de certaines autorisations, de telle sorte que le mineur et la femme mariée deviennent capables de faire les actes que comporte le négoce pour lequel l'autorisation a été donnée. Les formes de l'autorisation et ses effets sont différents selon qu'il s'agit des mineurs ou des femmes.

Mineurs. — En général, le mineur, c'est-à-dire celui qui est âgé de moins de vingt-un ans, est incapable d'agir par lui-même; il a un tuteur qui prend soin de ses affaires, et le représente dans les divers actes où il peut être intéressé. Le mineur, pour exercer le commerce, peut être relevé de cette incapacité qui était en effet incompatible avec les nécessités qu'entraînent les affaires commerciales.

Conditions exigées pour que le mineur soit commerçant. — Pour que le mineur puisse devenir commerçant, quatre conditions sont nécessaires. Il faut : 1° Qu'il soit émancipé. L'émancipation fait cesser la tutelle et permet au mineur d'administrer lui-même ses biens. Elle résulte d'une déclaration faite par le père du mineur, ou, si son père est mort, par sa mère, devant le juge de paix; si les père et mère sont morts, l'émancipation est accordée par une délibération du conseil de famille du mineur, tenu sous la présidence du juge de paix; enfin le mineur qui se marie est émancipé par le seul fait du mariage. 2° Qu'il ait atteint l'âge de dix-huit ans accomplis. Le mineur peut être émancipé par ses père et mère dès l'âge de quinze ans, mais il ne peut faire le commerce avant dix-huit ans. 3° Qu'il soit autorisé spécialement à faire le commerce. Cette autorisation est donnée par le père, à défaut du père, par la mère; elle doit être expresse, et résulte ordinairement d'un acte passé devant notaire, ou d'une déclaration faite devant le juge de paix lors de l'émancipation. Si le mineur n'a plus ni père ni mère, il est autorisé par une délibération du conseil de famille. Cette délibération doit être homologuée, c'est-à-dire approuvée par le tribunal civil du lieu où habite le mineur. Cette formalité d'homologation, exigée pour la délibération du conseil de famille autorisant le mineur, n'est pas nécessaire lorsque le mineur est autorisé par son père ou par sa mère. 4° Que l'acte d'autorisation soit affiché et enregistré au tribunal de commerce du lieu où le mineur veut établir son commerce. Il est copié sur un registre tenu par le greffier du tribunal de commerce et affiché dans la salle d'audience. Cette dernière formalité, qui doit être remplie dans tous les cas, a pour but de faire connaître au public que le mineur est relevé de son incapacité, et qu'on peut traiter sans crainte avec lui.

Conséquences de la qualité de commerçant pour le mineur. — Le mineur, lorsque toutes ces conditions sont remplies, devient capable de faire tous les actes que peut nécessiter l'exercice de son commerce ; ainsi, tandis qu'en général le mineur émancipé ne peut faire d'actes d'une certaine importance sans l'assistance d'un curateur, le mineur commerçant fera seul tous les actes et prendra tous les engagements relatifs à son commmerce. Il peut même, pour les besoins de son commerce, emprunter et conférer une hypothèque sur des immeubles lui appartenant, sans avoir à suivre les formes habituellement exigées pour l'hypothèque des immeubles des mineurs, formes qui consistent dans une délibération du conseil de famille et un jugement du tribunal homologuant cette délibération ; mais le mineur, même autorisé à faire le commerce, ne peut vendre ses immeubles sans remplir ces formalités. Le mineur ordinaire peut attaquer les actes qu'il a faits, lorsqu'ils lui sont préjudiciables, et en faire prononcer la nullité, en se fondant sur son incapacité ; le mineur commerçant, au contraire, est lié définitivement par les engagements qu'il a pris ; il ne peut, en invoquant sa minorité, les faire annuler ; ces actes ont la même valeur que s'ils avaient été faits par un majeur. Autrement le mineur n'aurait pu utilement se livrer aux opérations commerciales ; personne en effet n'eût voulu traiter avec lui, si l'on avait eu à craindre qu'il pût revenir sur ses engagements et en demander la nullité. Du reste, le mineur autorisé à faire le commerce n'est relevé de son incapacité que pour les actes relatifs à son commerce ; pour les actes qui y sont étrangers, il reste dans la condition des mineurs émancipés, c'est-à-dire capable de faire seul les actes d'administration, mais ne pouvant faire les actes plus graves, ceux qui excèdent les limites de l'administration ordinaire, qu'avec l'assistance d'un curateur, et même, dans certains cas, avec l'autorisation du conseil de famille et l'homologation du tribunal.

Femmes mariées. — La femme mariée ne peut en principe disposer de ses biens, ni s'engager, sans une autorisation de son mari ou de la justice. Cette autorisation ne peut être générale ; elle doit être donnée spécialement pour chacun des actes que veut faire la femme ; les actes faits par la femme, sans l'autorisation du mari ou de la justice, peuvent être déclarés nuls sur la demande de la femme ou du mari. Tel est le droit commun.

Autorisation de faire le commerce ; ses effets. — La femme mariée ne peut être commerçante sans l'autorisation de son mari, mais, une fois autorisée, la femme peut faire tous les actes relatifs à son commerce, acheter, vendre, s'obliger, signer les lettres de change, etc., sans avoir besoin d'une autorisation spéciale ; le consentement général donné par le mari au commerce de sa femme suffit pour la rendre capable. Cette exception n'existe que pour les actes relatifs au commerce qu'exerce la femme ; pour tous les autres actes elle rentre dans le droit commun et il lui faut l'autorisation spéciale du mari ou de la justice. Les engagements commerciaux pris par la femme ne l'obligent pas seule, lorsqu'elle est mariée sous le régime de la communauté ; ses créanciers commerciaux ont droit, dans ce cas, de se faire payer sur les biens personnels de la femme, sur les biens de la communauté et sur les biens du mari. La femme commerçante peut, pour les besoins de son commerce, hypothéquer et aliéner ses immeubles, à moins que l'aliénation n'en soit interdite par les dispositions de son contrat de mariage, ce qui se présente sous le régime dotal, régime dont le caractère particulier est que les biens formant la dot de la femme, c'est-à-dire apportés par elle pour subvenir aux charges du mariage, ne peuvent être ni aliénés, ni hypothéqués. Enfin la femme, même autorisée à faire le commerce, ne peut jamais plaider sans l'autorisation du mari, ou, à défaut de l'autorisation du mari, sans une autorisation de la justice.

Dans quels cas la femme est réputée commerçante. — Les règles que nous venons de parcourir, relativement à la femme mariée, ne sont applicables qu'autant qu'elle est réellement commerçante ; et elle n'est commerçante que si elle fait un commerce qui lui est propre, un commerce séparé de celui de son mari. Il arrive souvent que, le mari étant commerçant, la femme s'emploie à ses affaires, tient les livres, la comptabilité, la caisse ; en pareil cas, la femme n'est pas commerçante, elle n'est autre chose qu'un commis de son mari ; elle agit non pour son compte personnel, mais pour le compte du mari ; elle n'est pas personnellement engagée par les actes qu'elle fait, le mari seul, dont elle n'est que le représentant et le mandataire, est obligé et tenu de remplir les engagements pris en son nom par la femme.

SECTION II.

DES OBLIGATIONS DES COMMERÇANTS

(Code de commerce, livre Ier, titres II et IV, art. 8 à 17, 65 à 70.)

Enumération des obligations des commerçants. — Diverses obligations sont imposées à tous les commerçants ; les trois principales sont : 1° l'obligation de tenir des livres ; 2° l'obligation de rendre publics le contrat de mariage et les jugements de séparation de corps et de biens ; 3° l'obligation de payer patente.

§ I. — LIVRES DE COMMERCE.

Utilité de la tenue des livres. — La tenue des livres ou registres, utile pour tous ceux qui veulent connaître exactement l'état de leurs affaires, est indispensable pour le commerçant. Les livres constatent ses opérations, lui permettent de se rendre compte jour par jour de sa situation, d'aligner ses recettes et ses dépenses, de voir s'il fait des bénéfices ou des pertes; en un mot les livres de commerce sont un auxiliaire nécessaire au commerçant et le meilleur garant de ces habitudes d'ordre et d'économie, sans lesquelles le commerçant ne saurait prospérer.

Livres obligatoires. — La loi a elle-même imposé à tous ceux qui font le commerce l'obligation de tenir certains livres. Les livres obligatoires sont au nombre de trois, ce sont : 1º Le livre journal, ainsi nommé parce qu'il se tient jour par jour. Le commerçant doit y relater tout ce qui, d'une manière quelconque, peut influer sur l'état de sa fortune et de son crédit, toutes ses opérations commerciales d'abord, achat et vente de marchandises, paiements faits, engagements souscrits, et même les opérations étrangères à son commerce, une donation, une succession qu'il recueille, une dot qu'il constitue à sa fille en la mariant. Le journal doit, à la fin de chaque mois, indiquer le total des dépenses de la maison qui ne sont pas énoncées en détail, mais en bloc et en une seule fois. — 2º Le livre de copie de lettres. Le commerçant doit mettre en liasse les lettres qu'il reçoit et copier sur ce livre celles qu'il envoie. La conservation des lettres reçues et la tenue du livre de copie de lettres ont une grande importance, car, dans les habitudes de commerce, les affaires se traitent souvent par correspondance, et, si une contestation s'élève entre deux commerçants, c'est parfois la correspondance qui fournit aux juges le principal élément de décision. — 3º Le livre des inventaires. Le commerçant est tenu, chaque année, de faire un inventaire ou état général de tout ce qui lui appartient et de tout ce qu'il doit, de son actif et de son passif. Cet inventaire doit être transcrit sur un registre spécial, le livre des inventaires.

Formes auxquelles sont soumis les livres des commerçants. — La tenue des livres imposés aux commerçants est soumise à des formes qui ont pour but d'assurer la régularité et la sincérité des écritures. Les livres doivent être tenus par ordre de dates, sans blancs, lacunes, ni transports en marge; ils doivent être cotés, paraphés et visés soit par un des juges du tribunal de commerce, soit par le maire ou adjoint. Cotés, paraphés et visés, cela veut dire que chaque feuille est numérotée, revêtue d'un paraphe, et qu'en tête ou à la fin du livre, il est dressé une sorte de procès-verbal indiquant la nature du registre, l'usage auquel il est destiné, le nombre de feuillets dont il se compose. Ces formalités ont pour but d'empêcher l'addition, la suppression ou la substitution de feuillets. Enfin le livre journal et le livre des inventaires, mais non le livre de copie de lettres, doivent être arrêtés chaque année, soit par un juge du tribunal de commerce, soit par le maire ou l'adjoint. Toutes ces formalités sont accomplies sans frais; les livres de commerce sont dispensés du timbre.

Livres auxiliaires. — Les trois livres que nous avons indiqués plus haut sont seuls obligatoires; le commerçant qui les tient est en règle, et a rempli l'obligation que la loi lui imposait; mais l'expérience a montré que ces livres étaient insuffisants, que le commerçant, qui se bornerait à avoir le livre journal, le livre d'inventaires et de copie de lettres, aurait la plus grande difficulté à suivre ses opérations : aussi l'usage s'est-il introduit d'ajouter à ces trois registres d'autres livres qui, pour n'être pas obligatoires, n'en sont pas moins de la plus grande utilité. Les deux livres dont l'emploi est le plus fréquent sont : le grand livre, qui présente le compte particulier de chacun de ceux avec qui le commerçant est en relation d'affaires, et le livre de caisse, sur lequel le commerçant énonce **tout** ce qui entre dans sa caisse ou en sort, tout ce qu'il paie et ce qu'il reçoit.

Effets des livres de commerce au point de vue de la preuve. — Comme, dans les habitudes du commerce, un grand nombre d'opérations ne sont pas constatées autrement que par une mention sur les livres, les livres de commerce, régulièrement tenus, peuvent être admis comme moyen de preuve dans les contestations entre commerçants et pour affaires de commerce. Les juges, saisis de la contestation, peuvent ordonner, même sans que les parties le demandent, la représentation de leurs livres de commerce à l'effet de les consulter. Si les livres se trouvent dans un lieu éloigné de la ville où siége le tribunal qui doit juger l'affaire, il peut donner mission au tribunal de commerce ou au juge de paix du lieu où sont les livres de les examiner, d'en faire un extrait et de dresser procès-verbal de ce qu'ils contiennent. Les livres doivent être conservés pendant dix ans; tant que ce délai n'est pas expiré, le commerçant ne saurait être admis à prétendre qu'il n'a plus ses livres; après ce délai, il peut ne plus les avoir, mais, s'il les a conservés, il pourra être tenu de les produire.

Sanction de l'obligation de tenir des livres. L'obligation imposée au commerçant de tenir régulièrement des livres de commerce est sanctionnée par une disposition pénale en cas de faillite. Le commerçant failli, qui n'a pas tenu de livres, ou dont les écritures ne sont pas régulières, peut être poursuivi comme banqueroutier simple et condamné par le tribunal correctionnel à un emprisonnement d'un mois au moins, de deux ans au plus.

§ II. — PUBLICITÉ DES CONVENTIONS MATRIMONIALES ET DES JUGEMENTS DE SÉPARATION DE BIENS.

Motifs de cette publicité. — Le régime sous lequel les époux sont mariés donne à ceux qui traitent avec eux plus ou moins de garanties. Ainsi, lorsque les époux sont mariés en communauté, les créanciers du mari ont action non-seulement sur les biens personnels du mari, mais encore sur les biens composant la communauté; s'il y a séparation de biens, le patrimoine de la femme étant distinct de celui du mari, les créanciers du mari n'ont aucun droit sur les biens de la femme; si le régime adopté est le régime dotal, les biens apportés en dot par la femme sont inaliénables, et les créanciers, même ceux de la femme, n'ont pas de droit sur ces biens; nous avons dit enfin que la femme qui fait le commerce avec l'autorisation de son mari, lorsque les époux sont mariés en communauté, oblige la communauté et le mari lui-même par les engagements qu'elle contracte dans son commerce. On voit, par ces explications, l'intérêt que peuvent avoir les tiers à connaître le régime sous lequel les époux sont mariés, lorsque l'un d'eux est commerçant.

Formes de la publication. — Les règles prescrites pour rendre publiques les conventions matrimoniales varient; deux cas doivent être distingués : 1° Un des époux était commerçant lors de la célébration du mariage; la publication doit être faite, sous quelque régime que les époux soient mariés, mais seulement lorsqu'un contrat de mariage a été rédigé pardevant notaire. Il n'y aurait pas de publication si les époux, n'ayant pas fait de contrat, se trouvaient par ce fait mariés sous le régime de la communauté légale. Le notaire qui a reçu le contrat est chargé de faire faire la publication, sous peine d'amende. 2° Un des époux est devenu commerçant depuis la célébration du mariage : la publication alors est nécessaire seulement lorsque les époux sont mariés sous le régime dotal ou sous le régime de la séparation de biens; elle doit être faite par l'époux lui-même, dans le mois du jour où il aura ouvert son commerce. Faute par lui de remplir cette obligation, il peut, en cas de faillite, être condamné comme banqueroutier simple.

Voici les formes de la publication : un extrait du contrat de mariage, indiquant le régime sous lequel les époux sont mariés, est remis aux greffes des tribunaux de première instance et de commerce du domicile des époux; s'il n'y a pas de tribunal de commerce dans l'arrondissement, au secrétariat de la mairie de leur domicile, enfin aux chambres d'avoués et de notaires. Cet extrait reste affiché pendant un an.

Jugements de séparation de corps et de séparation de biens. — Les mêmes formalités doivent être remplies, lorsqu'il intervient entre deux époux, dont l'un est commerçant, un jugement de séparation de biens, ou un jugement de séparation de corps, le jugement de séparation de corps entraînant comme conséquence nécessaire la séparation de biens.

§ III. — PATENTE.

Définition ; droit fixe et droit proportionnel. — La patente est un impôt payé par toutes les personnes exerçant certaines professions : tous les commerçants, quel que soit leur commerce, y sont soumis. La contribution des patentes se compose de deux droits : un droit fixe, qui est le même pour tous ceux appartenant à la même profession, mais qui, dans certains cas, s'établit en ayant égard à la population du lieu où le patentable a le siége de son industrie ; et un droit proportionnel, basé sur la valeur locative tant de la maison d'habitation que des magasins, boutiques, usines, ateliers, hangars, remises, chantiers et autres locaux servant à l'exercice des professions soumises à la patente. Le droit proportionnel est en général du vingtième de cette valeur locative, sauf certains cas exceptionnels dans lesquels ce droit est élevé ou diminué. Certaines industries ne sont assujetties qu'au droit fixe, d'autres qu'au droit proportionnel. Lorsqu'un patentable exerce plusieurs commerces, industries ou professions, même dans diverses communes, il paie le droit fixe entier pour l'établissement soumis au droit le plus fort, et, en outre, un demi-droit pour les autres établissements. Les droits et demi-droits fixes sont payés dans les communes où sont situés les établissements qui y donnent lieu. Le droit proportionnel est acquitté dans toutes les communes où se trouvent les magasins, boutiques, usines, ateliers ou autres locaux servant à l'exercice de la profession imposable. La patente est personnelle, et ne peut servir qu'à celui à qui elle est délivrée. Dans une société, chaque associé en nom collectif paie une patente ; l'associé principal paie seul le droit fixe en entier, les autres associés ne paient qu'une partie de ce droit. Le droit proportionnel est dû par la société pour la valeur locative de l'habitation de l'associé principal et de tous les locaux servant à l'industrie de la société ; les sociétés anonymes sont imposées à un seul droit fixe. La contribution des patentes est due pour l'année entière par tout individu exerçant au mois de janvier une profession imposable, mais elle n'est plus due lorsqu'il y a cessation de la profession par suite de décès ou de faillite. En cas de cession de l'établissement soumis à la patente, la patente est, sur la demande du cédant, transférée à son successeur. La patente est payable par douzièmes ; toutefois, en cas de déménagement du contribuable, la totalité du droit dû pour l'année devient exigible.

5

Réclamations; demandes en décharge ou réduction. — Les réclamations que les contribuables peuvent avoir à exercer, relativement à la patente, consistent à demander, tantôt l'exemption totale du droit, c'est ce qu'on appelle demande en décharge, tantôt une diminution du chiffre de la contribution, c'est la demande en réduction. Il y a lieu à décharge, lorsqu'un contribuable a été imposé pour une profession qu'il n'exerce pas, lorsqu'il a été imposé deux fois au droit fixe pour une même profession, ou deux fois au droit proportionnel pour le même local. Il y a lieu à réduction en cas d'erreur sur la détermination du droit fixe, sur l'estimation de la valeur locative servant de base au droit proportionnel, ou encore en cas de fermeture des magasins, boutiques ou ateliers par suite de décès ou de faillite. Les demandes en décharge ou réduction sont portées devant le conseil de préfecture. La demande doit être formée dans les trois mois qui suivent la publication des rôles des contributions; la demande en réduction pour cause de décès ou de faillite doit être formée dans les trois mois qui suivent la fermeture de l'établissement. La demande consiste dans une pétition adressée au préfet, si l'établissement imposé se trouve dans une commune dépendant de l'arrondissement chef-lieu, au sous-préfet, dans le cas contraire (1). Cette demande doit

(1) *Formule d'une demande en décharge de la contribution des patentes.*

Monsieur le Préfet (ou le Sous-Préfet),

J'ai l'honneur de vous exposer, qu'ayant cessé depuis le mois de   la profession de   pour laquelle j'ai été porté au rôle de la contribution des patentes, et que n'exerçant aucune autre profession imposable, je demande la décharge des droits.

J'ai l'honneur, etc.

(Date et signature.)

Formule d'une demande en réduction.

Monsieur le Préfet (ou le Sous-Préfet),

J'ai l'honneur de vous exposer que la valeur locative de   fr., qui sert de base au droit proportionnel de ma patente, est trop élevée,

être sur papier timbré, si elle a pour objet la décharge ou la réduction d'une contribution s'élevant au chiffre de trente francs; elle doit contenir le nom du réclamant, les motifs de sa réclamation; elle est datée et signée. Enfin le contribuable doit joindre à cette demande la feuille d'avertissement qui lui a été remise pour lui indiquer le chiffre des contributions qu'il doit payer, et la quittance des termes échus de la contribution; la demande en décharge ou réduction ne peut jamais être ainsi un moyen de retarder le paiement de l'impôt. La demande ne serait pas recevable si le contribuable ne justifiait pas du paiement des termes échus. La demande formée, il est procédé à une instruction par les agents de l'administration; le directeur des contributions directes donne son avis, le réclamant peut en prendre communication; le conseil de préfecture statue ensuite. Le contribuable, dont la réclamation a été rejetée, peut se pourvoir au conseil d'État contre l'arrêté du conseil de préfecture dans les trois mois qui suivent la notification de la décision. La requête par laquelle le contribuable se pourvoit peut être déposée par lui, soit à la préfecture de son département, soit au secrétariat du conseil d'État. Dans ces affaires, le ministère des avocats au conseil d'État et à la cour de cassation n'est pas obligatoire pour la procédure devant le conseil d'État.

<h2 style="text-align:center">SECTION III.</h2>

PRÉROGATIVES DES COMMERÇANTS.

Tribunaux et chambres de commerce. — Les commerçants ont, de même que des obligations spéciales, certains droits particuliers. Ils élisent les membres des tribunaux de com-

attendu que je ne paie réellement que   fr. de loyer, et que les locaux que j'occupe ne pourraient être loués au-delà de cette somme.

En conséquence, je demande la réduction de ma patente.

J'ai l'honneur, etc.

(*Date et signature.*)

NOTA. — A ces demandes, il faut joindre l'avertissement et la quittance des termes échus de la contribution.

merce, président, juges, juges suppléants, et ces membres ne peuvent être pris que parmi ceux qui exercent ou ont exercé le commerce. Ce sont également les commerçants qui nomment les membres des chambres de commerce, des chambres consultatives des arts et manufactures ; une condition indispensable pour en faire partie est d'être ou d'avoir été commerçant.

CHAPITRE VII.

DES RAPPORTS ENTRE LES MAITRES ET LES OUVRIERS OU APPRENTIS.

Coup d'œil général sur la législation qui régit cette matière. — De toutes les questions qui préoccupent notre époque, il n'en est pas qui présentent un plus grand intérêt que celles qui touchent aux rapports entre les patrons et les ouvriers. L'économie politique définit ces rapports, précise les règles qui doivent y présider : le législateur intervient pour prescrire dans l'intérêt public ou dans l'intérêt des ouvriers eux-mêmes certaines mesures nécessaires. C'est ainsi qu'il a soumis les ouvriers à l'obligation du livret, qu'il a fixé pour certaines industries la durée du travail, qu'il a établi des peines contre les faits qui constituent une atteinte à la liberté du travail. Des dispositions particulières protégent les enfants employés dans les manufactures et déterminent les règles du contrat d'apprentissage ; enfin les contestations entre les patrons et les ouvriers sont jugées par une juridiction particulière : le conseil des prud'hommes. Tels sont les divers objets que nous aurons à traiter en réservant seulement les coalitions, délit qui consiste dans l'atteinte à la liberté du travail : nous aurons à y revenir dans un autre chapitre consacré aux dispositions pénales. Mais, avant d'étudier les règles législatives, nous devons, dans une sorte d'introduction, donner quelques notions sur les principes généraux qui régissent les relations entre les patrons et les ouvriers, et quelques détails sur la condition des ouvriers. Tel sera l'objet de notre premier paragraphe.

§ I. — NOTIONS GÉNÉRALES.

Division des personnes en patrons et ouvriers. — Deux .classes de personnes concourent directement à la production industrielle : l'entrepreneur et les ouvriers. Cette dernière expression, employée dans un sens général, comprend tous ceux qui louent leur travail, le contre-maître qui supplée l'entrepreneur pour la surveillance ou la direction des ouvriers, les ouvriers proprement dits, enfin les apprentis auxquels le patron enseigne l'industrie à laquelle il se livre lui-même.

Entrepreneur; qualités qu'il doit réunir. — On définit l'entrepreneur : celui qui conçoit l'entreprise ou l'exploitation, réunit les éléments qu'elle nécessite et dirige la création ou la vente des produits. L'entrepreneur a besoin de certaines facultés qui peuvent se résumer dans ces mots : le génie des affaires ; il faut qu'il juge de l'état de l'offre et de la demande, qu'il se rende compte des besoins et des goûts du temps et du lieu où il vit ; il doit administrer avec habileté des entreprises conçues avec sagesse, vérifier par des comptes réguliers et tenus avec intelligence les prévisions de la spéculation, enfin éviter les entreprises qui présenteraient un caractère trop aléatoire, des chances de perte trop considérables. Si l'on ajoute l'énergie et l'esprit de ressources nécessaires pour triompher des difficultés, on aura une idée des qualités qui constituent le bon entrepreneur.

Profits de l'entrepreneur ; leur justification. — La rémunération de l'entrepreneur s'appelle profit ou bénéfice de l'entreprise. Ce profit est légitime et facile à justifier : il représente d'abord le travail personnel de l'entrepreneur, conception, direction, surveillance ; c'est l'entrepreneur qui prépare et fait exécuter. Ce profit a pour cause, en second lieu, le risque

que court l'entrepreneur; s'il ne réussit pas, si ses combinaisons sont mal conçues ou mal exécutées, il peut être ruiné : tenu en effet de toutes les obligations contractées pour l'entreprise, il sera poursuivi, ses biens seront vendus, il sera mis en faillite. Il faut que, dans le bénéfice de l'entreprise, l'entrepreneur trouve une compensation des dangers auxquels il est ainsi exposé. Enfin un troisième élément entre dans le profit de l'entrepreneur, c'est l'intérêt du capital qu'il fournit, soit que ce capital consiste en matériel, outils, machines, matières premières, soit qu'il consiste en argent. Ainsi, rémunération de son travail personnel, compensation du risque couru, intérêt du capital, tels sont les éléments qui composent le bénéfice de l'entrepreneur. Notons que l'entrepreneur est commerçant, et comme tel soumis à toutes les obligations imposées aux commerçants : livres, patente, etc.

Rémunération du travail des ouvriers; salaire; association. — L'entrepreneur emploie des ouvriers pour la confection des travaux qu'il exécute. Le contrat qui lie l'entrepreneur à l'ouvrier est un contrat de louage d'ouvrage qui engendre des obligations réciproques; les conditions du travail sont librement réglées entre l'entrepreneur et l'ouvrier; la rémunération du travail de l'ouvrier s'appelle salaire. Le salaire varie selon la nature du travail, selon la permanence plus ou moins grande de l'occupation, selon les besoins des entrepreneurs; il consiste en une somme fixe payée à l'ouvrier, soit d'après la quantité du travail exécuté, lorsqu'il travaille à la tâche, soit d'après la durée du travail, lorsqu'il travaille à la journée. L'ouvrier n'a pas, pour recevoir son salaire, à attendre la fin de l'entreprise ; que le résultat soit heureux ou funeste pour l'entrepreneur, l'ouvrier n'en a pas moins droit au salaire convenu. Telle est la condition commune des ouvriers : nous devons seulement mentionner ici les sociétés coopératives, appelées sociétés de production, dans lesquelles les ouvriers d'une même profession se réunissent, mettent en commun leur travail, leurs bénéfices, et, de salariés qu'ils étaient, deviennent entrepreneurs. Ces associations, que la législation nouvelle sur les sociétés favorise et encourage, peuvent améliorer notablement le sort des ouvriers, mais elles ne sont pas toujours possibles; elles conservent un caractère exceptionnel et le salaire reste toujours le droit commun pour l'ouvrier.

Devoirs de l'entrepreneur envers les ouvriers. — On voit par ces détails quelle est la situation respective de l'entrepreneur et de l'ouvrier : s'ils ont des intérêts distincts, ces intérêts ne sont point opposés; lorsque l'industrie languit, l'ouvrier n'a pas de travail, ou tout au moins son salaire diminue; il a donc intérêt à ce que l'entreprise prospère, à ce que l'entrepreneur réalise des bénéfices. De son côté, l'entrepreneur doit s'appliquer à procurer à ses ouvriers le bien-être, les bienfaits de l'instruction, à développer chez eux le physique et le moral. Il n'y a pas là seulement l'accomplissement d'un devoir d'honnête homme et de bon citoyen : c'est l'intérêt de l'entrepreneur. Il est certain en effet qu'un ouvrier robuste, intelligent, instruit, présente à l'entrepreneur bien plus de garanties, travaille plus et travaille mieux qu'un ouvrier auquel ces qualités font défaut. C'est donc, de la part de l'entrepreneur, un acte de véritable intelligence que de tendre vers ce but : améliorer la condition physique des ouvriers, répandre parmi eux l'instruction, les idées de moralité, de prévoyance et d'épargne.

Institutions créées en faveur des ouvriers. — Il faut le dire à l'honneur de notre pays, ces idées font chaque jour du chemin, et, depuis quelques années surtout, des progrès notables ont été faits en ce sens dans les grands centres manufacturiers. Les grands industriels tiennent à honneur d'exercer à l'égard de leurs ouvriers un véritable patronage. Un des modes d'assistance les plus intéressants et les plus utiles est la création des cités ouvrières; dans différentes villes, des sociétés ou des industriels ont entrepris la construction de maisons destinées aux ouvriers, et dont ils peuvent, avec de l'économie et en épargnant sur leur salaire, devenir propriétaires. Ainsi en supposant que le prix de la maison soit de 2,600 fr. ou de 3,000 fr., l'ouvrier, qui veut acheter une maison de 3,000 francs n'aura à payer en argent comptant que trois cents francs et paiera le reste par fractions de vingt-cinq francs par mois ou par quinzaine. L'ouvrier trouve ainsi l'avantage de devenir propriétaire de la maison qu'il habite, sans avoir à débourser un capital important, et en ajoutant seulement quelque chose au loyer qu'il aurait à payer. Nous empruntons à l'intéressant ouvrage de M. Levasseur la description suivante d'une cité ouvrière établie dans une grande ville manufacturière(1) : « Dans un lieu où le terrain était, il y a dix ans, à fort bon marché, s'ouvre une large et longue avenue, macadamisée, bordée de trottoirs et d'un double rang de tilleuls : c'est la rue principale. De chaque côté des jardinets et des toitures en tuiles rouges symétriquement semés dans la verdure. On s'y croirait à la campagne plutôt qu'à la ville, si les candélabres, les pompes placés sur le trottoir de distance en distance, et la régularité de l'ensemble n'attestaient un genre de civilisation que ne connaissent guère nos villageois. Par un beau dimanche d'été, lorsque la pluie n'a pas détrempé le sol noirâtre et que les habitants vont et viennent en habits de fête ou travaillent à leur jardin, la cité offre un aspect de gaieté et d'aisance qui n'est pas ordinaire dans les quartiers populeux.

« Au centre de l'avenue est une place flanquée de bâtiments d'utilité commune, boulangerie, restaurant (2), bain, lavoir, bibliothèques et bureaux; en face quelques maisons de location ordinaires, dont les boutiques sont occupées par des marchands.

« Les maisons d'ouvriers sont bâties sur divers plans; les unes adossées deux à deux en rangées de dix ou de vingt et ornées d'un jardin oblong sur leur façade; d'autres avec deux façades entre cour et jardin, n'ayant, par conséquent, de mitoyenneté que sur les côtés, et achetées, en général, à cause de leur prix plus élevé, par des contre-maîtres; d'autres enfin, groupées par quatre au centre d'un jardin. Ce dernier plan

(1) *Histoire des classes ouvrières*, t. II, p. 412. (Hachette et Cᶦᵉ, 1867.)
(2) Un repas y coûte 40 centimes.

est sans contredit le plus heureux. Chaque maison y occupe un des angles du carré abrité sous le même toit et présente deux façades devant lesquelles le jardinet se développe en équerre. On réunit ainsi, autant que possible, l'économie de la dépense et la commodité de l'habitation. On varie l'aménagement intérieur, de manière à satisfaire la diversité des fortunes et des goûts, en construisant des groupes, sur cave ou sans cave, à un étage avec grenier, ou à simple rez-de-chaussée. »

On ne saurait trop louer des institutions de cette nature : non pas seulement parce qu'elles sont utiles au bien-être physique, mais aussi parce qu'elles ont une influence morale incontestable. En procurant à l'ouvrier une habitation décente et confortable, on l'attache à son foyer, on resserre le lien de la famille ; en développant en lui le sentiment de la propriété, on le pousse à la prévoyance et à l'épargne.

Institutions de protection, d'encouragement et de bienfaisance. — Si le patron a des devoirs à remplir à l'égard des ouvriers qu'il emploie, l'État doit également les protéger, créer en leur faveur des institutions d'encouragement et de bienfaisance. Mais il ne faut pas exagérer le rôle de l'État, et se jeter dans des doctrines dangereuses pour la société ; il est très-important de se mettre en garde contre ces conceptions, qui sont de nature à compromettre le sort des ouvriers eux-mêmes. A une époque qui n'est pas encore bien éloignée, en 1848, on a soutenu, on a même voulu appliquer une théorie mensongère et funeste : la thèse du droit au travail. A en croire certains sophistes, l'État devait fournir à chacun les moyens de travailler et de vivre en travaillant. L'individu se trouvait avoir ainsi le droit d'exiger de la société le travail, et de se plaindre, si elle n'accomplissait pas cette obligation. Les conséquences de pareilles doctrines sont déplorables : elles n'arriveraient à rien moins qu'à détruire toute émulation, toute initiative individuelle, à jeter le trouble et le désordre dans la société. Comment pourrait-on admettre que l'État se fît le pourvoyeur de toutes les existences, l'entrepreneur de toutes les industries ? Il ne suffirait pas en effet qu'il procurât à chacun un travail quelconque, il faudrait qu'il lui fournît un travail suffisant pour le faire vivre, approprié à ses forces et à ses aptitudes. Tout cela ne supporte pas l'examen : il faut rejeter bien loin ces erreurs ; l'ouvrier doit compter uniquement sur son travail, son intelligence, son énergie, ses efforts ; il est libre de faire de ses bras et de son temps l'emploi qu'il juge le plus profitable. L'État lui doit seulement, comme à tous les citoyens, la protection qui est nécessaire au libre exercice de ses facultés.

L'État a cependant un autre devoir, c'est d'encourager les institutions de protection, de prévoyance et d'assistance créées dans l'intérêt des classes laborieuses. Nous allons voir, en parcourant ces diverses institutions et en donnant quelques détails sur leur situation, quels progrès elles ont réalisés.

Caisses d'épargne. — Nous rencontrons en premier lieu les caisses d'épargne, qui reçoivent les économies faites au jour le jour par le travailleur, lui servent un intérêt, et tiennent à sa disposition un pécule qu'il pourra employer en cas de nécessité. Le nombre des caisses d'épargne était en 1864 de 493 avec 430 succursales ; le nombre des livrets, de 1,719,785 ; et la somme due aux déposants, de 462 millions. Les versements se sont élevés à 475 millions, les remboursements en espèces à 163 millions ; il a été acheté pour le compte des déposants, 14 millions en rentes sur l'État. On calcule que près de la moitié des dépôts revient à la classe ouvrière.

Sociétés de secours mutuels. — La société de secours mutuels garantit l'ouvrier contre les chances de maladie. Moyennant une cotisation modique, il reçoit, lorsqu'il est incapable de travailler, les soins du médecin, les médicaments et même une indemnité qui supplée en partie à son salaire. L'association assure dans certains cas à l'ouvrier une pension de retraite, elle pourvoit aux frais de l'enterrement, et vient, en cas de mort, au secours de la veuve et des enfants. Les sociétés de secours mutuels sont, ou des sociétés privées, ou des sociétés approuvées par le gouvernement. Ces dernières jouissent d'avantages importants, notamment de subventions allouées par l'État, subventions qui suppléent à l'insuffisance des cotisations. Les sociétés de secours mutuels comprennent des membres participants qui paient une cotisation, et ont droit aux secours quand ils en ont besoin, et des membres honoraires, pris dans les classes plus aisées, qui paient sans rien recevoir. Le progrès des sociétés de secours mutuels est important à signaler. A la fin de 1851, il y avait 2,237 sociétés, composées de 255,472 membres; le total du fond social était de 9 millions 469,000 francs. Quelques années après, en 1867, le nombre des sociétés de secours mutuels s'élevait à 5,581, dont 3,924 approuvées, c'est-à-dire que dans un espace de quinze ans le chiffre avait plus que doublé. Le nombre des membres participants était de plus de 700,000; celui des membres honoraires, de plus de 100,000. Au 31 décembre 1865, l'avoir total des sociétés de secours mutuels formait un capital de 39 millions 830,000 francs; en outre elles possédaient un fonds spécial de 10 millions 500,000 francs, destiné aux retraites, et servaient, avec le produit de ce capital, des pensions à 1,196 sociétaires âgés. Il existe une commission supérieure d'encouragement et de surveillance des sociétés de secours mutuels, et des récompenses honorifiques, médailles d'or, d'argent, de bronze, sont décernées aux membres qui se sont distingués par leur zèle et leur dévouement.

Caisse de retraites. — Il existe enfin une caisse de retraites administrée par l'État. Au moyen de versements successifs, les déposants peuvent s'assurer pour leur vieillesse une pension de retraite, dont le maximum est fixé à quinze cents francs.

Établissements de bienfaisance. — Il faut mentionner encore les principaux établissements de bienfaisance créés dans l'intérêt spécial des ouvriers. En 1855, ont été fondés les asiles de Vincennes et du Vésinet, qui reçoivent les ouvriers et ouvrières convalescents : ces asiles reçoivent en moyenne chaque année quinze mille personnes. Des établissements de même nature existent dans différentes villes. Nous devons également faire mention, en terminant cette revue rapide, des caisses d'assurances établies par la loi du 11 Juillet 1868.

Il a été créé, sous la garantie de l'État, une caisse d'assurance ayant pour objet de payer, au décès de chaque assuré, à ses héritiers ou ayant droit, une somme qui varie suivant l'importance des primes versées, mais qui ne peut jamais dépasser 3,000 fr. Une autre caisse d'assurance a pour objet de servir des pensions viagères aux personnes assurées qui, dans l'exécution de travaux agricoles ou industriels, sont atteintes de blessures entraînant une incapacité permanente de travail, et à donner des secours aux veuves et aux enfants de ceux qui ont péri par suite d'accident. Ces détails montrent assez avec quelle sollicitude les pouvoirs publics se préoccupent du sort des classes laborieuses. L'ouvrier honnête, économe, trouve dans les caisses d'épargne, le moyen de faire valoir son petit capital, et si le chômage ou la maladie vient interrompre son travail, les sociétés de secours mutuels et les diverses institutions d'assistance lui fournissent l'appui qui lui est nécessaire. On peut dire, en un mot, que, s'il est impossible de faire disparaître la misère, les pouvoirs publics ont fait beaucoup pour améliorer le sort de ceux qui souffrent, et qui luttent contre les difficultés de la vie.

§ II.   DES LIVRETS D'OUVRIERS.

(Loi du 22 juin 1854. — Décret du 30 avril 1855).

Motifs de l'obligation du livret. — L'institution des livrets d'ouvriers a pour but principal d'assurer l'exécution des engagements contractés par l'ouvrier envers son patron. Pour l'ouvrier lui-même, le livret est d'une grande utilité : il lui permet de se procurer plus facilement du travail, en constatant son exactitude à remplir ses obligations ; il peut lui servir de passeport à l'intérieur, à condition de le faire viser par les fonctionnaires qui délivrent les livrets ; notons enfin que l'ouvrier, soumis à l'obligation du livret, n'est admis à prendre part à l'élection des membres des conseils de prud'hommes qu'en justifiant de la possession d'un livret ; s'il n'en a point, il ne figure pas sur les listes dressées pour ces élections.

Quels ouvriers y sont soumis. — L'obligation du livret

n'est pas imposée à tous les ouvriers : les ouvriers employés aux travaux agricoles n'y sont pas soumis ; elle n'atteint pas non plus les domestiques, les journaliers ; mais tous les ouvriers de l'un ou de l'autre sexe attachés à un établissement industriel quelconque, manufacture, fabrique, usine, mine, minière, carrière, chantier, atelier, et ceux qui travaillent chez eux pour le compte d'un ou de plusieurs patrons, sont tenus de se munir d'un livret. L'ouvrier qui ne remplit pas cette obligation peut être poursuivi devant le tribunal de simple police, et condamné à une amende de un à quinze francs, à laquelle le juge peut ajouter un emprisonnement de un à cinq jours. De leur côté, les chefs ou directeurs d'établissements industriels ne peuvent employer un ouvrier, s'il n'est porteur d'un livret en règle ; en donnant du travail à un ouvrier sans livret, ils s'exposent à être poursuivis devant le tribunal de simple police et condamnés aux mêmes peines que l'ouvrier lui-même.

Délivrance du livret. — Les livrets sont délivrés : à Paris, par le préfet de police ; à Lyon et dans l'agglomération lyonnaise, c'est-à-dire dans certaines localités voisines de Lyon où le préfet du Rhône a des pouvoirs de police particuliers, par le préfet du Rhône ; dans les autres localités, par les maires. Le premier livret est délivré à l'ouvrier sur la constatation de son identité et de sa position. Il produit, pour faire cette justification, soit un congé d'apprentissage, soit des certificats de travail délivrés par un ancien maître, ou d'autres documents analogues. A défaut de pièces, l'ouvrier peut obtenir le livret sur une déclaration faite par lui devant le fonctionnaire qui délivre le livret ; la sincérité de cette déclaration est assurée par une peine sévère édictée contre celui qui se procurerait un livret au moyen d'une fausse déclaration.

Forme du livret. — Le livret contient les noms et les prénoms de l'ouvrier, son âge, le lieu de sa naissance, son signalement, sa profession ; il indique si l'ouvrier travaille habituellement pour plusieurs patrons ou s'il est attaché à un seul établissement ; dans ce dernier cas il énonce le nom et la demeure du chef d'établissement chez lequel l'ouvrier travaille ou a travaillé en dernier lieu, enfin il fait mention des pièces qui ont été produites par l'ouvrier. Le livret est en papier blanc, coté et paraphé par les fonctionnaires chargés de le délivrer; en tête du livret est imprimé le texte des principales dispositions légales relatives à cette matière. La délivrance du livret ne donne lieu qu'à la perception du prix de confection qui ne peut dépasser vingt-cinq centimes. Lorsque le livret est rempli ou hors de service, l'ouvrier doit le faire remplacer; il conserve entre ses mains le premier livret sur lequel il est fait mention de la délivrance du nouveau.

Formalités à remplir en cas de perte. — En cas de perte, l'ouvrier doit, pour obtenir un nouveau livret, remplir les mêmes formalités et produire les mêmes justifications que s'il avait à s'en faire délivrer un pour la première fois. Le second livret délivré, soit parce que le premier est rempli ou hors de service, soit en cas de perte, doit faire mention de la date et du lieu de la délivrance de l'ancien, du nom et de la demeure du chef d'établissement chez lequel l'ouvrier travaille ou a travaillé en dernier lieu, enfin du montant des avances dont l'ouvrier serait resté débiteur.

Sanctions pénales réprimant les fraudes. — Des peines sévères répriment les fraudes qui pourraient être commises. Celui qui fabrique un faux livret, qui falsifie un livret, en changeant par exemple les énonciations qui s'y trouvent, ou qui fait sciemment usage d'un livret faux ou falsifié, est puni d'un emprisonnement de six mois à trois ans. L'ouvrier coupable de s'être fait délivrer un livret sous un faux nom, ou au moyen de fausses déclarations ou de faux certificats, est puni d'un emprisonnement de trois mois à un an; la même peine est appliquée à celui qui fait usage d'un livret qui ne lui appartient pas.

Devoirs du patron à propos du livret. — Après avoir ainsi déterminé les obligations de l'ouvrier, nous avons à voir quels sont les devoirs du patron relativement au livret. Sur ce point il faut distinguer, selon qu'il s'agit d'un ouvrier attaché à un seul établissement, ne travaillant que pour cet établissement, soit à l'intérieur soit au dehors, ou d'un ouvrier travaillant habituellement pour plusieurs patrons. Il y a pour les ouvriers de l'une et de l'autre classe cette règle commune : que le directeur ou chef d'établissement ne peut, sous les peines que nous avons indiquées, les employer qu'autant qu'ils sont porteurs d'un livret en règle. Voici les règles spéciales applicables à chacune de ces classes d'ouvriers.

Lorsque l'ouvrier est attaché à un seul établissement, le chef ou directeur inscrit sur le livret la date de son entrée ; il doit tenir en outre un registre spécial qui n'a pas besoin d'être sur papier timbré, mais qui est coté et paraphé par les fonctionnaires qui délivrent les livrets, et sur ce registre il énonce les noms et prénoms de l'ouvrier, le nom et la demeure du chef d'établissement qui l'a employé précédemment, le montant des avances dont l'ouvrier serait resté débiteur envers celui-ci, enfin il indique, tant sur le registre que sur le livret, que l'ouvrier est exclusivement employé par son établissement. Après que les diverses mentions ont été portées, tant sur le livret que sur le registre du patron, le livret est remis à l'ouvrier et reste entre ses mains jusqu'à ce qu'il quitte l'établissement.

Congé; mention des avances. — Lorsque l'ouvrier cesse de travailler pour l'établissement, le chef ou directeur inscrit sur le livret la date de la sortie, avec la mention que l'ouvrier a exécuté ses engagements. Cette mention s'appelle congé ou certificat d'acquit. Aucune autre mention favorable ou défavorable à l'ouvrier ne peut être faite sur le livret. Le patron ne peut refuser à l'ouvrier le congé d'acquit que dans deux cas : 1° si l'ouvrier n'a pas terminé et livré l'ouvrage qu'il s'est engagé à faire ; 2° s'il n'a pas travaillé pendant le temps convenu ou déterminé par l'usage de la localité. La nécessité du congé d'acquit est telle que l'ouvrier ne peut être admis dans un autre établissement, si ce congé d'acquit n'est inscrit sur le livret ; ainsi, lorsque ce congé lui est refusé, l'ouvrier ne peut trouver du travail ailleurs. Si le patron refuse sans droit le congé d'acquit, l'ouvrier peut se pourvoir devant le conseil des prud'hommes, s'il en existe un dans la localité, sinon, devant le juge de paix, afin de contraindre le patron à lui délivrer le congé. Il peut arriver que le maître ne sache pas écrire ou qu'une circonstance accidentelle l'empêche d'inscrire lui-même le congé d'acquit sur le livret, en pareil cas, cette inscription est faite sans frais par le maire ou le commissaire de police. Le patron qui a fait à l'ouvrier des avances ne peut, en se fondant sur ce fait, refuser à l'ouvrier le congé d'acquit; il a seulement le droit de faire mention sur le livret de ce qui lui est dû par l'ouvrier, jusqu'à concurrence de trente francs au maximum. Le chef d'établissement qui emploie l'ouvrier sur le livret duquel existe la mention d'avances restant dues à l'ancien maître, doit, à peine d'être responsable vis-à-vis de cet ancien maître, faire une retenue du dixième sur le salaire journalier de l'ouvrier. Lorsque les retenues accumulées atteignent le chiffre de la dette, il en prévient l'ancien maître et en fait mention sur le livret.

Règles spéciales à l'ouvrier travaillant pour plusieurs patrons. — Quant à l'ouvrier qui travaille pour plusieurs patrons, chaque patron inscrit sur le livret le jour où il lui confie de l'ouvrage. Le patron transcrit sur son registre les noms, prénoms, et demeure de l'ouvrier; et s'il l'emploie pour la première fois, il mentionne sur le livret et sur son registre que l'ouvrier travaille pour plusieurs patrons; il remet ensuite le livret à l'ouvrier. Lorsque l'ouvrier cesse d'être employé par un patron, celui-ci inscrit sur le livret l'acquit des engagements sans aucune autre énonciation. Il faut remarquer du reste que l'ouvrier, travaillant habituellement pour plusieurs patrons, peut obtenir de l'ouvrage sans justifier du congé d'acquit. Il peut en effet, ayant reçu du travail de l'un, en recevoir d'un autre, avant que le travail du premier soit terminé, et continuer ainsi à travailler pour plusieurs en même temps. Toute infraction de la part du patron aux dispositions que nous venons de parcourir est une contravention, qui peut être poursuivie devant le tribunal de simple police, punie d'une amende de un à quinze francs, et même d'un emprisonnement de un à cinq jours.

Livrets d'acquit. — Il ne faut pas confondre le livret dont nous venons de parler, et qui est commun à tous les ouvriers employés dans l'industrie, avec d'autres livrets en usage dans certaines villes manufacturières, à Lyon notamment, où les marchands fabricants font exécuter des tissus à façon par des chefs d'atelier. Chaque chef d'atelier doit se faire délivrer au secrétariat du conseil des prud'hommes un double livret pour chacun des métiers qu'il fait travailler. Un des deux livrets est remis au marchand fabricant, l'autre reste aux mains du chef d'atelier. Le livret constate les règlements de compte entre le marchand fabricant et le chef d'atelier. Lorsque le chef d'atelier cesse de travailler pour le marchand fabricant, s'il ne lui doit rien, il le fait certifier sur les deux livrets qui lui sont remis. Si, au contraire, le chef d'atelier reste redevable envers le fabricant, il est fait mention des sommes dues sur les deux livrets et le fabricant conserve celui qui lui appartient. Le marchand fabricant, qui donne ensuite de l'ouvrage au chef d'atelier que le livret constitue ainsi débiteur, doit s'engager à retenir le huitième du prix de façon de l'ouvrage qu'il lui confie pour l'acquit des dettes portées au livret. Afin d'empêcher le détournement des ouvriers, une responsabilité sévère atteint le marchand fabricant qui donne de l'ouvrage à un chef d'atelier, lorsque ce chef d'atelier, resté débiteur envers le marchand fabricant qui l'a précédemment employé, a cessé de travailler pour lui sans son consentement et sans cause légitime; le marchand fabricant qui l'emploie ensuite doit rembourser au premier la valeur de toutes les matières premières dont le chef d'atelier restait comptable, et en outre les avances en argent qui pouvaient rester dues jusqu'à concurrence de cinq cents francs. La même responsabilité incombe au marchand fabricant qui emploie un chef d'atelier non pourvu de livret.

Livrets de tissage et de bobinage. — Il existe une dernière espèce de livret, obligatoire dans les industries du tissage et du bobinage. Ce livret a pour but de fixer les conditions souvent minutieuses du travail des ouvriers qui travaillent en ville et à façon. Il reste entre les mains de l'ou-

vrier : le fabricant, commissionnaire ou intermédiaire qui
remet des fils à un ouvrier pour le tissage ou le bobinage,
doit inscrire sur le livret le poids et la longueur de la matière
livrée, la largeur et la longueur de la pièce à fabriquer, le
numéro du fil et le prix de façon ; lors de la remise de l'ouvrage par l'ouvrier, son compte est arrêté sur le livret.
La loi du 7 mars 1850, qui rendait ce livret obligatoire pour
les industries du tissage et du bobinage, donnait au gouvernement la faculté d'étendre par des décrets cette obligation à d'autres industries. Elle a été appliquée en effet aux
industries de la coupe des velours de coton, du blanchiment, de la teinture et de l'apprêt des étoffes. Les contraventions aux dispositions relatives aux livrets du tissage et
du bobinage sont punies d'une amende de un à quinze francs.

§ III. — DURÉE DU TRAVAIL DES OUVRIERS DANS LES MANUFACTURES ET USINES.

(Loi du 9 septembre 1848. — Décret du 17 mai 1851.)

Industries soumises à cette réglementation. — La limitation de la durée du travail n'existe que pour les ouvriers
employés dans les manufactures et usines. Le maximum de
la durée du travail est de douze heures ; mais des exceptions peuvent être introduites, à raison soit de la nature
des industries , soit de causes de force majeure. Un
décret du 17 mai 1851 a admis en effet des exceptions fort
étendues. Pour certaines industries, telles que les imprime-
ries, la fonte des métaux ; pour certains travaux, tels que le
travail des chauffeurs attachés au service des machines à vapeur et des ouvriers employés à la conduite des fourneaux,
étuves, sècheries, la durée du travail n'est plus limitée. Dans
d'autres industries, telles que les teintureries, les fabriques
d'indiennes, les raffineries de sucre, les chefs d'établissement
peuvent prolonger la durée du travail d'une ou deux heures,
mais à condition, s'ils veulent user de cette faculté, d'en faire
la déclaration au préfet, par l'intermédiaire du maire. Enfin,
dans toutes les usines et manufactures, le travail peut-être

prolongé au-delà du maximum de douze heures, lorsqu'un accident rend nécessaire une réparation urgente.

§ IV. — TRAVAIL DES ENFANTS ET DES FILLES MINEURES EMPLOYÉS DANS L'INDUSTRIE.

(Loi du 19 mai 1874.)

Nécessité de la règlementation du travail des enfants. — Le législateur s'est préoccupé de protéger les enfants employés aux travaux industriels, en réglant les conditions de leur travail. Une loi du 22 mars 1841 avait réglementé le travail des enfants employés dans les usines à moteur mécanique ou occupant un minimum de vingt ouvriers. La loi du 19 mai 1874 a complété et amélioré les dispositions de la loi de 1841 ; cette loi de 1874 s'applique aux enfants et filles mineures, employés à un travail industriel dans les fabriques, usines, mines, chantiers et ateliers de toute nature, tandis que la loi de 1841 ne soumettait à la réglementation qu'une catégorie restreinte d'industries.

Age d'admission; durée du travail. — Les enfants ne peuvent être employés par des patrons, ni admis dans les manufactures, usines, ateliers ou chantiers avant l'âge de douze ans révolus. Ils peuvent toutefois, par exception, être employés à l'âge de dix ans dans certaines industries déterminées par un réglement d'administration publique. L'enfant jusqu'à douze ans ne peut être assujetti par jour à plus de six heures de travail divisées par un repos. A partir de douze ans, la durée du travail peut être de douze heures par jour divisées par des repos. Les enfants ne peuvent être employés à aucun travail de nuit jusqu'à seize ans : le travail de nuit est celui qui a lieu après neuf heures du soir et avant cinq heures du matin. L'interdiction du travail de nuit peut être levée, par exception, en cas de chômage résultant d'une interruption accidentelle, ou dans les usines à feu continu; mais les enfants âgés de moins de douze ans ne peuvent jamais être employés au travail de nuit, même lorsqu'il est autorisé. Les enfants de moins de seize ans et les filles de moins de vingt-un ans ne peuvent en principe être employés à aucun travail les dimanches et jours de fête. Aucun enfant ne peut être admis dans les travaux souterrains des mines et carrières avant l'âge de douze ans.

Mesures prises dans l'intérêt de l'instruction de l'enfant. — L'enfant âgé de moins de douze ans ne peut être employé par un patron qu'autant que ses parents ou son tuteur justifient qu'il fréquente une école; et, lorsqu'il est admis à l'atelier, il doit suivre les classes pendant le temps libre du travail. La fréquentation de l'école est constatée par une feuille de présence que l'instituteur remet chaque semaine au patron. Avant l'âge de quinze ans accomplis, l'enfant ne peut être admis à travailler plus de six heures par jour, s'il ne justifie qu'il a acquis l'instruction primaire élémentaire : cette justification se fait par un certificat de l'instituteur ou de l'inspecteur primaire, délivré gratuitement et visé par le maire.

Surveillance des enfants; police des ateliers. — Pour faciliter la surveillance des enfants employés dans les établissements industriels, le maire doit délivrer au père, à la mère, ou au tuteur de l'enfant un livret contenant les nom, prénoms, date et lieu de naissance de l'enfant, et l'indication du temps pendant lequel il a suivi l'école. Le patron ou chef d'industrie inscrit sur le livret de chaque enfant la date de son entrée et celle de sa sortie; les différentes indications du livret sont reportées sur un registre spécial qui reste en la possession du patron. Les dispositions de la loi et les réglements relatifs à son exécution doivent être affichés dans chaque atelier. Les enfants ne peuvent être employés à des travaux dangereux ou insalubres; les patrons ou chefs d'industrie doivent veiller à ce que les ateliers soient convenablement ventilés, et présentent toutes les conditions de sécurité et de salubrité désirables.

Inspections; commissions locales et commission supérieure; pénalités. — L'exécution des prescriptions de la loi est assurée par la création d'inspecteurs nommés par le gouvernement. Ces inspecteurs ont entrée dans les ateliers, manufactures et chantiers; ils visitent les enfants et dressent procès-verbal des contraventions qui pourraient être commises. Des commissions locales nommées par les préfets dans chaque département, et une commission supérieure instituée près le ministre du commerce surveillent l'exécution de la loi et contrôlent le service de l'inspection. Les contraventions aux dispositions de la loi sont poursuivies devant le tribunal correctionnel et punies d'une amende de 16 francs à 50 francs.

§ V. — DE L'APPRENTISSAGE.

(Loi du 22 février 1851.)

Définition du contrat d'apprentissage. — L'apprentissage est un contrat par lequel un fabricant, un chef d'atelier ou même un ouvrier s'oblige à enseigner la pratique de sa profession à une autre personne qui s'oblige en retour à travailler pour lui, le tout à des conditions et pour un temps convenu. L'importance du contrat d'apprentissage appelait l'intervention du législateur. Assurer à l'enfant le bénéfice d'une éducation professionnelle complète, protéger sa moralité et sa santé, tel est le double but des dispositions relatives à cette matière.

Formes du contrat. — Le contrat d'apprentissage peut être fait par écrit ou verbalement: les notaires, les greffiers de justice de paix, les secrétaires des conseils de prud'hommes peuvent dresser l'acte d'apprentissage; il peut également être rédigé sous seing privé par les parties elles-mêmes. L'acte d'apprentissage est soumis à un droit d'enregistrement qui ne dépasse pas un franc; l'honoraire dû à l'officier public employé à sa rédaction est fixé à deux francs. L'acte écrit, si simple et si peu coûteux, doit être préféré à un contrat verbal; il présente plus de garanties. En effet, lorsque le contrat d'apprentissage est fait verbalement, la preuve ne peut en être admise que conformément aux dispositions rigoureuses du code Napoléon qui ne permettent en général la preuve par témoins qu'autant qu'il s'agit d'une somme ou valeur inférieure à 150 fr. (Code Napoléon, art. 1341.)

Que doit contenir l'acte d'apprentissage. — L'acte d'apprentissage doit contenir : 1° les nom, prénoms, âge, profession et domicile du maître; 2° les nom, prénoms, âge et domicile de l'apprenti; 3° les noms, prénoms, profession et domicile de ses père et mère ou de son tuteur. L'apprenti étant mineur, ce sont les personnes sous l'autorité desquelles il est placé qui figurent en son nom au contrat. Le contrat d'apprentissage pourrait être fait au nom du mineur par une personne étrangère, autorisée à cet effet par les parents du mineur, ou, à défaut des parents, par le juge de paix; 4° la date et la durée du contrat; 5° les conditions de logement, de nourriture, de prix et toutes autres arrêtées entre les parties. Enfin, l'acte est signé par le maître et ceux qui représentent l'apprenti. Les conventions relatives à l'apprentissage sont librement débattues et fixées entre les parties, sauf certaines règles d'ordre public que nous aurons bientôt à indiquer et auxquelles il n'est pas permis de déroger. Ajoutons, quant à la durée de l'apprentissage, qu'elle ne peut dépasser le maximum du temps fixé par les usages locaux; on n'a pas voulu que, par la faute de ses représentants, l'apprenti fût lié pour une durée excessive; si un temps plus long que celui déterminé par l'usage avait été stipulé, l'apprenti pourrait demander que la durée de l'apprentissage fût réduite, ou que le contrat fût résolu.

Incapacités. — Certaines garanties de moralité sont exigées du maître qui veut prendre des apprentis. Il ne peut recevoir d'apprentis mineurs, s'il n'est lui-même âgé de vingt-un ans au moins; le maître célibataire ou veuf ne peut loger comme apprenties de jeunes filles mineures; enfin ceux qui ont été condamnés pour crime, pour attentat aux mœurs, ou pour certains délits, pour vol ou escroquerie par exemple, à plus de trois mois d'emprisonnement, sont incapables de recevoir des apprentis. Ils peuvent cependant être relevés de cette incapacité par le préfet, sur l'avis du maire, lorsqu'après l'expiration de leur peine, ils auront résidé trois ans dans la même commune et y auront mené une conduite honorable; à Paris, c'est le préfet de police qui peut lever l'incapacité.

Obligations du maître. — L'apprentissage fait naître entre le maître et l'apprenti, des obligations réciproques. Le maître doit enseigner à l'apprenti, progressivement et complétement, l'art, le métier ou la profession qui fait l'objet du contrat. Pour remplir cette obligation, le maître doit initier l'apprenti à tous les travaux de la profession, et ne pas l'employer exclusivement à un même travail. Devenu ouvrier en effet, l'apprenti ne trouvera facilement du travail qu'autant que son éducation professionnelle sera complète, et qu'il connaîtra le métier dans son entier. Le maître doit se conduire envers l'apprenti en bon père de famille, surveiller sa conduite et ses mœurs, avertir les parents des fautes commises par l'apprenti, de ses maladies, de ses absences, des penchants vicieux qu'il peut manifester, de tous les faits en un mot qui peuvent et doivent motiver leur intervention. Il est interdit au maître : 1° d'employer l'apprenti à des travaux et services qui ne se rattachent pas à l'exercice de sa profession; il peut cependant être dérogé à cette interdiction par une clause contraire; 2° d'imposer à l'apprenti des travaux insalubres ou au-dessus de ses forces; 3° de prolonger la durée du travail au-delà de dix heures par jour, si l'apprenti est âgé de moins de quatorze ans, et de douze heures, s'il a de quatorze à seize ans; aucun travail de nuit, c'est-à-dire entre neuf heures du soir et cinq heures du matin, ne peut être imposé à l'apprenti âgé de moins de seize ans. Les prohibitions relatives à la durée du travail peuvent être levées par arrêté du préfet, sur l'avis du maire de la localité. Le maître doit laisser à l'apprenti âgé de moins de seize ans, qui ne sait pas lire, écrire et compter et n'a pas terminé sa première éducation religieuse, un temps qui est de deux heures au maximum pour compléter son instruction; 4° d'exiger de l'apprenti aucun travail de sa profession les dimanches et jours de fête; l'apprenti peut seulement, en vertu d'une convention formelle ou d'un usage reconnu, être employé au rangement de l'atelier, encore ce travail ne peut-il être prolongé au-delà de dix heures du matin.

Clauses qui ne peuvent être introduites dans le contrat

d'apprentissage. — Toutes les dispositions que nous venons de parcourir sont d'ordre public : il ne peut y être apporté de dérogation, à moins que la loi n'ait spécialement autorisé une convention contraire, ainsi que nous l'avons vu pour l'obligation de n'employer l'apprenti qu'à des travaux de la profession pour laquelle l'apprentissage a été contracté et pour l'interdiction absolue du travail des dimanches.

Devoirs de l'apprenti. — Il nous reste à indiquer les obligations de l'apprenti. L'apprenti doit à son maître fidélité, obéissance et respect ; il doit l'aider dans son travail dans la mesure de son aptitude et de ses forces ; il doit enfin, si une absence ou une maladie l'a forcé à interrompre l'apprentissage pendant plus de quinze jours, consacrer au maître, à la fin de l'apprentissage, le temps nécessaire pour compléter la durée convenue.

Comment finit le contrat d'apprentissage ; congé d'acquit. — En général le contrat ne devient définitif qu'à l'expiration d'un temps d'essai qui est de deux mois ; pendant ces deux mois, chacune des parties peut abandonner le contrat, sans avoir à payer d'indemnité, à moins qu'une somme n'ait été expressément stipulée à ce titre. Le contrat, devenu définitif par l'accomplissement du temps d'essai, cesse par l'expiration de la durée fixée à l'apprentissage. Lorsque l'apprentissage est terminé, le maître doit délivrer à l'apprenti un certificat ou congé d'acquit constatant l'exécution du contrat. Au moyen de ce congé d'acquit, l'apprenti, devenu ouvrier, pourra se faire délivrer un livret et se procurer plus facilement du travail. Différentes causes peuvent entraîner la résolution du contrat, et mettre ainsi un terme à l'apprentissage avant qu'il ait atteint la durée convenue. Tantôt la résolution a lieu de plein droit, tantôt elle est prononcée sur la demande du maître ou de l'apprenti. La mort, l'appel au service militaire du maître ou de l'apprenti, la condamnation de l'un ou de l'autre à certaines peines ; si l'apprentie est une jeune fille, la mort de la femme du maître ou de toute autre femme de la famille qui dirigeait la maison à l'époque du contrat, entraînent de plein droit la résolution. Les cas dans lesquels la résolution peut être demandée et prononcéc sont les suivants : 1° l'inexécution du contrat par l'une ou par l'autre des parties et l'infraction grave ou habituelle aux obligations imposées par la loi au maître ou à l'apprenti. 2° l'inconduite habituelle de l'apprenti ; 3° le mariage de l'apprenti ; 4° le changement de résidence du maître qui va habiter une autre commune ; 5° enfin si la durée assignée à l'apprentissage excède le temps le plus long fixé par les usages locaux.

Compétence du conseil des prud'hommes en cette matière. — Les demandes relatives à l'exécution du contrat d'apprentissage et les demandes en résolution sont jugées par les conseils de prud'hommes, et, s'il n'y a pas de conseil de prud'hommes dans la localité, par le juge de paix. En cas de résolution prononcée par le fait de l'une des parties, celle qui y a donné lieu peut être condamnée à une indemnité ; souvent le chiffre de cette indemnité est fixé à l'avance par le contrat même ; à défaut d'indemnité stipulée, elle est réglée par la justice. C'est aussi devant le conseil de prud'hommes que devrait se pourvoir l'apprenti auquel le maître refuserait injustement le congé d'acquit. Une disposition remarquable est celle qui attribue compétence aux prud'hommes pour prononcer une condamnation à des dommages-intérêts contre le fabricant, chef d'atelier ou ouvrier convaincu d'avoir détourné un apprenti et de l'avoir enlevé à un concurrent pour l'employer lui-même.

Sanctions pénales. — L'infraction du maître aux prescriptions qui lui sont imposées n'a pas seulement pour conséquence d'entraîner la résolution au profit de l'apprenti, elle l'expose en outre à être poursuivi devant le tribunal de simple police, puni d'une amende, et même d'un emprisonnement en cas de récidive. De son côté, l'apprenti peut être puni lorsqu'il trouble l'ordre et la discipline de l'atelier, lorsqu'il manque à ses devoirs envers le patron ; il peut être condamné par le conseil des prud'hommes à un emprisonnement de trois jours au plus. Notons enfin que le vol commis par l'apprenti au préjudice de son patron constitue un crime, et non, comme le vol ordinaire, un simple délit ; il est puni de la peine de la réclusion.

§ VI. — DES CONSEILS DE PRUD'HOMMES.

(Lois des 1er juin 1853, et 10 juin 1864.)

Création des conseils de prud'hommes ; leur composition. — La juridiction des prud'hommes, créée en 1806 à Lyon, a été étendue depuis à un grand nombre de villes industrielles et manufacturières. Les conseils de prud'hommes sont établis par décrets, le conseil d'État entendu, et après avis des chambres de commerce et des chambres consultatives des arts et manufactures. Le décret d'institution détermine la circonscription du conseil, les industries pour lesquelles il est établi, le nombre de ses membres, qui est de six au moins, non compris le président et le vice-président. Les prud'hommes doivent être pris en nombre égal parmi les patrons et parmi les ouvriers. Les prud'hommes patrons sont élus par les patrons réunis en assemblée particulière ; les prud'hommes ouvriers, par les chefs d'atelier, contre-maîtres et ouvriers. Sont électeurs, les patrons âgés de vingt-cinq ans accomplis, patentés depuis cinq ans au moins et depuis trois ans dans la circonscription du conseil, et les chefs d'atelier, contre-maîtres et ouvriers âgés de vingt-cinq ans accomplis, exerçant leur industrie depuis cinq ans au moins et domiciliés depuis trois ans dans la circonscription du conseil. Les étrangers, et ceux qui sont incapables de figurer sur les listes électorales dressées pour l'élection des députés ne peuvent prendre part aux élections des conseils de prud'hommes ; nous avons vu aussi que les ouvriers soumis à l'obligation du livret en étaient exclus, lorsqu'ils n'avaient pas de livret. Tous les électeurs ayant trente ans accomplis et sachant lire et écrire peuvent être nommés membres des conseils de prud'hommes. Les présidents et vice-présidents ne sont pas élus, ils sont nommés par le chef de l'État, et peuvent être pris en dehors des électeurs et des éligibles. Le président et le vice-président forment ainsi dans le conseil un troisième élément, destiné à tenir la balance égale entre les deux premiers éléments qui le composent : les patrons et les ouvriers. Les conseils de prud'hommes se renouvellent par moitié tous les trois ans ; les membres sortants sont rééligibles. Les président et vice-président sont nommés pour trois ans ; à l'expiration de cette période, ils peuvent être continués dans leurs fonctions. Il existe près de chaque conseil de prud'hommes un secrétaire nommé par le préfet, sur la proposition du président. Le secrétaire tient la plume aux audiences, conserve les archives, délivre les expéditions des jugements, ainsi que les lettres de citation, reçoit les dépôts de dessins de fabrique.

Discipline des conseils de prud'hommes. — Les membres des conseils de prud'hommes doivent remplir avec exactitude leurs fonctions ; le prud'homme qui, sans motifs légitimes, refuse le service qui lui est demandé, peut, après une mise en demeure, être réputé démissionnaire et exclu du conseil. Des peines disciplinaires peuvent être prononcées contre les membres des conseils de prud'hommes qui manquent gravement à leurs devoirs dans l'exercice de leurs fonctions. Ces peines sont : la censure et la suspension pour six mois au plus qui peuvent être appliquées par un arrêté ministériel ; la déchéance, qui ne peut être prononcée que par un décret.

Attributions des conseils de prud'hommes. — L'attribution essentielle des conseils de prud'hommes consiste à concilier les différends qui s'élèvent entre les patrons et les ouvriers, et à les juger, s'ils n'ont pu les concilier ; ils connaissent également des contestations relatives à l'exécution et à la résolution des contrats d'apprentissage, ainsi que des réclamations exercées par le patron contre un tiers, en cas de détournement d'un apprenti. Outre ces fonctions judiciaires, les prud'hommes sont chargés de conserver les dessins de fabrique, de constater les contraventions à certains règlements industriels, de réprimer les faits qui troublent l'ordre et la discipline des ateliers.

Procédure. — La procédure devant le conseil des prud'hommes est fort simple. Le demandeur fait appeler son adversaire devant le conseil par une lettre de citation qui est

délivrée par le secrétaire; si le défendeur ne comparaît pas
sur cette citation par lettre, il est assigné par le ministère
d'un huissier. Il doit y avoir au moins un jour entre la date
de l'assignation et le jour fixé au défendeur pour comparaître.
Les parties se présentent d'abord devant le bureau particulier, qui est composé du président ou du vice-président, d'un
patron et d'un ouvrier. Le bureau particulier est seulement
chargé de concilier les parties; s'il n'y peut réussir, il les
renvoie devant le bureau général qui juge l'affaire. Le bureau général est composé, indépendamment du président ou
du vice-président, d'un nombre égal de prud'hommes patrons
et de prud'hommes ouvriers, deux patrons et deux ouvriers
au moins. Les parties doivent comparaître en personne devant le conseil de prud'hommes; elles ne peuvent se faire
représenter qu'en cas d'absence ou de maladie.

**Voies de recours contre les sentences des prud'hom-
mes. —** Lorsque l'une des parties ne comparaît pas, l'affaire
est jugée par défaut; celui qui a été condamné par défaut
peut former opposition au jugement dans les trois jours de
la signification. Les jugements des conseils de prud'hommes
sont définitifs et sans appel, lorsque le chiffre de la demande
n'excède pas deux cents francs. Lorsque la demande dépasse
deux cents francs, l'appel est possible : il est porté devant le
tribunal de commerce dans le ressort duquel se trouve le
conseil, et, s'il n'y a pas de tribunal de commerce, devant le
tribunal de première instance qui en fait les fonctions.

**Compétence du juge de paix dans les localités où il
n'existe pas de conseil de prud'hommes. —** Lorsqu'il n'y a
pas de conseil de prud'hommes institué dans une localité, les
contestations qui seraient de la compétence de ce conseil sont
jugées par les juges de paix. Dans les villes où il existe un
conseil de prud'hommes, ce conseil peut être composé seulement de membres appartenant à certaines industries déterminées par le décret d'institution; sa compétence est alors
limitée aux contestations entre les patrons et les ouvriers ou
apprentis exerçant ces industries; toutes les autres rentre-
raient dans la compétence du juge de paix.

CHAPITRE VIII.

DE LA PROPRIÉTÉ INDUSTRIELLE.

Définition de la propriété industrielle. — On entend par propriété industrielle le droit exclusif qui appartient à l'inventeur d'exploiter sa découverte, au fabricant de se servir d'un dessin ou d'un modèle nouveau, de désigner ses produits par une marque spéciale et distincte. La propriété industrielle protége également le fabricant contre l'usurpation de son nom de famille ou du nom du lieu de fabrication qui servent à faire reconnaître ses produits ; enfin elle comprend les enseignes, emblêmes extérieurs par lesquels on signale au public une fabrication ou un commerce, les étiquettes, enveloppes et autres signes destinés à distinguer les produits d'un fabricant ou d'un commerçant de ceux de ses concurrents. Nous étudierons successivement les règles qui concernent les brevets d'invention, les marques et les dessins de fabrique. Nous nous occuperons ensuite de la contrefaçon, délit spécial qui consiste dans l'atteinte portée aux droits du breveté, du propriétaire d'une marque ou d'un dessin de fabrique ; nous terminerons en disant quelques mots des noms, des enseignes et autres signes analogues employés dans le commerce.

La législation sur les brevets d'invention a pour l'industrie l'intérêt le plus considérable : elle détermine le droit de l'inventeur, elle lui assure la légitime récompense de son travail et de ses efforts ; elle établit des peines contre ceux qui violent le droit établi à son profit. Cette protection de la loi encourage l'esprit d'invention et aide ainsi au développement et au progrès de l'industrie. Le commerce trouve également, dans les dispositions relatives aux marques, aux noms, aux enseignes, un appui efficace contre les manœuvres déloyales auxquelles peut donner naissance l'abus de la concurrence.

SECTION Ire.

DES BREVETS D'INVENTION.

(Loi du 5 juillet 1844.)

Notions générales. — L'inventeur qui réalise un progrès dans une branche quelconque d'industrie rend à la société un service et mérite une récompense; le moyen le plus simple et le plus juste de le rémunérer est de lui concéder le droit exclusif d'exploiter son invention. Autrement, et si cette invention était immédiatement livrée au public, à la libre concurrence, l'inventeur perdrait le fruit de son travail, les dépenses même qu'il a pu et dû faire pour arriver au résultat qu'il a atteint. Ce serait là une conséquence inique, et préjudiciable à la société, car elle découragerait l'esprit d'invention. Le droit de l'inventeur ne doit pas cependant être absolu; il est limité par le droit et l'intérêt de la société : l'inventeur en effet a profité du fonds commun des connaissances acquises, il y a puisé les premiers éléments de sa découverte; d'un autre côté la société a un intérêt évident à ce qu'une invention utile ne reste pas indéfiniment la propriété d'un seul au détriment de tous. Concilier le droit de l'inventeur et le droit de la société, tel est le but que s'est proposé notre législation sur les brevets d'invention. Voici comment s'exprimait à ce sujet le rapporteur de la loi de 1844 à la Chambre des députés, M. Philippe Dupin. « Toute découverte utile, disait-il, est la prestation d'un service rendu à la société. Il est donc juste que celui qui a rendu ce service en soit récompensé par la société. C'est une transaction équitable, un véritable contrat qui s'opère entre les auteurs d'une découverte nouvelle et la société. Les premiers apportent les nobles produits de leur intelligence, et la société leur garantit en retour les avantages d'une exploitation exclusive de leur découverte pendant un temps déterminé. » Le droit de l'inventeur consiste donc dans le droit exclusif d'exploiter son invention pendant un certain temps; ce temps expiré, l'invention tombe dans le domaine public, et devient commune à tous. Pour s'assurer cette jouissance exclusive pendant la durée fixée par la loi, l'inventeur doit faire constater son droit par un titre qui lui est délivré par le gouvernement et qui prend le nom de brevet d'invention.

Caractère du brevet d'invention; il est délivré sans examen préalable. — Il est important de se bien fixer sur le caractère du brevet. Ce serait une grave erreur de croire que le brevet n'est délivré qu'à ceux qui justifient avoir fait une invention, et qu'il crée le droit de l'inventeur. L'administration délivre le brevet à quiconque se présente, prétendant avoir inventé un produit ou un procédé nouveau; elle n'examine pas si l'invention existe ou n'existe pas, si elle est réalisable ou non, importante ou futile. Le brevet est accordé toutes les fois qu'il est régulièrement demandé, sauf une exception pour certains objets qui ne sont pas susceptibles d'être brevetés. Si le produit ou le procédé est déjà connu, s'il n'y a pas invention, les tiers intéressés à contester le droit du breveté s'adresseront aux tribunaux, et leur demanderont d'annuler le brevet, ou bien, poursuivis par le breveté, ils opposeront à ses poursuites la nullité de son brevet. En un mot le brevet est accordé à l'inventeur prétendu à ses risques et périls; il ne donne pas, il suppose la qualité préexistante d'inventeur, il constate le droit, il ne le crée pas; c'est aux tribunaux qu'il appartient de décider si le droit de l'inventeur existe, et si par suite le brevet est valable. Ce système, d'après lequel le brevet est délivré sans examen préalable, a prévalu dans notre législation par des raisons qui paraissent décisives. On conçoit quelle serait la difficulté de l'examen préalable de toutes les inventions ou découvertes prétendues qui peuvent se produire dans toutes les branches d'industries. Quels que fussent les hommes qui seraient chargés de cette mission, de cette sorte de censure en matière d'industrie, on aurait à craindre ou le manque de connaissances suffisantes, ou la partialité, et, s'ils écartaient des demandes de brevets mal fondées, ils pourraient aussi méconnaître des inventions utiles, dont le public eût profité. Et puis, l'examen fait, l'invention reconnue, le droit de l'inventeur serait-il inattaquable, alors même qu'il serait établi avec évidence que la commission d'examen s'est trompée, et que l'invention n'existe pas; ou bien au contraire permettrait-on aux tribunaux de réviser l'œuvre de la commission d'examen, et d'annuler un brevet garanti par l'administration et délivré sous sa responsabilité? Tout cela entraînait de véritables impossibilités pratiques. On s'est donc avec juste motif arrêté à cette idée : que le brevet est délivré sans examen préalable et par suite sans garantie aucune de la part de l'administration. Afin que ce caractère du brevet d'invention soit bien constaté, et pour empêcher que le breveté, abusant de la crédulité publique, ne présente son brevet comme une garantie donnée par le gouvernement à son invention, il est défendu, sous peine d'une amende de cinquante francs à mille francs, qui peut être portée au double en cas de récidive, de mentionner la qualité de breveté ou le brevet dans des enseignes, annonces, affiches, prospectus, marques, sans y ajouter ces mots : *sans garantie du gouvernement.*

Des conditions nécessaires pour l'obtention légitime du brevet. — Les conditions essentielles à la validité du brevet sont au nombre de quatre. Il faut : 1º qu'il y ait invention ou découverte; 2° que l'invention ou découverte soit *nouvelle*; 3° qu'elle ait un caractère industriel; 4º qu'elle soit licite. Reprenons successivement ces quatre conditions :

1° Invention ou découverte. — Il faut reconnaître une différence dans le sens des mots : invention et découverte. Il y a invention, lorsqu'on produit quelque chose qui n'existait pas auparavant; découverte, lorsqu'on met en lumière quelque chose qui existait, mais qui jusque-là avait échappé à l'observation. Au point de vue légal il n'y a aucune différence entre l'invention proprement dite et la découverte, et le mot invention est d'ordinaire employé pour désigner l'une et l'autre. L'invention peut se manifester sous des formes diverses; elle peut conquérir des produits nouveaux, comme, par exemple, lorsqu'elle a obtenu la soude en brûlant du varech; elle peut créer de nouveaux moyens ou procédés pour obtenir plus facilement et à moins de frais un produit déjà connu, comme lorsqu'elle a retiré la soude du sel marin à l'aide de l'acide sulfurique; enfin, elle peut se borner à une application nouvelle de moyens déjà connus, comme lorsqu'elle a appliqué la vapeur au blanchiment des tissus. L'invention peut avoir pour objet soit un produit, soit un résultat industriel. Le mot produit désigne un objet matériel, destiné à entrer dans le commerce, une étoffe, un instrument, un corps quelconque. Le résultat est un effet nouveau, une amélioration produite dans la qualité, la quantité du produit ou les frais de production. La distinction entre ces différentes formes de l'invention est clairement indiquée dans le passage suivant emprunté au rapport fait à la Chambre des Pairs lors de la présentation de la loi de 1844 : « Le premier, disait le rapporteur, qui a imaginé de brûler du varech pour en faire de la soude, a inventé un produit industriel; celui qui a fait de la soude avec du soufre a trouvé un moyen nouveau pour faire le même produit; enfin, celui qui a imaginé de mettre des pommes de terre dans les chaudières, pour dégager leurs parois de ces résidus calcaires qui s'y attachent et détruisent la chaudière, a trouvé un moyen nouveau pour l'obtention d'un résultat industriel. » — En résumé, on doit considérer comme inventions ou découvertes nouvelles : l'invention de nouveaux produits industriels, l'invention de nouveaux moyens, l'application nouvelle de moyens connus pour l'obtention d'un résultat ou d'un produit industriel.

2° **Nouveauté de l'invention.** — La protection accordée au breveté et le droit exclusif qui lui est conféré n'ont leur raison d'être qu'autant qu'il apporte à la société quelque chose de nouveau. Si l'objet de son invention est déjà connu du public au moment où il demande le brevet, ce brevet est sans valeur. Ainsi, ne pourrait être valablement brevetée une invention déjà exploitée avant la demande de brevet, soit par le breveté, soit par un tiers; ou même l'invention qui, sans avoir été exploitée, aurait été décrite et communiquée au public dans un livre, un journal, une publication quelconque. Le défaut de nouveauté résulte de la publicité donnée à l'objet du brevet, en France ou à l'étranger, pourvu que cette publicité soit suffisamment complète pour permettre d'exécuter l'invention.

3° **Caractère industriel de l'invention.** — Le droit au brevet ne peut résulter de la découverte d'un principe purement scientifique; il faut qu'une application pratique de l'invention soit possible par les moyens mêmes décrits au brevet. L'invention prend le caractère industriel, lorsqu'elle peut être réalisée, fournir un produit ou un résultat matériel : s'il en est autrement, si elle se renferme dans les limites de la théorie, elle n'est pas brevetable. Ainsi, qu'un savant découvre une propriété encore inconnue de l'électricité, il ne pourra pour cette découverte se faire breveter, s'il se borne à constater le fait scientifique, sans en tirer de conséquence pratique; mais s'il applique le principe pour faire de l'électricité un agent de locomotion, il pourra obtenir un brevet valable, parce que l'invention, sortie du domaine de la théorie, a pris un caractère industriel.

4° **Caractère licite de l'invention.** — On ne peut faire valablement breveter qu'une invention licite; si l'invention est contraire à l'ordre ou à la santé publique, aux bonnes mœurs ou aux lois, le brevet est nul. Nous citerons comme exemple de brevet rentrant dans cette classe, un brevet qui serait pris pour la fabrication de la poudre, dont le monopole est réservé à l'État, ainsi que nous l'avons vu dans un de nos chapitres précédents.

Inventions qui ne sont pas susceptibles d'être brevetées. — Certaines inventions, quoique licites en elles-mêmes, ne sont pas, par suite d'une exclusion formelle, susceptibles d'être brevetées. Ce sont d'abord : les compositions pharmaceutiques et remèdes de toute espèce. On doit entendre par là toutes les préparations destinées à la guérison des maladies pour les hommes ou les animaux. L'interdiction de prendre un brevet, ayant pour objet des compositions de cette nature, a pour motif la crainte de l'abus que le charlatanisme eût pu en faire. On ne peut faire breveter, en second lieu, des plans ou combinaisons de crédit ou de finance : le brevet, en effet, ne peut s'appliquer qu'à un objet ou à un procédé matériel, et non à un système, à une méthode qui sont du domaine exclusif de la pensée.

Différentes espèces de brevets. — Il n'existe, dans le langage employé par la loi de 1844, qu'une sorte de brevet : toutefois, des règles particulières sont applicables aux brevets pris pour un perfectionnement apporté à une découverte antérieure; ces brevets sont souvent appelés brevets de perfectionnement. On peut aussi, après avoir fait breveter une invention à l'étranger, prendre pour le même objet un brevet en France, mais le brevet, ainsi pris en France, n'a pas la même durée que les brevets ordinaires. Étudions successivement ces deux points.

Brevets de perfectionnement; certificats d'addition. — Le brevet de perfectionnement peut être demandé par le propriétaire du premier brevet ou par un tiers. Le breveté, qui veut s'assurer la jouissance exclusive d'un perfectionnement apporté à son industrie, peut procéder de deux manières : il peut prendre un nouveau brevet, ayant la durée ordinaire, cinq, dix ou quinze années, mais donnant lieu à la perception de la taxe de cent francs par chaque année; il peut, s'il le préfère, obtenir un certificat d'addition. Le certificat d'addition est un titre supplémentaire délivré au breveté qui modifie sa découverte; il fait corps avec le brevet primitif, il n'a que la durée de ce brevet, et il cesse de valoir, si le brevet primitif est annulé ou frappé de déchéance. En un mot, tandis que le brevet pris pour un perfectionnement a une existence propre, distincte de celle du brevet primitif, le certificat d'addition n'est qu'un accessoire du brevet primitif dont il suit la condition. L'avantage du certificat d'addition est qu'il ne donne lieu qu'à la perception d'une taxe fixe de vingt francs.

Un tiers peut également se faire breveter pour un perfectionnement apporté à une industrie déjà brevetée au profit d'une autre personne, mais il ne peut prendre qu'un brevet d'invention : la faculté de se faire délivrer un certificat d'addition n'existe que pour le breveté primitif.

Tout en accordant à d'autres qu'à l'inventeur le droit de

se faire breveter pour un perfectionnement, il fallait cependant laisser à l'inventeur lui-même le temps de tirer de son invention toutes ses conséquences, et d'y introduire les améliorations que la pratique peut lui suggérer; voilà pourquoi la loi lui accorde, de préférence à tous autres, pendant l'année qui suit son brevet, le droit de demander un certificat d'addition ou un brevet pour des modifications apportées à son industrie. Si, pendant ce laps de temps, le breveté demande un brevet ou un certificat d'addition pour un perfectionnement, personne ne peut valablement se faire breveter pour le même objet. L'année expirée, le breveté n'a plus de privilége, et il ne peut plus obtenir de brevet pour un perfectionnement, si un autre plus diligent a formé avant lui une demande pour le même objet.

Droits respectifs du titulaire d'un premier brevet et du titulaire d'un brevet de perfectionnement. — Celui qui prend un brevet pour un perfectionnement apporté à une invention brevetée au profit d'un autre ne peut exploiter l'invention, objet du brevet primitif, tant que ce brevet dure; de son côté, le propriétaire du premier brevet ne peut appliquer le perfectionnement sans le consentement du second inventeur. Les deux brevets sont distincts, chacun des titulaires a un droit séparé; il résulte de là que, si le perfectionnement ne peut être appliqué qu'en se servant de l'invention déjà brevetée, le brevet de perfectionnement reste stérile tant que subsiste le brevet principal, à moins qu'un accord n'intervienne entre les deux brevetés, et qu'ils ne s'entendent pour exploiter en commun.

Durée des brevets pris pour des découvertes déjà brevetées à l'étranger. — L'auteur d'une invention brevetée à l'étranger dont le brevet existe encore peut obtenir pour cette même invention un brevet en France; mais le brevet pris en France ne pourra produire effet pendant un temps plus long que le brevet étranger: la durée du brevet étranger sera la limite extrême que pourra atteindre le brevet français.

Formalités nécessaires pour obtenir un brevet; demande; description; dessins; échantillons. — Certaines formalités sont imposées à celui qui veut obtenir un brevet d'invention. Il doit déposer au secrétariat de la préfecture du département où il a son domicile, ou de tout autre, en y faisant élection de domicile, un paquet cacheté qui contient : 1° une demande au ministre de l'agriculture et du commerce. Cette demande doit être limitée à un seul objet principal ; on ne peut réunir dans la même demande, et par suite dans le même brevet, des inventions différentes, au préjudice du trésor qui perçoit une taxe sur chaque brevet. La demande mentionne la durée que le demandeur entend assigner à son brevet, et qui est de cinq, de dix ou de quinze années ; elle indique un titre qui désigne d'une manière précise l'objet de l'invention ; 2° une description de l'invention faisant l'objet du brevet. Cette description ne doit contenir ni altérations ni surcharges, les mots rayés sont comptés et constatés, les pages et les renvois paraphés ; la description ne peut être écrite en langue étrangère ; elle doit être en double original ; 3° les dessins ou échantillons nécessaires pour l'intelligence de la description. Ces dessins et échantillons doivent être également en double ; ils ne sont pas du reste exigés d'une manière absolue, c'est à l'inventeur à apprécier s'ils sont nécessaires à l'intelligence de sa description ; 4° un bordereau des pièces déposées. Toutes ces pièces, demande, description, dessins, bordereau, sont signées de celui qui demande le brevet ou de son mandataire. La demande doit être accompagnée de la production d'un récépissé de cent francs, montant de la première annuité de la taxe versée à la caisse du trésorier payeur général.

Dépôt de la demande ; délivrance du brevet ; conséquences de l'irrégularité de la demande. — Le dépôt de la demande est constaté par un procès-verbal signé du demandeur et dressé par le secrétaire général de la préfecture ; il énonce le jour et même l'heure de la remise des pièces, afin d'établir la priorité pour le cas où plusieurs demandes de brevet pour le même objet seraient déposées le même jour. Les pièces remises à la préfecture sont transmises au ministère de l'agriculture et du commerce.

Le brevet est délivré par le ministre, sous la forme d'un arrêté, sans examen préalable du mérite ou de la nouveauté de l'invention. Le seul cas dans lequel le ministre pourrait rejeter une demande de brevet régulière est lorsque le brevet a été demandé pour un remède ou composition pharmaceutique, pour un plan ou une combinaison de crédit ou de finance. Mais si la demande est irrégulière, si elle ne contient pas toutes les énonciations exigées, si elle n'est pas accompagnée d'une description, le ministre ne délivrera pas le brevet. Le breveté pourra bien former une nouvelle demande, mais d'une part, il perd la moitié de la somme qu'il a versée pour la première annuité, si la demande irrégulière n'est pas régulièrement renouvelée dans les trois mois ; d'un autre côté, si une autre personne avait dans l'intervalle demandé un brevet pour le même objet, elle aurait la priorité, la date du brevet se déterminant par le jour du dépôt de la demande. Il peut résulter de là que l'irrégularité de la demande compromette le droit de celui qui ne s'est pas conformé aux formalités prescrites par la loi.

Une expédition de l'arrêté ministériel qui constitue le brevet est délivrée au demandeur ; à cette expédition est joint le duplicata de la description et des dessins. La première expédition est délivrée sans frais ; les expéditions ultérieures qui seraient demandées donnent lieu au paiement d'une taxe de vingt-cinq francs. Toutes les règles que nous venons d'expliquer, relatives à la forme de la demande et à la délivrance du brevet, sont applicables aux certificats d'addition.

Durée des brevets ; taxe. — La durée du brevet est de cinq, dix ou quinze années, au choix de celui qui le demande. Le droit du breveté et la durée du brevet courent, non pas du jour où le titre est délivré par le ministre, mais du jour où la demande est déposée au secrétariat de la préfecture. Le brevet donne lieu à la perception d'une taxe de cinq cents francs pour un brevet de cinq ans, mille francs pour un brevet de dix ans, quinze cents francs pour un brevet de quinze ans. Cette taxe est payée par annuités de cent francs, payables avant le commencement de chacune des années du brevet. La première annuité est payée avant le dépôt de la demande ; on doit joindre en effet le récépissé à la demande. Le défaut de paiement de l'une des annuités, avant le commencement de l'une des années du brevet, entraîne la déchéance du droit du breveté. En cas de cession du brevet, la taxe entière devient immédiatement exigible. Les certificats d'addition donnent lieu seulement au paiement d'une taxe fixe de vingt francs par chaque addition.

Droits résultant du brevet. — Le brevet, s'il est valable, confère à celui qui l'a obtenu le droit exclusif d'exploiter l'invention qui en fait l'objet. Nul ne peut, pendant la durée du brevet, fabriquer ou vendre les produits, employer les procédés brevetés. L'atteinte portée au droit résultant du brevet constitue le délit de contrefaçon. Le privilége du breveté s'étend à chacune des parties de son invention ; celui qui usurpe une partie seulement des procédés décrits au brevet, ou qui en fait une application restreinte, est un contrefacteur tout aussi bien que celui qui les emprunte dans leur ensemble. Mais le droit du breveté trouve sa limite dans la désignation même qu'il a faite de son invention dans le brevet ; il ne peut exister que relativement à l'objet précis pour lequel le brevet a été demandé et obtenu. Le breveté peut exploiter par lui-même, ou concéder à d'autres, moyennant une redevance convenue, la faculté d'exploiter son invention. Cette autorisation, qui ne doit pas être confondue avec la cession du brevet, n'est soumise à aucune forme particulière ; on lui donne dans la pratique le nom de *licence*.

Cession des brevets. — Les brevets sont, comme toute autre propriété, susceptibles de cession ; la cession peut être totale ou partielle. Le breveté peut vendre tous ses droits à un acquéreur qui est complétement mis en son lieu et place ; c'est la cession totale. La cession partielle peut se faire de bien des manières : le breveté peut céder une partie seulement des droits résultant du brevet, par exemple, le droit de vendre en se réservant le droit de fabriquer ; il peut céder son brevet pour telle commune, tel arrondissement, ou le vendre pour une limite de temps déterminé. La cession diffère de la licence, ou autorisation d'exploiter l'invention, en ce que le breveté qui concède une licence reste complétement propriétaire du brevet, et conserve dans leur entier tous les droits qui en résultent.

Conditions de la cession. — La cession proprement dite est soumise à certaines conditions spéciales qui ont pour but de permettre aux tiers de connaître facilement à qui appartient le brevet. Voici ces conditions : 1° la cession ne peut être faite que par acte notarié; 2° elle doit être enregistrée au secrétariat de la préfecture du département dans lequel l'acte a été passé. Cet enregistrement se fait sans frais sur le dépôt d'un extrait de l'acte. Si la cession n'est pas accompagnée de ces formalités, elle est nulle à l'égard des tiers : le cessionnaire ne pourra invoquer contre eux les droits résultant de cette cession, et même, si le titulaire du brevet faisait à une autre personne une seconde cession, régulière cette fois, cette seconde cession ne pourrait être critiquée par le premier cessionnaire et lui serait opposable. Outre les conditions que nous venons d'indiquer, la cession doit être précédée du paiement de la totalité de la taxe du brevet, qui en général n'est payable que par annuités.

Droits du cessionnaire. — Le cessionnaire, saisi par une cession régulière, peut, dans les limites où la cession a été faite, exercer tous les droits du breveté, notamment agir contre les contrefacteurs. Il profite de plein droit des certificats d'addition qui seraient ultérieurement délivrés au breveté, et réciproquement le breveté, si la cession n'est que partielle, profite des certificats d'addition délivrés au cessionnaire. Cette règle doit être restreinte aux certificats d'addition, et ne serait pas applicable aux brevets de perfectionnement pris par le breveté primitif ou par le cessionnaire.

Publicité donnée aux brevets. — Il faut que le public, pendant la durée du brevet, puisse le connaître, pour éviter de violer le droit du breveté; il faut, en outre, qu'à l'expiration du brevet, et lorsque l'invention sera tombée dans le domaine public, chacun soit à même d'en faire son profit. De là la publicité donnée aux brevets d'invention pendant leur durée et après leur expiration. Les descriptions, dessins, échantillons et modèles sont déposés au ministère de l'agriculture et du commerce, où ils sont communiqués sans frais à tous ceux qui le demandent ; toute personne peut s'en faire délivrer une copie à ses frais. Un décret, inséré au *Bulletin des lois*, proclame tous les trois mois les brevets délivrés, ainsi que les cessions ou mutations qui se sont produites dans la propriété des brevets. Chaque année, un catalogue est imprimé qui contient les titres de tous les brevets délivrés dans l'année précédente. Enfin, après le paiement de la seconde annuité, les descriptions et dessins sont publiés textuellement ou par extrait. Le recueil des descriptions et dessins et le catalogue sont déposés au ministère de l'agriculture et du commerce et au secrétariat de la préfecture de chaque département, où ils peuvent être consultés sans frais. A l'expiration des brevets les originaux des descriptions et dessins sont déposés au *Conservatoire des arts et métiers.*

Nullités et déchéances; en quoi elles diffèrent. — Les nullités et les déchéances ont un caractère bien différent : il y a nullité, lorsque le brevet est entaché d'un vice originaire ; le brevet nul n'a jamais eu d'existence légale et n'a pu conférer de droit au breveté. Il y a déchéance, lorsque le brevet, valable à l'origine, se trouve pendant sa durée vicié par certaines causes et rendu inefficace. Le brevet tombé en déchéance n'est anéanti que pour l'avenir ; la déchéance laisse subsister les effets produits par le brevet, jusqu'au jour où elle a été encourue. Ainsi, aucune poursuite en contrefaçon ne peut être exercée lorsque le brevet est nul ; au contraire, lorsque le brevet est frappé de déchéance, le breveté peut poursuivre l'atteinte portée à ses droits, si elle s'est réalisée à une époque antérieure à la déchéance.

Causes de nullité. — Il y a nullité du brevet dans les cas suivants : 1° si la découverte, invention ou application n'est pas nouvelle, c'est-à-dire si elle a reçu, avant le dépôt de la demande de brevet, en France ou à l'étranger, une publicité suffisante pour pouvoir être exécutée; 2° si la découverte porte sur des compositions pharmaceutiques, des plans ou combinaisons de crédit et de finance; 3° si le brevet porte sur des principes, méthodes ou découvertes purement théoriques et scientifiques, dont on n'a pas indiqué d'application industrielle; 4° si la découverte est contraire aux bonnes mœurs, aux lois, à l'ordre ou à la sûreté publique; 5° si par fraude, le brevet a été demandé sous un titre indiquant un objet autre que le véritable objet de l'invention; 6° si la description jointe au brevet n'est pas suffisante pour l'exécution de l'invention, ou si elle n'indique pas d'une manière complète et loyale les véritables moyens de l'inventeur; 7° si le brevet a été obtenu pour un perfectionnement apporté à une industrie déjà brevetée, pendant l'année réservée au breveté primitif pour prendre un certificat d'addition ou un brevet de perfectionnement; 8° les certificats d'addition sont nuls, lorsqu'ils ne se rattachent pas au brevet principal, lorsqu'ils sont étrangers à l'objet de ce brevet.

Causes de déchéance. — La déchéance est encourue dans les cas suivants : 1° si le breveté n'a pas acquitté l'annuité de la taxe avant le commencement de chacune des années de la durée du brevet; 2° s'il n'a pas mis en exploitation en France son invention dans le délai de deux ans, à compter du jour de la délivrance du brevet, ou s'il a cessé de l'exploiter pendant deux années consécutives, à moins qu'il ne justifie des causes qui l'ont contraint à l'inaction; 3° si le breveté a introduit en France des objets fabriqués en pays étrangers et semblables à ceux qui sont garantis par son brevet. Toutefois la déchéance n'est pas encourue, lorsque des modèles de machines ou des objets fabriqués à l'étranger ont été introduits en France, avec l'autorisation du ministre de l'agriculture et du commerce, pour servir à des expériences ou à des essais suivis avec l'assentiment du gouvernement.

Actions en nullité ou en déchéance. — Toute personne, ayant intérêt à faire tomber le brevet, peut invoquer la nullité ou la déchéance. Les demandes en nullité ou en déchéance sont portées devant les tribunaux civils de première instance; en outre, celui que le breveté poursuit comme contrefacteur devant le tribunal correctionnel peut se défendre en opposant la nullité ou la déchéance du brevet; si en effet le brevet est nul, ou s'il est tombé en déchéance avant les faits qui donnent lieu à la poursuite, il ne peut y avoir de contrefaçon.

SECTION II.

DES MARQUES DE FABRIQUE.

(Loi du 23 juin 1857.)

Définition. — La marque est tout signe qui sert à distinguer les produits d'une fabrique ou les objets d'un commerce. La marque en général est facultative: le fabricant ou le commerçant peut l'employer ou ne pas l'employer selon ses convenances ou son intérêt. Nous verrons toutefois que pour certains produits la marque est obligatoire; des décrets peuvent étendre l'obligation de la marque aux produits qu'ils déterminent.

En quoi peut consister la marque. — Les signes qui peuvent servir de marque sont extrèmement variés, il serait impossible d'en faire l'énumération; il suffira de citer à titre d'exemples ceux qui sont le plus fréquemment employés. La marque peut consister dans une dénomination donnée au produit; dans des emblèmes, tels qu'un dessin, une figure; des vignettes, petites estampes ou dessins effectués à l'aide de la gravure ou de l'impression; des reliefs, timbres, lettres, chiffres; l'enveloppe du produit peut également, par sa couleur, sa forme, les dessins qui l'accompagnent, constituer une marque; enfin le nom du fabricant ou du lieu de fabrication peut être employé comme marque, à condition de lui donner une forme spéciale, distinctive, et toujours la même. Des dispositions particulières punissent l'usurpation du nom du fabricant ou du lieu de fabrication, alors même qu'ils ne sont pas employés comme marque.

L'industriel ou le commerçant ne peut s'assurer l'usage

exclusif d'une marque qu'autant qu'elle est nouvelle, qu'il l'a employée le premier dans l'industrie qu'il exerce. Il n'est pas nécessaire que l'emblème adopté soit nouveau en lui-même, il suffit que son application soit nouvelle. Le signe servant de marque doit, en outre, être spécial aux produits qu'il est destiné à distinguer, c'est-à-dire avoir une forme parfaitement reconnaissable et qui ne permette pas la confusion avec les signes employés par d'autres.

Conditions nécessaires pour s'assurer la propriété de la marque. — Certaines formalités sont exigées de celui qui veut conserver la propriété d'une marque de fabrique et empêcher qu'un autre ne s'en serve pour désigner ses produits. Il doit déposer deux exemplaires de la marque au greffe du tribunal de commerce de son domicile, et, s'il n'y a pas de tribunal de commerce, au greffe du tribunal civil de première instance. Le dépôt peut être fait par le commerçant ou fabricant lui-même, ou par un fondé de pouvoir. Les deux exemplaires déposés sont sur papier non timbré, et représentent la marque adoptée au moyen d'un dessin, d'une gravure ou d'une empreinte. Le greffier du tribunal dresse un procès-verbal du dépôt. Ce procès-verbal, qui est signé du greffier et du déposant, énonce le jour et l'heure du dépôt, le nom, la profession, la demeure du déposant, et le genre d'industrie pour lequel il a l'intention de se servir de la marque. Il est dû au greffier pour la rédaction de ce procès-verbal un droit fixe de un franc; une expédition en est remise au déposant. Toute personne peut, moyennant le paiement du même droit, se faire délivrer une expédition de ce procès-verbal. Le dépôt n'a d'effet et ne conserve la propriété de la marque que pendant quinze années; mais le fabricant ou le commerçant peut, avant l'expiration de ce délai, faire un nouveau dépôt qui produira effet pour quinze années; au moyen de dépôts successivement renouvelés de quinze en quinze ans, on peut s'assurer indéfiniment la jouissance exclusive d'une marque.

Droits des étrangers. — Les étrangers peuvent aussi bien que les Français, en remplissant les formalités que nous venons d'indiquer, conserver la propriété des marques qui servent à distinguer les produits créés dans des établissements qu'ils possèdent et exploitent en France; quant aux marques des produits provenant d'établissements exploités a l'étranger par des Français ou par des étrangers, la propriété n'en peut être conservée qu'autant que, dans les pays où ces établissements sont situés, des traités ont établi un droit semblable pour les marques françaises. Le dépôt des marques étrangères, lorsqu'elles ont ainsi droit à la protection de la loi française, se fait au greffe du tribunal de commerce de la Seine.

Actions relatives à la propriété des marques. — Toutes lès actions relatives à la propriété des marques sont jugées par les tribunaux civils de première instance. L'atteinte aux droits du propriétaire d'une marque constitue un délit qui peut être poursuivi devant les tribunaux correctionnels : nous aurons à étudier les caractères de ce délit et les conséquences qu'il entraîne, lorsque nous traiterons de la contrefaçon.

Marque obligatoire. — Il nous reste à dire quelques mots de la marque obligatoire. L'obligation de la marque est imposée notamment pour les savons, pour les matières d'or et d'argent qui doivent être marquées d'un poinçon portant un emblème spécial choisi par le fabricant et la première lettre de son nom. Ce poinçon ne doit pas être confondu avec celui qui est employé par le bureau de garantie pour déterminer le titre. (V. p. 42.) Certaines villes ont le droit exclusif d'apposer une marque déterminée sur les produits sortant de leurs manufactures : Marseille a une marque particulière pour ses savons; une amende frappe celui qui usurpe cette marque et l'emploie pour des savons fabriqués ailleurs qu'à Marseille. Les fabricants de Louviers ont le droit d'avoir à leurs draps une lisière particulière; le même privilége a été étendu à d'autres villes également renommées pour la fabrication des draps. Les fabricants de ces villes doivent garnir tous leurs produits de cette lisière, et les fabricants d'autres villes ne peuvent, sous des peines sévères, en faire usage. Ceux qui n'ont pas apposé sur leurs produits une marque déclarée obligatoire, et ceux qui ont vendu ou mis en vente des produits ne portant pas cette marque, peuvent être punis par le tribunal correctionnel d'une amende de cinquante francs à mille francs et même d'un emprisonnement de quinze jours à six mois.

SECTION III.

DES DESSINS DE FABRIQUE.

(Loi du 10 mars 1806, art. 15 à 19. Ordonnance royale du 29 août 1825.)

Ce qu'on entend par dessin de fabrique. — Le dessin de fabrique est une combinaison plus ou moins compliquée de lignes ou de couleurs, dont le tracé ou les nuances présentent une forme, une disposition d'un caractère nouveau. Le dessin de fabrique est appliqué par le tissage, l'impression, la broderie ou par d'autres procédés analogues, sur des étoffes, châles, dentelles, ou même sur des papiers de tenture ou des toiles cirées. La condition essentielle pour que le dessin de fabrique puisse constituer la propriété exclusive du fabricant est qu'il soit nouveau ; s'il a déjà été employé dans l'industrie, il appartient à tout le monde et ne peut plus faire l'objet d'un droit privatif.

Dépôt au conseil des prud'hommes. — L'inventeur d'un dessin de fabrique, qui veut conserver son droit, doit déposer aux archives du conseil de prud'hommes de son domicile un échantillon, plié sous enveloppe, revêtu de ses cachet et signature. Le dépôt est inscrit sur un registre tenu à cet effet par le secrétaire du conseil, et il est délivré au fabricant un certificat en constatant la date. Lorsque le fabricant est domicilié hors du ressort d'un conseil de prud'hommes, le dépôt se fait au greffe du tribunal de commerce, ou du tribunal de première instance, s'il n'y a pas de tribunal de commerce. Ce dépôt assure la propriété du dessin, soit à perpétuité, soit pour un temps limité, selon la volonté du déposant; il doit donc, en faisant le dépôt, déclarer son intention à cet égard. S'il ne se réserve pas la propriété perpétuelle, il peut se l'assurer pour une durée d'un an, de trois ou cinq ans à son choix. Les contestations relatives à la propriété des dessins de fabrique sont de la compétence des tribunaux de commerce.

SECTION IV.

DE LA CONTREFAÇON.

Éléments de la contrefaçon. — L'atteinte portée aux droits du breveté, du propriétaire d'une marque ou d'un dessin de fabrique s'appelle contrefaçon. La contrefaçon constitue un délit.

En matière de brevets d'invention, la contrefaçon consiste dans la fabrication des produits ou l'emploi des moyens pour lesquels le brevet a été obtenu. On assimile aux contrefacteurs ceux qui ont conservé entre leurs mains ou recélé, vendu, exposé en vente, ou introduit sur le territoire français des objets contrefaits, mais à condition qu'ils aient agi sciemment, qu'ils aient su que les objets étaient contrefaits.

Actions auxquelles donne naissance la contrefaçon des inventions brevetées; action publique. — L'action en contrefaçon peut être exercée par le breveté et par ceux auxquels il a fait une cession régulière de son brevet. Nous avons vu que la cession n'était valable et ne pouvait donner au cessionnaire le droit de poursuivre les contrefacteurs, qu'autant qu'elle avait été faite par acte notarié, et enregistrée au secrétariat de la préfecture. La contrefaçon, étant un délit, donne naissance à deux actions, l'action publique et l'action civile. L'action publique tend à l'application d'une peine; la peine de la contrefaçon est une amende de cent à deux mille francs. En cas de récidive, c'est-à-dire lorsqu'il y a eu dans les cinq années antérieures une condamnation prononcée contre le prévenu pour un délit de même nature, les juges peuvent prononcer, outre l'amende, un emprisonnement de un à six mois. La même peine peut être appliquée, si le contrefacteur est un ouvrier ou un employé ayant travaillé dans les ateliers ou dans l'établissement du breveté, ou s'il a eu connaissance des procédés décrits au brevet en s'associant avec un ouvrier ou un employé du breveté. L'action publique en matière de contrefaçon est exercée par le ministère public, mais seulement sur la plainte du breveté, partie lésée.

Action civile. — L'action civile, qui tend à la réparation du dommage causé par la contrefaçon, peut s'exercer de deux manières : le breveté peut assigner le contrefacteur devant le tribunal correctionnel, ou saisir la juridiction civile. Le tribunal correctionnel, si la contrefaçon est prouvée, en appliquant au prévenu sur les réquisitions du ministère public l'amende ou l'emprisonnement, statuera sur les conclusions du breveté qui se porte partie civile. Lorsque le breveté assigne devant la juridiction civile, le contrefacteur ne peut être condamné à une amende ou à un emprisonnement, mais seulement à une réparation civile envers le breveté. Devant la juridiction correctionnelle comme devant la juridiction civile, le breveté peut obtenir : 1° des dommages-intérêts, c'est-à-dire une somme d'argent destinée à réparer le préjudice causé par la contrefaçon; 2° la confiscation et l'attribution à son profit des objets reconnus contrefaits; 3° enfin l'affiche et l'insertion dans les journaux du jugement rendu contre le contrefacteur. Ce dernier mode de réparation est souvent employé par les tribunaux, la publicité donnée à la condamnation ayant pour résultat de prévenir le public contre les contrefacteurs. Quelle que soit la juridiction devant laquelle il est traduit, celui qui est poursuivi pour contrefaçon peut opposer à la demande du breveté tous les moyens tirés de la nullité ou de la déchéance du brevet. Il peut, si la demande en contrefaçon est reconnue mal fondée et repoussée, obtenir des dommages-intérêts contre le breveté qui l'a poursuivi sans droit.

Saisie des objets contrefaits. — Afin d'arriver plus facilement à la preuve de la contrefaçon, le breveté a le droit de faire procéder à une saisie des objets prétendus contrefaits. La saisie doit être précédée d'une ordonnance du président du tribunal de première instance, rendue sur une requête présentée par le breveté ou par un avoué, et sur la représentation du brevet. Le président, en accordant l'autorisation de saisir, peut imposer au breveté l'obligation de fournir un cautionnement, consistant en une somme d'argent qui doit être consignée, avant de faire procéder à la saisie. Le cautionnement doit toujours être exigé, lorsque le breveté est étranger. Le président peut autoriser seulement une saisie partielle, limitée à quelques échantillons, ou même ne permettre qu'une description des objets contrefaits sans saisie. Les objets saisis sont placés sous scellés et déposés au greffe du tribunal; quant aux objets simplement décrits, ils restent entre les mains de celui chez lequel ils sont trouvés; il en est gardien et est tenu de les représenter, s'il y a lieu. La saisie ou description est faite par un huissier, auquel peut être adjoint un expert désigné par l'ordonnance du président; cet expert éclairera l'huissier sur les détails techniques qu'il pourrait ignorer, et le guidera pour procéder à la saisie; le breveté lui-même peut y être présent. La saisie doit, à peine de nullité, être suivie dans un bref délai de poursuites judiciaires : le breveté doit assigner dans la huitaine, soit devant le tribunal correctionnel, soit devant le tribunal civil, sinon la saisie est comme non avenue.

Contrefaçon en matière de marques de fabrique. — La contrefaçon proprement dite d'une marque de fabrique consiste dans la reproduction complète de cette marque. L'usage d'une marque contrefaite, l'apposition frauduleuse sur un produit d'une marque appartenant à autrui, le fait d'avoir sciemment vendu ou mis en vente des produits revêtus d'une marque contrefaite ou frauduleusement apposée, sont assimilés à la contrefaçon. La contrefaçon en matière de marques est punie d'une amende de cinquante francs à trois mille francs et d'un emprisonnement de trois mois à trois ans, ou de l'une de ces deux peines seulement. Outre la reproduction complète de la marque, la loi atteint toute imitation frauduleuse qui est de nature à tromper l'acheteur sur la provenance du produit. Une amende de cinquante francs à deux mille francs et un emprisonnement d'un mois à un an peuvent être prononcés contre ceux qui ont fait de la marque d'autrui une imitation frauduleuse, de nature à tromper l'acheteur, ou qui se sont servis d'une marque frauduleusement imitée, contre ceux qui ont fait usage d'une marque portant des indications qui peuvent induire l'acheteur en erreur sur la nature du produit, enfin contre ceux qui ont sciemment vendu ou mis en vente des produits revêtus d'une marque frauduleusement imitée, ou portant des indications propres à tromper l'acheteur.

Double action ; action publique, action civile. — La contrefaçon de la marque fait naître, comme la contrefaçon de l'invention brevetée, une double action : action publique et action civile. Le propriétaire de la marque peut se pourvoir devant la juridiction correctionnelle ou devant la juridiction civile. Il peut obtenir, outre les dommages-intérêts, la confiscation des produits dont la marque est reconnue contrefaite, ainsi que l'affiche et l'insertion dans les journaux du jugement de condamnation.

Description ou saisie. — La poursuite civile ou correctionnelle est ordinairement précédée d'une description avec ou sans saisie. La description ou la saisie est autorisée par une ordonnance du président du tribunal de première instance ou du juge de paix du canton, à défaut de tribunal dans le lieu où se trouvent les produits à décrire ou à saisir. L'ordonnance est rendue sur une simple requête et sur la présentation du procès-verbal constatant le dépôt de la marque. La saisie ou description est faite par un huissier assisté, s'il y a lieu, d'un expert désigné par l'ordonnance. Le juge, en autorisant la saisie, peut imposer au saisissant l'obligation de fournir un cautionnement. La saisie ou description doit, à peine de nullité, être suivie dans la quinzaine d'une assignation devant le tribunal civil ou devant le tribunal correctionnel. En rapprochant ces règles de celles que nous avons étudiées relativement aux brevets, on voit que deux différences existent entre la saisie en matière de brevets d'invention, et la saisie en matière de marques de fabrique : 1° la saisie en matière de marques peut dans certains cas être autorisée par le juge de paix, tandis qu'en matière de brevets d'invention, ce pouvoir appartient exclusivement au président du tribunal ; 2° en matière de brevets, la saisie doit être suivie dans la huitaine de poursuites judiciaires ; en matière de marques, le délai pour se pourvoir est de quinzaine.

Contrefaçon des dessins de fabrique. — La reproduction illicite d'un dessin de fabrique, dont la propriété est légalement conservée par le dépôt au conseil des prud'hommes, constitue également une contrefaçon. La peine prononcée contre le contrefacteur est une amende de cent francs au moins et de deux mille francs au plus ; ceux qui ont mis en vente ou introduit sur le territoire français un dessin contrefait sont punis d'une amende de vingt-cinq francs au moins et de deux mille francs au plus. Le propriétaire du dessin de fabrique, s'il veut faire appliquer la peine de la contrefaçon, peut saisir le tribunal correctionnel, qui, en même temps qu'il condamnera le contrefacteur à l'amende, allouera à l'inventeur du dessin des dommages-intérêts, et prononcera la confiscation des dessins contrefaits. S'il veut se borner à la réparation du préjudice qu'il a éprouvé, le propriétaire du dessin s'adressera au tribunal de commerce. Il faut bien remarquer cette différence importante de compétence : les actions relatives aux brevets d'invention et aux marques sont de la compétence exclusive des tribunaux civils de première instance, les actions relatives à la propriété des dessins de fabrique sont jugées par les tribunaux de commerce

SECTION V.

DES NOMS, DES ENSEIGNES ET DÉSIGNATIONS, DE LA CONCURRENCE DÉLOYALE.

Usurpation de noms ; deux actions. — Il est, indépendamment des marques, un certain nombre de signes employés dans l'industrie ou le commerce pour distinguer les produits. Nous trouvons, en première ligne, le nom du fabricant et du lieu de fabrication. La bonne réputation du fabricant, la désignation d'un lieu de provenance justement

renommé, sont souvent auprès du public la meilleure recom-
mandation. Une loi spéciale (loi du 28 juillet 1824) protége
les fabricants contre l'usurpation de leur nom et du nom du
lieu de fabrication. Elle punit d'un emprisonnement de trois
mois à un an et d'une amende ceux qui ont apposé ou fait
apparaître, par addition, retranchement, ou par une altération
quelconque, sur des objets fabriqués, le nom d'un fabricant
autre que celui qui en est l'auteur, la raison de commerce
d'une fabrique autre que celle où les objets ont été fabriqués,
enfin le nom d'un lieu autre que celui de la fabrication. La
même peine est applicable aux commissionnaires, marchands
ou débitants qui, de mauvaise foi, ont mis en vente les produits marqués de noms supposés ou altérés. Le fabricant
dont le nom a été ainsi usurpé, ou les fabricants du lieu faus-
sement indiqué comme lieu de provenance, ont droit de réclamer à l'auteur de cette fraude des dommages-intérèts.
L'usurpation de nom constituant un délit peut donner lieu
à des poursuites correctionnelles ; devant la juridiction correctionnelle, ceux auxquels cette usurpation est préjudiciable
pourront se porter partie civile et conclure à des dommages-intérêts ; ils peuvent également, s'ils le préfèrent, saisir
de leur demande les tribunaux civils.

**Usurpation d'enseignes, d'étiquettes, d'enveloppes ; ac-
tion civile en dommages-intérêts.** — D'autres indications
spéciales sont encore usitées pour faire connaître au public
un établissement ou un produit : ainsi l'enseigne, signe indica-
teur d'un établissement industriel ou d'un fonds de commerce.
L'enseigne appartient à celui qui le premier l'a adoptée dans
une branche d'industrie ; tant que le fonds de commerce désigné
par l'enseigne existe, nul ne peut la reproduire ou l'imiter de
manière à établir une confusion préjudiciable à celui qui le
premier l'a employée. La protection de la loi s'étend aussi à la
désignation spéciale et à la forme que le commerçant donne à
un produit, à la forme et à la couleur des boîtes et enveloppes,
en un mot, à tous les signes extérieurs employés pour distinguer les produits. La reproduction illicite d'une enseigne,
d'une désignation, ne constitue pas un délit ; ce fait ne rentre

pas dans la contrefaçon ; il permet seulement à celui au préjudice duquel il est commis de réclamer des dommages-intérêts. On décide généralement que les tribunaux de commerce sont compétents pour connaitre de ces demandes. Ce que nous venons de dire à propos des enseignes et désignations s'appliquerait également aux moyens divers employés pour établir une confusion entre des établissements rivaux ou des produits similaires. Les commerçants ne doivent chercher à attirer à eux le public que par des moyens honnêtes et loyaux ; tous les faits qui présentent le caractère d'une concurrence déloyale peuvent entraîner une condamnation à des dommages-intérêts, dans l'appréciation desquels les tribunaux apportent une juste sévérité.

CHAPITRE IX.

DES ÉTABLISSEMENTS COMMERCIAUX.

Double caractère des établissements commerciaux ; division. — Les établissements auxquels ce chapitre est consacré ont un double caractère : les uns sont destinés à servir d'organes et de représentants aux intérêts du commerce et de l'industrie ; les autres ont pour but de faciliter les transactions commerciales par la création de centres communs où se traitent les affaires. La première classe comprend les chambres de commerce, les chambres consultatives des arts et manufactures, les conseils généraux du commerce et des manufactures ; nous faisons entrer dans la seconde classe les bourses de commerce, les halles, foires et marchés. Ce chapitre sera divisé en trois sections : la première, traitant des chambres de commerce, des chambres consultatives des arts et manufactures, des conseils généraux du commerce et des manufactures; la seconde, des bourses de commerce; la troisième, des halles, foires et marchés.

SECTION Ire.

DES CHAMBRES DE COMMERCE. — DES CHAMBRES CONSULTATIVES DES ARTS ET MANUFACTURES. — DES CONSEILS GÉNÉRAUX DU COMMERCE ET DES MANUFACTURES.

§ Ier. — CHAMBRES DE COMMERCE.

Composition des chambres de commerce. — Les chambres de commerce sont des corps électifs qui servent au commerce d'organes officiels auprès du gouvernement. Les chambres de commerce sont créées par décrets rendus dans la forme des règlements d'administration publique, c'est-à-dire le conseil d'État entendu. Le décret d'institution fixe le nombre des membres de la chambre, qui est de neuf au moins et de vingt et un au plus; il détermine également, s'il y a lieu, sa circonscription. Lorsque la circonscription d'une chambre de commerce n'est pas indiquée dans le décret d'institution, elle comprend le département, s'il n'y a pas d'autre chambre de commerce dans le département, et l'arrondissement, s'il y en a d'autres. Le nombre des membres et la circonscription peuvent être modifiés par des décrets ultérieurs. Les membres des chambres de commerce sont élus par une assemblée d'électeurs choisis parmi les commerçants recommandables par leur probité, leur esprit d'ordre et d'économie : la liste des électeurs est dressée par une commission spéciale. L'assemblée électorale se tient au siége de la chambre de commerce, sous la présidence du maire.

Conditions d'éligibilité. — Tout commerçant, inscrit sur la liste des électeurs, ou étant dans les conditions voulues pour y être inscrit, peut être nommé membre d'une chambre de commerce, s'il est âgé de trente ans, inscrit à la patente depuis cinq ans, et domicilié, au moment de l'élection, dans le ressort de la chambre de commerce. Les anciens commerçants et anciens agents de change sont éligibles, s'ils ont exercé le commerce pendant cinq ans. Les fonctions des membres des chambres de commerce durent six ans ; ils sont renouvelés par tiers tous les deux ans ; les membres sortants peuvent toujours être réélus. Les chambres de commerce choisissent tous les ans dans leur sein un président, et s'il y a lieu, un vice-président, ainsi qu'un secrétaire-trésorier, ou un secrétaire et un trésorier. Le préfet ou le sous-préfet fait de droit partie de la chambre de commerce, et la préside lorsqu'il assiste aux séances. Le membre qui s'abstient pendant six mois de se rendre aux séances, sans motif légitime, est réputé démissionnaire et remplacé. L'obligation de prendre part assidûment aux séances pouvait écarter des chambres de commerce les négociants n'habitant pas les villes où elles siégent ; pour remédier à cet inconvénient, les chambres de commerce ont la faculté de désigner dans l'étendue de leur circonscription des membres correspondants : les membres correspondants peuvent assister aux séances, mais avec voix consultative seulement ; leur nombre ne peut dépasser celui des membres de la chambre elle-même.

Attributions des chambres de commerce. — Les chambres de commerce ont pour attribution essentielle de donner au gouvernement les avis et renseignements qui leur sont demandés sur les faits et les intérêts industriels et commerciaux, et de présenter leurs vues sur les moyens d'accroître la prospérité de l'industrie et du commerce, sur l'exécution des travaux et l'organisation des services publics qui peuvent intéresser le commerce ou l'industrie, tels que les travaux des ports, la navigation, les postes, les chemins de fer. Il est un certain nombre d'objets sur lesquels l'avis des chambres de commerce doit être demandé par le gouvernement ; ainsi, elles doivent être consultées sur les changements projetés à la législation commerciale, sur la création dans leur circonscription de tribunaux de commerce, de bourses de commerce, d'offices d'agents de change, de magasins généraux ou d'établissements de ventes publiques de marchandises en gros, sur les tarifs de douanes, sur les tarifs et règlements des services de transports, sur l'établissement de succursales de la Banque de France, sur les projets de travaux publics locaux relatifs au commerce, sur les projets de règlements locaux en matière de commerce et d'industrie. Pour ces divers objets, les chambres de commerce correspondent directement avec le ministre de l'agriculture et du commerce .

Outre ces attributions consultatives, les chambres de commerce sont chargées de l'administration de certains établissements créés dans l'intérêt du commerce; ainsi, lorsqu'il existe dans une même ville une bourse et une chambre de commerce, la chambre de commerce a la gestion de la bourse. Les chambres de commerce gèrent également les entrepôts, les cours publics établis au moyen de contributions spéciales payées par les commerçants pour la propagation des connaissances commerciales et industrielles.

Dépenses des chambres de commerce. — Il est pourvu aux dépenses des chambres de commerce au moyen d'une contribution spéciale sur les patentés de la circonscription. Chaque année, la chambre de commerce dresse un projet de budget pour l'année suivante; ce projet, transmis au préfet, doit être soumis à l'approbation du **ministre de l'agriculture et du commerce.**

§ II. — CHAMBRES CONSULTATIVES DES ARTS ET MANUFACTURES.

Composition; attributions. — Les chambres consultatives des arts et manufactures sont spécialement destinées à représenter auprès du gouvernement l'industrie manufacturière; elles sont établies dans les villes où il existe un grand nombre de fabriques ou manufactures. Le décret d'institution détermine la circonscription qui comprend, soit l'arrondissement, soit un ou plusieurs cantons, soit seulement la ville où siége la chambre consultative. Le nombre des membres est de douze : ils sont élus par les mêmes électeurs que les chambres de commerce. Les conditions d'éligibilité sont les mêmes pour les chambres consultatives que pour les chambres de commerce. Les attributions des chambres consultatives consistent à fournir à l'administration les avis et renseignements qui leur sont demandés sur les faits intéressant le commerce ou l'industrie, à présenter leurs vues sur l'état de l'industrie et du commerce et sur les moyens d'en accroître la prospérité; elles donnent également leur avis sur les besoins des manufactures, fabriques et autres établissements industriels, et sur les améliorations qui peuvent être introduites dans leur régime. Elles doivent être consultées lorsque le gouvernement veut créer un conseil de prud'hommes dans leur circonscription, **ou** modifier la juridiction d'un conseil déjà existant.

§ III. — CONSEILS GÉNÉRAUX DU COMMERCE ET DES MANUFACTURES.

Attributions de ces conseils. — Ces conseils sont institués près du ministère de l'agriculture et du **commerce** pour éclairer le gouvernement. Ils donnent leur avis sur les questions que le ministre soumet à leur examen; ils délibèrent et émettent des vœux sur les réclamations ou propositions qui leur sont adressées **par les chambres** de commerce ou les chambres consultatives des arts et manufactures. Le conseil général du commerce se compose de membres nommés par le ministre et de membres nommés par les chambres de commerce. Le conseil général des manufactures comprend également des membres nommés par le ministre et des membres nommés par les chambres consultatives des arts et manufactures. Ces conseils n'ont pas de réunions périodiques; ils s'assemblent quand le gouvernement juge à propos de les convoquer.

Conseil supérieur du commerce, de l'agriculture et de l'industrie. — Il ne faut pas confondre les conseils généraux du commerce et des manufactures avec le **conseil supérieur**

du commerce, de l'agriculture et de l'industrie qui est chargé de donner son avis sur les questions concernant les tarifs de douanes, sur les projets de traités de commerce, sur la législation commerciale de l'Algérie et des colonies. Ce conseil est composé de députés, de conseillers d'État, de notables choisis parmi les personnes les plus versées dans les matières agricoles, commerciales et industrielles, enfin de hauts fonctionnaires de l'administration.

SECTION II.

DES BOURSES DE COMMERCE.

Utilité des bourses de commerce. — Le mot : bourse est employé pour désigner soit le local où se réunissent les commerçants, soit la réunion elle-même. L'utilité de ces réunions est facile à apercevoir : les commerçants y trouvent le moyen de se rencontrer à jour et heure fixes, et de traiter ainsi les affaires sans déplacement ni perte de temps. C'est à la bourse que le négociant trouve les intermédiaires dont le ministère peut lui être nécessaire, les agents de change et les courtiers; c'est là qu'il peut apprendre les nouvelles qui intéressent le commerce, et s'éclairer sur le crédit de ceux avec lesquels il traite. Ces avantages ont fait établir des bourses de commerce dans toutes les villes où il existe un mouvement un peu important d'affaires commerciales.

Création des bourses de commerce. — C'est au gouvernement qu'il appartient de créer des bourses dans les villes où les besoins du commerce justifient cette création. L'autorité locale exerce la police intérieure de la bourse, et fixe, de concert avec les tribunaux et les chambres de commerce, les heures d'ouverture et de fermeture de la bourse. L'entrée de la bourse est ouverte à tout le monde : toutefois les faillis non réhabilités ne peuvent s'y présenter; les femmes en sont également exclues.

Notions sur les négociations qui se font à la bourse. — Les opérations qui se font dans les bourses de commerce sont nombreuses et importantes. Il s'y conclut des ventes de toute espèce de marchandises ; il s'y fait des négociations sur les matières métalliques, les assurances maritimes, les locations de navires, les transports par terre ou par eau, les lettres de change et billets à ordre. C'est aussi à la bourse que se négocient les effets publics, les rentes sur l'Etat, et certains titres qui y sont assimilés, actions et obligations des chemins de fer ou autres grandes compagnies industrielles, actions de la Banque de France. Les affaires se traitent à la bourse par l'intermédiaire des agents de change et des courtiers. Le résultat des opérations détermine le cours, c'est-à-dire le prix courant moyennant lequel se sont effectuées les ventes, les assurances, les transports, les locations de navires, les négociations de lettres de change. Pour les effets publics, le cours est le résumé du taux auquel ils se sont négociés pendant la durée de la bourse, et par suite l'indication exacte de leur valeur, puisqu'ils ne peuvent se négocier ailleurs. La constatation des cours est faite par les agents de change et les courtiers.

SECTION III.

DES HALLES, FOIRES ET MARCHÉS.

Définition. — Les marchés sont des lieux publics destinés à la vente de diverses marchandises et particulièrement des denrées d'un usage quotidien ; le marché est en général établi pour une étendue de pays circonscrite et limitée, il se tient à des intervalles périodiques et rapprochés, à certains jours de la semaine ou du mois. Les foires diffèrent des marchés en ce qu'elles n'ont lieu qu'à certaines époques de l'année ; elles appellent un plus grand concours de personnes, comprennent toute espèce de marchandises et ont ordinairement une durée de plusieurs jours. Le mot : halle désigne plus spécialement des lieux destinés à l'emmagasinement et à la vente des marchandises de première nécessité, qui se vendent en gros à des marchands qui les revendent ensuite au

détail; mais cetteexpression estsouvent employée comme syno-
nyme de marché. Les foires et marchés ont l'avantage de réunir
dans un lieu donné et à un jour déterminé des quantités considérables de marchandises et un grand concours de vendeurs
et d'acheteurs. Il faut remarquer du reste que, dans l'état actuel du commerce, les foires ont perdu une grande partie de
l'importance qu'elles ont eue autrefois; sauf quelques exceptions, elles n'ont conservé d'utilité réelle que pour les bestiaux
et les produits agricoles.

Établissement des foires et marchés. — Les foires ne
peuvent être établies ou supprimées, les jours auxquels elles
se tiennent ne peuvent être changés que par un décret.
Les marchés peuvent être autorisés par le préfet à l'exception des marchés aux bestiaux et de ceux établis dans
l'intérieur de Paris, pour lesquels l'autorisation du ministre
de l'agriculture, du commerce et des travaux publics est nécessaire.

Mercuriales. — La police des halles, foires et marchés appartient aux maires, et à Paris, au préfet de police. Il est dressé
des états périodiques du prix courant des principales denrées
qui se vendent sur les marchés, telles que les grains, les four-
rages, les combustibles. Ces états s'appellent mercuriales. Les
mercuriales sont établies après chaque marché par le maire,
et à Paris, par le préfet de police, et portées sur un registre
spécial. Le quinze et le trente de chaque mois, un extrait de
ces registres est adressé au préfet par l'intermédiaire du sous-
préfet. Le préfet dresse un état récapitulatif pour tous les
marchés de son département, et cet état est transmis au mi-
nistére de l'agriculture et du commerce.

CHAPITRE X.

DES INTERMÉDIAIRES DE COMMERCE.

Diverses classes d'intermédiaires. — Les commerçants ne peuvent pas toujours faire par eux-mêmes toutes les négociations qui constituent leur commerce. Des intermédiaires sont nécessaires pour rapprocher les parties, mettre en relation des négociants qui ne se connaissent pas, ou qui habitent à de grandes distances. Certaines opérations d'une importance particulière, et qui touchent au crédit même de l'Etat, les négociations sur les effets publics ne peuvent se faire que par l'entremise d'officiers publics. D'un autre côté, le commerçant, pour écouler ses produits et en retirer un prix plus avantageux, est obligé de recourir à des agents qui se chargent de transporter ses marchandises d'un lieu à un autre. Enfin, à raison de la multiplicité de ses opérations, le négociant a besoin d'auxiliaires qui le représentent auprès du public, et font en son nom ce qu'il ne peut faire lui-même. Les principaux intermédiaires employés dans le commerce sont : les commissionnaires, les commissionnaires de transports et les voituriers, les agents de change, les courtiers, enfin les auxiliaires des commerçants, commis, facteurs ou préposés. Nous consacrerons cinq sections à l'examen des règles particulières à chacune de ces classes d'intermédiaires.

SECTION Iʳᵉ.

DES COMMISSIONNAIRES.

(Art. 94 et 95 du code de commerce, modifiés par a loi du 23 mai 1863.)

Caractère particulier du commissionnaire. — Le commissionnaire est un intermédiaire qui fait pour le compte d'autrui, mais en son propre nom, une opération commerciale. Celui pour le compte duquel se fait la négociation s'appelle commettant. Ce qui caractérise la commission, c'est que le commissionnaire, bien qu'agissant pour le compte du commettant, figure personnellement dans l'opération, et se trouve vis-à-vis du tiers avec lequel il traite dans la même situation que si l'opération se faisait dans son intérêt personnel.

Différence entre le mandat et la commission. — C'est en cela que la commission diffère du mandat : le mandataire, comme le commissionnaire, agit pour le compte d'autrui, mais le mandataire figure dans l'opération au nom du mandant et ne s'engage pas personnellement, tandis que le commissionnaire est en nom dans l'opération et se trouve personnellement obligé. Un exemple fera comprendre la différence : Je donne mandat à Pierre de m'acheter une certaine quantité de marchandises ; Pierre remplit son mandat et achète en mon nom et pour mon compte les marchandises que je lui ai désignées. L'opération conclue, c'est moi qui suis obligé ; Pierre, le mandataire, s'efface, il n'est pas tenu de payer le prix : le mandant seul est obligé vis-à-vis de celui avec lequel le mandataire a traité. Supposons que Pierre, au lieu d'être un mandataire, agisse comme commissionnaire. Il se présentera au vendeur, et, sans nommer le commettant, il achètera les marchandises en son nom ; c'est lui qui figurera comme acheteur dans l'opération, et il sera obligé vis-à-vis du vendeur au paiement du prix ; seulement il devra rendre compte du résultat de l'opération au commettant, puisqu'il l'a faite pour son compte et par suite de la commission qu'il lui avait donnée.

Avantages du contrat de commission. — Les avantages que le commerce peut retirer de ce mode d'opérer sont faciles à saisir : celui qui traite avec le commissionnaire, sachant qu'il l'a pour obligé, ne connaissant que lui, n'a pas à se préoccuper de la solvabilité du commettant ; c'est au commissionnaire à s'en enquérir, car c'est sur lui que retombera la perte en cas d'insolvabilité du commettant. Il résulte de là une sécurité plus grande dans les transactions, et en outre, plus de célérité, le négociant qui fait une opération avec le commissionnaire n'ayant point à prendre sur la situation du commettant des renseignements souvent longs et difficiles à obtenir. L'intervention du commissionnaire a encore cet avantage, considérable dans certains cas, de permettre au commettant de ne pas se faire connaître et d'assurer ainsi le secret de l'opération.

Applications diverses de la commission. — Nous avons vu, en traitant des actes de commerce, que l'entreprise de commission était rangée au nombre des actes commerciaux par eux-mêmes ; ceux qui font des actes de commission leur profession habituelle sont commerçants ; l'industrie de commissionnaire peut du reste être exercée par un individu ou par une société. Le commissionnaire peut faire toute espèce d'opérations commerciales : il peut vendre, acheter, être chargé de faire effectuer un transport, de tirer une lettre de change. Nous verrons quelles sont les règles particulières applicables aux commissionnaires de transports et à ceux qui tirent une lettre de change pour le compte d'autrui ; nous n'avons, quant à présent, à étudier que les règles générales de contrat de commission.

Obligations du commissionnaire. — Quelle que soit l'opération à laquelle il s'applique, le contrat de commission entraîne certaines obligations, soit à la charge du commissionnaire, soit à la charge du commettant.

Voici les principales obligations dont est tenu le commissionnaire envers le commettant. Il doit, lorsqu'il a accepté la commission, l'exécuter et la mettre à fin, en se conformant exactement aux instructions qui lui ont été données et de la manière la plus avantageuse pour le commettant. Il répond de la perte ou de la dépréciation des marchandises qui lui ont été confiées, si elles ont péri ou ont été avariées par sa faute, par son défaut de soins ou de précautions. Le commissionnaire doit donner au commettant tous les renseignements utiles, l'avertir et attendre de nouvelles instructions lorsqu'il ne peut exécuter la commission, aviser immédiatement le commettant lorsque la commission est accomplie. Enfin le commissionnaire est tenu de rendre compte des sommes ou des marchandises qui lui ont été remises.

Commissionnaire vendeur. — Lorsque le commissionnaire est chargé de vendre, il doit recevoir et conserver les marchandises qui lui sont adressées, et veiller avec le plus grand soin à ce qu'elles ne se détériorent pas. Il doit, pour vendre, se conformer aux prix et aux conditions qui lui ont été indiqués; ainsi il ne peut vendre au dessous du prix ou du cours qui lui a été fixé; il doit vendre au comptant, à moins qu'il n'ait été autorisé à vendre à crédit, et encore dans ce cas, il ne doit pas accorder des délais plus longs que ceux qui ont été déterminés par le commettant ou que l'usage du commerce autorise.

Du croire. — Lorsque le commissionnaire a vendu dans les conditions fixées par ses instructions, il n'est pas responsable si l'acheteur des marchandises ne paie pas à l'échéance; la perte sera pour le commettant. Mais il arrive souvent que, moyennant un salaire ou droit de commission plus élevé, le commissionnaire assure le commettant contre l'insolvabilité de ceux avec qui il a traité, et s'oblige à payer lui-même, si l'acheteur ne paie pas. Cette convention particulière s'appelle *du croire*, des mots italiens : *del credere*, avoir confiance.

Commissionnaire acheteur. — Le commissionnaire chargé d'acheter doit se conformer aux ordres qui lui sont donnés pour le prix d'achat, la qualité et la quantité des marchandises; le commettant pourrait refuser de prendre livraison des marchandises qui ne seraient pas conformes à ses instructions, et les laisser au compte du commissionnaire. Telles sont les obligations principales du commissionnaire envers le commettant. Nous avons vu que vis-à-vis des tiers le commissionnaire était obligé, comme si l'opération lui était personnelle : s'il a vendu, il est tenu de livrer la marchandise à l'acheteur; s'il a acheté, il est obligé au paiement du prix.

Obligations du commettant. — Le commettant est tenu envers le commissionnaire d'une double obligation. Il doit, en premier lieu, lui rembourser les frais qu'il a faits pour exécuter la commission et les sommes qu'il a avancées; ainsi, quand le commissionnaire chargé d'acheter a payé le prix de la marchandise, il est fondé à en demander le remboursement au commettant; le commettant doit également indemniser le commissionnaire des pertes qu'a pu lui occasionner l'exécution de la commission, pourvu qu'il ait agi avec prudence et qu'on n'ait aucune faute à lui reprocher. Le commettant n'est pas obligé envers les tiers qui ont traité avec le commissionnaire; il n'a pas contracté avec eux, et il n'a de rapport qu'avec le commissionnaire.

Droit de commission. — La seconde obligation du commettant envers le commissionnaire est le paiement du droit de commission. Le droit de commission est de l'essence du contrat de commission; le commissionnaire qui fait sa profession de ce genre d'opérations ne peut être mis en œuvre sans qu'un salaire lui soit payé. En cela la commission diffère encore du mandat qui est en général gratuit, et ne donne droit à un salaire que dans des cas exceptionnels. Le droit de commission est fixé par une convention intervenue entre le commettant et le commissionnaire, ou réglé par l'usage. Il consiste d'ordinaire dans une remise sur le montant de l'affaire exécutée par le commissionnaire. Cette remise est de un, deux ou cinq pour cent, selon la nature de l'opération. Le droit de commission est double lorsque la convention de *du croire* est intervenue, c'est-à-dire lorsque le commissionnaire a garanti à l'égard du commettant la solvabilité de ceux avec qui il traite. Le droit de commission est dû même lorsque l'affaire n'a pas réussi; toutefois, si l'insuccès de l'opération résultait d'une faute du commissionnaire, il pourrait être condamné à payer au commettant une indemnité qui diminuerait ou même réduirait à néant, en se compensant avec lui, le salaire auquel le commissionnaire pouvait avoir droit.

Privilége du commissionnaire. — Le commissionnaire a, pour le remboursement de ce qui lui est dû par le commettant, une garantie particulière, un privilége sur le prix des marchandises qui lui ont été expédiées, déposées ou consignées, privilége qui lui permet d'être payé avant les autres créanciers du commettant. Cette garantie donnée au commissionnaire a pour but principal de procurer du crédit aux commerçants : le commissionnaire, en effet, auquel des marchandises ont été remises pour les vendre, sera disposé, à raison de la sécurité que lui donne le privilége, à faire sur ces marchandises des avances au commettant, avant qu'il n'ait réalisé la vente et touché le prix. Le commissionnaire jouit de ce privilége par le seul effet de la loi, et sans qu'il soit nécessaire qu'une convention intervenue entre lui et le commettant le lui ait conféré. Un privilége analogue ne pourrait être établi, au profit d'un autre que le commissionnaire, que par une convention formelle de nantissement donnant en gage les marchandises.

Conditions de ce privilége. — Pour que le privilége existe au profit du commissionnaire, il faut que les marchandises soient à sa disposition, qu'elles se trouvent dans un magasin ou un navire lui appartenant, ou bien qu'elles soient déposées dans un entrepôt de douane, ou dans tout autre dépôt public. Il suffit même qu'elles lui soient expédiées, bien qu'elles ne soient pas encore arrivées entre ses mains, s'il justifie que l'expédition lui en a été faite par un connaissement, lorsque les marchandises ont été transportées par mer, par une lettre de voiture, lorsqu'elles ont été transportées par terre.

Créances garanties par le privilége. — Le privilége garantit au commissionnaire le paiement de tout ce qui lui est dû par le commettant à raison de la commission dont il a été chargé : ainsi, les avances qu'il a faites au commettant, les sommes qu'il lui a prêtées ou qu'il a payées pour lui à l'occasion de ses marchandises, soit depuis qu'elles sont en sa possession, soit même avant qu'il ne les ait reçues, les frais que lui a occasionnés l'accomplissement de la commission, enfin le salaire même qui lui est dû, ou droit de commission. Lorsque le commissionnaire vend les marchandises, il prélève ces différentes sommes sur le produit de la vente, et s'en rembourse ainsi, sans avoir à craindre le concours des autres créanciers du commettant.

SECTION II.

DES COMMISSIONNAIRES DE TRANSPORTS ET DES VOITURIERS.

(Art. 96 à 108 du code de commerce.)

Différence entre le commissionnaire de transports et le voiturier. — On appelle commissionnaire de transports celui qui, moyennant un droit de commission, traite avec un voiturier en son nom, mais pour le compte d'un commettant, pour faire conduire les marchandises de ce dernier. Le commissionnaire est personnellement tenu envers le voiturier du prix du transport, mais il lui en est tenu compte par le commettant. Le voiturier est celui qui fait sa profession de transporter d'un lieu à un autre des marchandises, des effets ou des personnes. L'expression : voiturier, a dans le langage juridique un sens très-large; elle comprend tous ceux qui s'occupent de l'industrie des transports par terre ou par eau : les voituriers proprement dits ou rouliers qui font les transports par terre, les bateliers qui font les transports par eau, les entreprises de diligences, de chemins de fer, de bateaux à vapeur. L'expéditeur (on appelle ainsi celui qui envoie la marchandise) peut traiter directement avec un voiturier ou s'adresser à un commissionnaire qui fera exécuter le transport par un voiturier.

Utilité du commissionnaire de transports. — L'utilité du commissionnaire de transports apparaît surtout pour les transports à longue distance, pour lesquels il faut recourir à de nombreux agents, et dont le mode change pendant le cours du voyage, par exemple, pour un transport qui se fait en partie par terre, en partie par mer. L'expéditeur éprouverait les difficultés les plus grandes s'il lui fallait traiter directement avec les divers agents employés à ces transports. Ainsi, un négociant de Paris veut expédier des marchandises au Caire : il lui faut d'abord faire conduire ses marchandises à Marseille, les faire embarquer pour Alexandrie, puis transporter d'Alexandrie au Caire. Que fera-t-il? Il s'adressera à un commissionnaire de transports, qui se trouve par sa profession même en rapport avec d'autres commissionnaires ou des entrepreneurs de transports : le commissionnaire se chargera de faire parvenir les marchandises au Caire, et assurera leur transport à moins de frais et avec plus de sécurité.

Entrepreneur de transports. — Il ne faut pas confondre le commissionnaire de transports avec un autre agent qu'on appelle entrepreneur de transports, et qui est compris dans la dénomination générale de voiturier. Voici la différence qui existe entre le commissionnaire et l'entrepreneur de transports. Le commissionnaire de transports traite avec un voiturier pour le compte du commettant; il touche un droit de commission. L'entrepreneur de transports se charge à forfait d'un transport, il le fait effectuer par ses propres voitures, par ses employés, ou bien il traite en son nom et pour son compte avec un autre voiturier, bénéficiant dans ce cas de la différence entre le prix qui lui est payé par l'expéditeur, et le prix qu'il paie lui-même au voiturier qui se charge du transport, si ce prix est moins élevé. Cette distinction entre l'entrepreneur de transports et le commissionnaire n'est pas sans intérêt : nous verrons en effet qu'il existe certaines différences entre les obligations des commissionnaires de transports et celles des voituriers, dans la classe desquels rentre l'entrepreneur de transports.

Lettre de voiture ; sa forme. — Les conventions relatives aux transports peuvent être établies par tous les moyens de preuve admis par le droit commercial, par un acte écrit, par la correspondance, par les livres. Le contrat de transport qui intervient soit entre l'expéditeur, le commmision-naire et le voiturier, soit entre l'expéditeur et le voiturier seulement, se prouve ordinairement par un titre spécial, qu'on nomme : lettre de voiture, parce qu'il a la forme d'une lettre adressée par le commissionnaire ou l'expéditeur au destinataire, c'est ainsi qu'on appelle celui auquel les marchandises sont expédiées. La lettre de voiture doit être datée ; elle indique la nature et le poids ou la contenance des objets à transporter ; elle porte en marge leurs marques et numéros, afin que le destinataire puisse s'assurer que les objets qui lui sont remis sont bien ceux qui lui ont été expédiés. La lettre de voiture énonce en outre le nom et le domicile du commissionnaire, s'il y en a un, le nom du destinataire, le nom et le domicile du voiturier, le délai dans lequel le transport doit être effectué, et le prix de la voiture, autrement dit le prix du transport ; elle stipule souvent le montant de l'indemnité qui sera due en cas de retard : cette indemnité consiste en une réduction sur le prix du transport. La lettre de voiture est signée de l'expéditeur ou du commissionnaire, la signature du voiturier n'est pas nécessaire ; elle doit en général être rédigée sur papier timbré ; enfin elle est copiée par le commissionnaire sur un registre spécial (1).

Effets de la lettre de voiture ; responsabilité du com-missionnaire de transports et du voiturier. — La lettre de

(1) *Formule d'une lettre de voiture.*

Voiture..............
Remboursement.......

Paris, le.............

Monsieur,

A la conduite de N..., voiturier à ..., vous recevrez quatre colis *(désigner la marchandise)* du poids de ..., lesquels devront vous être rendus le ...., à peine de perte par ledit voiturier du tiers du prix du transport. Et vous lui paierez la somme de ...., puis vous lui rembourserez la somme de........, suivant le détail ci-contre.

(Signature de l'expéditeur ou du commissionnaire.)

A M. X., à ....

voiture forme un contrat entre l'expéditeur et le voiturier, ou entre le commissionnaire, l'expéditeur et le voiturier. De ce contrat découle une responsabilité rigoureuse pour le commissionnaire et pour le voiturier. Le commissionnaire de transports répond du défaut de transport des marchandises et du retard, à moins qu'il ne prouve que ce défaut de transport ou ce retard provient d'un événement de force majeure qui n'a pu être ni prévu ni empêché, une inondation par exemple, ou l'interruption des communications par suite de la guerre. Il est également responsable de la perte des marchandises et des avaries ou détériorations, à moins qu'il ne prouve que la perte ou les avaries sont le résultat de la force majeure, d'un vice de la chose, ou enfin d'un fait imputable à l'expéditeur, par exemple, d'un défaut de précaution dans l'emballage des marchandises. L'indemnité, soit pour le retard, soit pour la perte ou l'avarie des marchandises, est fixée par les tribunaux, si elle n'a été déterminée d'avance dans la lettre de voiture. Afin de faciliter en cas de perte l'appréciation de l'indemnité, le commissionnaire qui se charge d'un transport doit inscrire sur son livre-journal la déclaration de la nature et de la quantité des marchandises, et même de leur valeur, si l'expéditeur le demande. Le commissionnaire de transports, s'engageant à faire parvenir les marchandises au lieu de leur destination, est responsable de la perte, de la détérioration ou du retard survenus par la faute des agents qu'il a employés, commissionnaires intermédiaires ou voituriers; il peut toutefois s'affranchir de cette partie de sa responsabilité, en stipulant qu'il ne sera garant que de son fait personnel.

La responsabilité du voiturier est la même que celle du commissionnaire; il répond de la perte ou des avaries, à moins qu'il ne prouve la force majeure ou le vice de la chose; il répond aussi du retard : la lettre de voiture stipule ordinairement une retenue du tiers sur le prix du transport en cas de retard. Le voiturier est responsable du fait de ses préposés ou employés, et il ne peut s'affranchir de cette responsabilité, à la différence du commissionnaire qui peut stipuler qu'il ne sera pas garant du fait des agents intermédiaires qu'il emploie. La responsabilité du voiturier commence dès que les marchandises ont été remises à lui ou à ses préposés, avant même qu'elles aient été chargées sur la voiture ou sur le navire qui doit les transporter.

Aux risques de qui voyage la marchandise. — La marchandise, une fois sortie des magasins de l'expéditeur, voyage, à moins qu'il n'ait été autrement convenu, aux risques et périls de celui à qui elle appartient, c'est-à-dire la plupart du temps du destinataire, acheteur des objets transportés. Ainsi l'expéditeur n'est pas responsable de la perte des marchandises, à moins qu'il n'ait commis une faute grave dans le choix des agents chargés du transport. La perte de la marchandise survenue par suite d'un fait de force majeure sera pour le destinataire, qui n'en devra pas moins payer le prix. S'il y a perte, avarie ou retard par le fait du commissionnaire ou du voiturier, c'est au destinataire qu'appartient l'action qui peut être exercée contre eux et le droit de réclamer une indemnité. Il faut remarquer, à ce point de vue, que le voiturier est tenu directement vis-à-vis du destinataire, s'il a été chargé du transport par l'expéditeur; s'il y a un commissionnaire, le commissionnaire est tenu vis-à-vis du destinataire, et le voiturier est obligé envers le commissionnaire avec lequel il a traité, de telle sorte que si la marchandise a péri par le fait du voiturier, le commissionnaire, actionné par le destinataire, pourra se retourner contre le voiturier, et exercer contre lui un recours.

Réception des objets transportés et paiement du prix de voiture; prescription. — Diverses fins de non-recevoir peuvent être opposées par le commissionnaire ou le voiturier à l'action dirigée contre eux. Ils sont dégagés de toute responsabilité, lorsque le destinataire a reçu les marchandises sans protestation, et a payé le prix du transport; cette réception et ce paiement prouvent que le destinataire a reconnu qu'il n'avait aucune action à exercer contre les agents du transport, ou qu'il a renoncé à en exercer une. En outre l'action contre le commissionnaire ou le voiturier est éteinte après un court délai par la prescription ; elle ne peut plus être exercée, après six mois pour les expéditions faites dans l'intérieur de la France, après un an pour les expéditions faites à l'étranger. Le délai court, lorsque la marchandise est entièrement perdue, du jour où le transport aurait dû être effectué, c'est-à-dire du jour où, si les marchandises n'avaient pas péri, elles auraient dû, d'après les conditions de la lettre de voiture, être remises au destinataire. Dans le cas où il y a seulement avarie ou retard, le délai pour exercer l'action court du jour où les marchandises ont été remises au destinataire. Cette courte prescription n'est pas applicable lorsqu'il y a infidélité ou fraude, par exemple, si le voiturier s'était approprié les marchandises, ou les avait lui-même altérées.

Droits du voiturier en cas de refus ou de contestation. — Nous avons vu jusqu'à présent les obligations du commissionnaire et du voiturier ; il nous reste à déterminer les droits du voiturier lorsque le destinataire se refuse à recevoir les marchandises ou à payer le prix du transport et les frais accessoires que le voiturier a avancés, droits de douane, d'octroi ou autres. Lorsque le destinataire ne veut pas prendre livraison des marchandises, lorsqu'il soulève des difficultés, prétendant soit que les marchandises sont détériorées, soit qu'une partie des objets manque, le voiturier a diverses mesures à prendre pour sauvegarder ses intérêts. Il présente requête au président du tribunal de commerce ou au juge de paix, s'il n'y a pas de tribunal de commerce dans la localité, pour demander la nomination d'experts. Il est important pour le voiturier de provoquer sans délai la nomination des experts, afin de faire constater aussitôt que possible l'état des marchandises. Le voiturier peut aussi faire ordonner par le même magistrat le dépôt ou le séquestre des marchandises, et ensuite leur transport dans un dépôt public. Enfin, si un procès s'engage sur les prétentions du destinataire, le voiturier ne pourrait être obligé d'en attendre l'issue pour se faire payer le prix de son transport : il peut, avant le jugement de la contestation, faire ordonner par le président du tribunal de commerce ou le juge de paix la vente des marchandises transportées, jusqu'à concurrence de ce qui lui est dû pour le prix du transport et les frais accessoires. Le voiturier a, pour le paiement de sa créance, sur les marchandises transportées, un privilége qui lui permet de se faire payer sur le produit de la vente par préférence aux autres créanciers.

Entreprises publiques de transports. — Les règles que nous venons d'étudier, relatives à la responsabilité des voituriers, aux droits qu'ils peuvent exercer, sont applicables aux entrepreneurs publics de transports. On appelle ainsi ceux qui annoncent leur service au public avec des conditions de périodicité, de jour et d'heure, et des prix déterminés à l'avance. Les entreprises de diligences, de chemins de fer, de bateaux à vapeur, rentrent dans les entreprises publiques de transports. Outre les dispositions générales du Code de commerce, les entrepreneurs publics de transports sont soumis à des règlements particuliers qui régissent leurs rapports avec les particuliers et avec l'Etat. C'est ainsi notamment que, pour les compagnies de chemins de fer, les conditions du transport des personnes et des marchandises sont réglées par des cahiers de charges et des tarifs, arrêtés par l'autorité supérieure, qui font la loi des compagnies et de ceux qui les chargent d'un transport. Une obligation particulière à tous les entrepreneurs publics de transports est qu'ils doivent tenir registre de l'argent, des effets et paquets qui leur sont confiés, et en délivrer un reçu.

SECTION III.

DES AGENTS DE CHANGE.

(Art. 74 à 90 du code de commerce. Loi du 2 juillet 1862.)

Nomination des agents de change ; conditions d'aptitude; cautionnement. — Les agents de change sont des officiers publics institués pour servir d'intermédiaires aux parties dans la négociation des effets publics, des effets de commerce et des matières métalliques. Il n'y a d'agents de change que dans les villes où il existe une bourse de commerce ; leur nombre est limité et déterminé par le gouvernement. Les agents de change sont nommés par décrets, et peuvent être destitués lorsqu'ils commettent une infraction grave à leurs obligations professionnelles. Ils peuvent, sauf le cas de destitution, présenter un successeur à l'agrément du chef de l'État; leurs charges se trouvent ainsi être transmissibles, comme celles des notaires, des avoués, des huissiers. Pour être nommé agent de change, il faut être Français, âgé de 25 ans, et justifier d'un certificat d'aptitude et d'honorabilité signé par les chefs de plusieurs maisons de banque et de commerce. Comme les autres officiers publics, les agents de change doivent fournir un cautionnement. Ce cautionnement consiste en une somme d'argent qui est déposée dans les caisses de l'État, et qui sert de garantie à ceux envers lesquels l'agent de change serait déclaré responsable, à raison d'une faute commise dans l'exercice de sa profession. Le cautionnement atteint dans certaines villes un chiffre considérable : il est pour les agents de change de Paris, de 250,000 fr.; pour ceux de Lyon, de 40,000 fr.; pour ceux de Bordeaux et de Marseille, de 30,000 fr. Les agents de change d'une même ville, lorsqu'ils sont en assez grand nombre, ont une chambre syndicale, composée par l'élection, qui est chargée d'exercer un pouvoir disciplinaire sur les membres de la compagnie.

Attributions des agents de change; négociation des effets publics. — Les attributions des agents de change n'ont pas toutes le même caractère; il est d'abord certaines négociations qui leur sont exclusivement réservées, qui ne peuvent être faites régulièrement que par eux : ce sont les négociations d'effets publics. On entend à proprement parler par effets publics, les rentes sur l'État 5 0/0, 4 1/2 0/0 et 3 0/0. Les rentes sur l'État sont nominatives ou au porteur. On dit qu'elles sont nominatives, lorsque le nom du propriétaire de la rente figure au grand livre de la dette publique; elles sont au porteur dans le cas contraire. Lorsque la rente est nominative, elle ne peut être vendue qu'au moyen d'un *transfert*, acte particulier soumis à des formes déterminées, et dans lequel l'agent de change intervient pour certifier l'identité du propriétaire de la rente et la sincérité de sa signature. Les agents de change font également les négociations de certains titres qui sont souvent assimilés aux effets publics : les actions et obligations de compagnies industrielles, les rentes émises par des gouvernements étrangers, en un mot, des valeurs connues sous le nom de *valeurs cotées à la Bourse*, c'est-à-dire dont le cours est constaté après chaque séance sur un registre particulier appelé *cote*. Les valeurs qui donnent lieu à des négociations assez fréquentes sont seules admises à la cote. Il faut remarquer du reste, que la négociation des effets publics et des titres qui y sont assimilés ne peut être faite par tous les agents de change, mais seulement par ceux exerçant près certaines bourses de commerce où ce genre d'opérations est autorisé; il y a dans ces bourses de commerce, à Paris, à Bordeaux, à Marseille, par exemple, un *parquet*, c'est-à-dire un lieu séparé, mais placé en vue du public, où les agents de change se réunissent pour la négociation des effets publics. Les agents de change ont aussi le droit exclusif de constater le cours des effets publics; ils s'assemblent à la fin de chaque bourse, et d'après le taux auquel se sont faites les opérations, la chambre syndicale arrête la cote officielle qui constate le cours authentique de la bourse du jour.

Autres attributions. — La seconde classe d'attributions des agents de change consiste dans la négociation des lettres de change, des billets à ordre et autres effets de commerce. Pour ces opérations, le ministère de l'agent de change n'est pas obligatoire; les parties intéressées peuvent les faire elles-mêmes, mais, si elles veulent recourir à un intermédiaire, elles ne peuvent s'adresser qu'à un agent de change. Le cours du change, c'est-à-dire le taux auquel se négocient les lettres de change et autres papiers de commerce, est établi par les agents de change après chaque bourse. Enfin la dernière attribution des agents de change leur est commune avec les courtiers de marchandises. Ils peuvent, concurremment avec les courtiers de marchandises, servir d'intermédiaires pour la négociation des matières métalliques, c'est-à-dire des matières d'or et d'argent monnayées ou en lingots ; les agents de change seuls ont le droit d'en constater le cours.

Bordereaux. — Les opérations qui se font par le ministère de l'agent de change s'établissent au moyen de titres appelés bordereaux, qui sont signés de l'agent de change et remis par lui à la partie pour laquelle il a opéré. L'agent de change a droit à un émolument ou courtage, qui est fixé par un tarif, au-delà duquel il ne peut rien exiger. Le privilége qui appartient aux agents de change pour l'exercice des attributions que nous venons de parcourir est garanti par des peines, édictées contre ceux qui font des actes rentrant dans leurs fonctions; l'immixtion dans les fonctions d'agent de change constitue un délit, qui entraîne la condamnation à des amendes considérables.

Obligations professionnelles de l'agent de change. — Les obligations professionnelles des agents de change sont nombreuses, et, sans les énumérer, nous devons en donner un aperçu. Il est interdit à l'agent de change de faire pour son compte aucune opération; il est à craindre en effet que si l'agent de change opère pour lui, il ne sacrifie à son intérêt personnel l'intérêt de son client. L'agent de change qui fait une opération pour un client est responsable du résultat de la négociation : s'il a vendu, il est tenu personnellement de livrer les titres à l'acheteur; s'il a acheté, il est obligé de payer le prix. Aussi, et pour que l'agent de change n'ait pas à courir le risque de l'insolvabilité de celui pour qui il agit, il doit se faire remettre les effets qu'il est chargé de vendre, et les sommes nécessaires pour payer ceux qu'il est chargé d'acheter. La responsabilité personnelle de l'agent de change, pour les opérations qu'il fait, est la conséquence de l'obligation du secret qui lui est imposé; en faisant pour un client une négociation, il ne doit pas le nommer, à moins d'ordre contraire; dès lors celui qui traite avec l'agent de change ne connaît que lui et n'a d'action que contre lui. Les agents de change doivent donner aux parties, si elles le demandent, un reçu des sommes ou des valeurs qui leur sont confiées, et remettre des bordereaux constatant les opérations: ils doivent enfin inscrire leurs opérations sur un carnet, au moment même où il les font, et les reporter ensuite sur un livre journal régulièrement tenu.

Recours que l'on peut avoir à exercer contre les agents de change. — L'agent de change doit exécuter avec exactitude et fidélité le mandat qui lui est donné par son client ; il est tenu de lui remettre les effets achetés pour lui ou les sommes provenant des ventes réalisées pour son compte. Il répond particulièrement, en cas de transfert de rentes ou autres titres nominatifs, de l'identité de son client, de la sincérité de sa signature et des pièces produites ; il répond également de la sincérité de la dernière signature des effets de commerce qu'il est chargé de négocier; enfin, toutes les fois que l'agent de change commet une faute dans l'exercice de sa profession, il est responsable envers celui auquel il cause un dommage. L'agent de change peut donc être actionné devant les tribunaux soit par son client, s'il n'a pas bien exécuté ses ordres ou s'il ne lui rend pas compte des valeurs qu'il a touchées pour lui, soit par un tiers auquel il a porté préjudice en manquant à ses obligations professionnelles.

Oppositions sur le cautionnement. — Le cautionnement de l'agent de change est affecté par privilége à la garantie des condamnations qui pourraient être prononcées contre lui pour faits commis dans l'exercice et à l'occasion de ses fonctions. Afin que les intéressés soient avertis et puissent se mettre en mesure de faire valoir leurs droits, la cessation des fonctions de l'agent de change doit être portée à la connaissance du public. A cet effet, l'agent de change qui cède son office doit en faire la déclaration au greffe du tribunal de commerce; cette déclaration reste affichée pendant trois mois au greffe du tribunal de commerce et à la bourse. Pendant ce temps, ceux qui ont des droits à exercer sur le cautionnement peuvent former opposition. L'opposition est signifiée, soit au ministre des finances, soit au greffe du tribunal de commerce. L'agent de change démissionnaire ne peut se faire restituer son cautionnement par le Trésor, qu'en justifiant de l'accomplissement des formalités de publicité que nous avons indiquées, et qu'autant qu'il n'existe pas d'opposition, ou que les oppositions formées ont été levées.

SECTION IV.

DES COURTIERS.

(Art. 74 à 90 du code de commerce. Loi du 18 juillet 1866.)

Caractère général des fonctions du courtier. — Les courtiers ont tout particulièrement le caractère d'agents intermédiaires : ils se bornent en effet à mettre les parties en rapport, à constater leurs conventions, mais ils ne s'engagent jamais personnellement. On voit par là en quoi le courtier diffère du commissionnaire : le commissionnaire agit en son nom pour le compte du commettant, il figure personnellement dans l'opération qu'il conclut; le courtier au contraire, une fois que les parties ont traité, s'efface, son rôle est fini, et il ne résulte pour lui aucune obligation personnelle de la négociation qui s'est faite par son entremise. Le courtier ne s'engageant pas personnellement n'a ni à payer ni à recevoir, et par suite n'a pas de compte à rendre : il perçoit pour les soins qu'il a donnés à l'affaire un salaire qui s'appelle courtage.

Diverses classes de courtiers. — On distingue, d'après la nature de leurs fonctions, diverses classes de courtiers : il y a des courtiers de marchandises (on les appelle aussi courtiers de commerce), des courtiers d'assurances, des courtiers interprètes et conducteurs de navires, des courtiers de transports, enfin des courtiers gourmets piqueurs de vins. Jusqu'à une époque récente, tous les courtiers avaient, comme les agents de change, le caractère d'officiers publics; leur nombre était limité, et leurs attributions constituaient à leur profit un privilége, auquel il était interdit de porter atteinte. Ce caractère subsiste encore pour tous les courtiers autres que les courtiers de marchandises; mais, pour cette classe de courtiers, il a disparu depuis la loi du 18 juillet 1866 qui a établi la liberté de la profession de courtier de marchandises. Quant aux courtiers qui ont conservé le caractère d'officiers publics, c'est-à-dire les courtiers autres que les courtiers de marchandises, ils sont, comme les agents de change, nommés par décret, à l'exception cependant des courtiers gourmets piqueurs de vins qui sont nommés par le ministre; ils fournissent un cautionnement, et leurs charges sont transmissibles.

Malgré la distinction entre les diverses classes de courtiers, la même personne peut cumuler les fonctions de courtier d'assurances, de courtier interprète et conducteur de navires, et même y réunir celles d'agent de change et de courtier de marchandises, si le décret de nomination autorise ce cumul; au contraire, les fonctions de courtier de transports ne peuvent être exercées concurremment avec aucune autre.

Obligations et responsabilité du courtier. — Les obligations des courtiers sont en général les mêmes que celles des agents de change; il y a toutefois une différence essentielle : l'agent de change ne nomme pas celui pour lequel il agit, et il se trouve par suite personnellement obligé à livrer les titres, s'il est vendeur, à payer le prix, s'il est acheteur; le courtier, ayant pour unique mission de rapprocher les parties, n'est jamais lui-même obligé, et il doit nécessairement faire connaître celui qu'il représente; en un mot, il n'est pas comme l'agent de change tenu à l'obligation du secret. Il faut appliquer aux courtiers ce que nous avons dit sur la responsabilité des agents de change et les oppositions à former sur le cautionnement.

Après ces généralités, quelques détails sont nécessaires sur les attributions particulières de chacune des classes de courtiers.

Courtiers de marchandises; leurs attributions. — L'attribution essentielle des courtiers de marchandises consiste à servir d'intermédiaires pour l'achat et la vente des marchandises; ils font, concurremment avec les agents de change, les négociations de matières métalliques ; ils constatent le cours des marchandises, enfin, ils sont investis du droit de procéder à certaines ventes, notamment aux ventes publiques de marchandises en gros.

Régime nouveau introduit par la loi du 18 juillet 1866. — Depuis longtemps le commerce se plaignait du privilége reconnu par la loi aux courtiers de marchandises, privilége tenant à leur caractère d'officiers publics ; on réclamait la liberté pour chacun de choisir l'intermédiaire qui avait sa confiance. Après une enquête approfondie, dans laquelle la plupart des chambres de commerce se prononcèrent pour la suppression du privilége des courtiers de marchandises, le gouvernement présenta un projet de loi qui fut adopté par le Corps législatif. Voici le régime nouveau introduit par la loi du 18 juillet 1866. A partir du 1er janvier 1867, la profession de courtier de marchandises est libre ; toute personne peut l'exercer et servir d'intermédiaire pour l'achat et la vente des marchandises. La suppression de leur privilége causant un préjudice aux courtiers en exercice qui avaient payé leurs charges, une indemnité leur est accordée ; cette indemnité a été fixée par des commissions instituées par un décret, et payée au moyen de ressources spéciales.

Courtiers inscrits. — Les courtiers de marchandises n'ayant plus le caractère d'officiers publics, il fallait déterminer à qui seraient confiées les attributions particulières qui leur appartenaient, le droit de procéder à certaines ventes et la constatation du cours des marchandises. La loi y a pourvu de la manière suivante : il peut être dressé par le tribunal de commerce une liste des courtiers de marchandises qui demanderont à y être inscrits. Les courtiers inscrits doivent réunir certaines conditions d'aptitude ; ils prêtent serment devant le tribunal de commerce, ont une chambre syndicale chargée de la discipline, enfin ils paient au Trésor un droit d'inscription qui, selon l'importance de la place, varie de mille à trois mille francs. Les ventes publiques de marchandises aux enchères et en gros ne peuvent être faites que par les courtiers inscrits ; à eux également est réservé le droit de procéder, à défaut d'expert choisi par les parties, à l'estimation des marchandises déposées dans les magasins généraux; s'il n'y a pas dans une ville de liste de courtiers inscrits, le président du tribunal de commerce désigne, à la demande des parties, un courtier pour procéder à ces opérations. Les droits dus aux courtiers pour les ventes publiques et les estimations sont fixés, pour chaque localité, par le ministre de l'agriculture et du commerce. Le courtier inscrit qui est chargé de faire une vente publique ou une estimation ne peut se rendre acquéreur pour son compte personnel; s'il contrevient à cette interdiction, il est rayé de la liste par le tribunal de commerce et ne peut plus y être inscrit de nouveau. Enfin tout courtier, inscrit ou non, qui se charge d'une opération dans laquelle il a un intérêt personnel, sans prévenir les parties, peut être poursuivi devant le tribunal correctionnel et puni d'une amende de cinq cents francs à trois mille francs.

Constatation du cours des marchandises. — Les courtiers inscrits sont également chargés de la constatation du cours des marchandises; s'ils ne sont pas en nombre suffisant, la chambre de commerce peut leur adjoindre un certain nombre de courtiers ou de négociants de la place. Dans les villes où il n'existe pas de courtiers inscrits, le cours des marchandises est constaté par les courtiers et négociants désignés chaque année par la chambre de commerce.

Courtiers d'assurances. — L'assurance est un contrat par lequel l'une des parties, qui s'appelle assureur, s'engage à indemniser l'autre partie, nommée assuré, du dommage pouvant résulter de certains événements accidentels, moyennant une somme que l'assuré paie à l'assureur et qu'on appelle prime. L'assurance est susceptible d'applications nombreuses : on peut assurer un immeuble contre l'incendie, un navire ou des marchandises contre les risques de la mer. L'assurance qui a pour objet les risques de la mer ou les dangers de la navigation s'appelle assurance maritime. Les courtiers d'assurances s'occupent exclusivement d'assurances maritimes; ils servent d'intermédiaires pour opérer ces assurances, rédigent les contrats ou polices, et en attestent la vérité par leur signature. L'intervention du courtier en matière d'assurances n'est pas obligatoire : les intéressés peuvent contracter directement, sans recourir à un intermédiaire, ils peuvent rédiger la police eux-mêmes, ou la faire rédiger par un notaire. Les courtiers d'assurances ont, à l'exclusion de tous autres, le droit de certifier le taux des primes, c'est-à-dire le prix moyennant lequel se font les assurances.

Courtiers interprètes et conducteurs de navires. — Les courtiers interprètes et conducteurs de navires sont souvent appelés courtiers maritimes : ils ont des attributions assez nombreuses. Ils négocient les conventions relatives aux locations des navires, locations qui prennent le nom d'*affrètement* ou *nolissement*; ils constatent le cours du *fret* ou *nolis*, c'est-à-dire le prix moyennant lequel se font les locations de navires. Ils ont le droit exclusif de traduire les actes en langue étrangère qui sont relatifs au commerce maritime ou qui sont produits en justice; ils servent d'interprètes aux étrangers, maîtres de navires, marchands, équipages de navires, lorsqu'ils se trouvent engagés dans une contestation devant les tribunaux, ou dans leurs rapports avec la douane. Le décret qui nomme le courtier détermine les langues pour lesquelles il pourra servir d'interprète.

Courtiers de transports par terre et par eau. — Les courtiers de transports négocient, dans les lieux où ils sont établis, les conventions relatives aux transports par terre et par eau, c'est-à-dire par les rivières et canaux; en effet les négociations relatives aux transports par mer rentrent dans les attributions des courtiers conducteurs de navires. Les courtiers de transports ont le droit exclusif de certifier le cours auquel se traitent les transports.

Courtiers gourmets piqueurs de vin. — Les courtiers gourmets piqueurs de vin n'existent qu'à Paris, où ils sont institué pour le service de l'entrepôt des vins; ils sont nommés par le ministre de l'agriculture et du commerce, sur la présentation du préfet de police. Ces courtiers servent d'intermédiaires dans l'entrepôt entre les vendeurs et les acheteurs; ils dégustent les boissons pour en indiquer fidèlement le cru et la qualité; ils servent, exclusivement à tous autres, d'experts en cas de contestation sur la qualité des vins, ou lorsque le destinataire allègue que des vins expédiés ont été altérés par le voiturier ou batelier.

SECTION V.

DES COMMIS, FACTEURS ET PRÉPOSÉS DES COMMERÇANTS.

Distinction des diverses espèces de préposés. — Le commerçant est obligé souvent de se faire suppléer par des auxiliaires, qui prennent le nom de commis, de facteurs, de caissiers; ils ont tous le caractère de préposés et de mandataires. Les actes qu'ils font engagent leur patron, mais eux-mêmes ne sont pas obligés; ils agissent au nom de celui qui les emploie, et non en leur nom personnel. Les commis ou préposés diffèrent des commissionnaires et des courtiers en ce qu'ils sont attachés exclusivement au service d'une personne, tandis que le commissionnaire ou le courtier se charge des intérêts de tous ceux qui s'adressent à lui. Disons quelques mots de ces diverses classes d'auxiliaires. On appelle ordinairement : facteur, un employé qui a reçu d'un manufacturier ou d'un négociant l'autorisation de le remplacer dans la direction d'un établissement. Le plus souvent le facteur représente le manufacturier ou le commerçant dans une ville autre que celle où il a son établissement principal. Le facteur a un mandat plus étendu que le commis ordinaire, il peut faire tous les actes qui sont nécessaires à l'administration dont il est chargé. Le commis, dans le sens exact du mot, est un employé qui, dans un établissement dirigé par le maître, remplace le négociant dans certaines parties du travail ; le commis tient les livres ou la caisse, est chargé du détail de la vente. Souvent, du reste, l'expression commis est prise dans un sens général, et désigne tous les préposés d'un commerçant.

Pouvoirs des commis. — La nature des occupations ordinaires du commis, les actes que son patron lui laisse faire ou lui prescrit, enfin les habitudes des négociants de la même profession servent à déterminer l'étendue des pouvoirs du commis. Voici quelques règles que l'usage a consacrées : le commis, chargé de vendre les marchandises qui se trouvent dans un magasin, peut en recevoir le prix, si les marchandises sont payées immédiatement et dans le magasin même ; mais il ne peut, en général, recevoir le paiement hors du magasin et au domicile de l'acheteur, qu'autant qu'il est porteur de la facture acquittée par le commerçant lui-même, ou de la marchandise qu'il livre en recevant le prix. Le commis préposé à la caisse, ou caissier, peut payer et recevoir les paiements pour son patron. Enfin les commis, quels qu'ils soient, ne peuvent signer de billets, de lettres de change pour le compte de leur patron, sans un mandat spécial.

Commis voyageurs. — Les commis dont nous venons de parler sont des commis sédentaires, attachés à un établissement ; il est d'autres commis qui sont chargés par le patron de représenter sa maison de commerce dans une autre ville, ce sont les commis voyageurs. L'étendue des pouvoirs du commis voyageur varie : tantôt il est autorisé seulement à recevoir des commandes qu'il transmet à son patron, tantôt il peut conclure des marchés qui lient le patron. En tout cas il ne peut s'écarter du genre d'affaires dont il est chargé ; ainsi le commis voyageur qui a reçu pouvoir de vendre ou d'acheter ne pourrait emprunter pour le compte de son patron. Il est très-important, afin d'éviter toute difficulté, que le patron du commis voyageur le munisse d'instructions précises, dans lesquelles ses pouvoirs seront déterminés. De leur côté, ceux qui traitent avec le commis voyageur doivent, s'ils sont prudents, exiger la justification de ces pouvoirs, afin d'éviter de faire avec lui des actes qu'il n'aurait pas le droit de faire et que le patron désavouerait.

CHAPITRE XI.

DES SOCIÉTÉS.

(Code de commerce, art. 18 à 64. Loi du 24 juillet 1867 sur les Sociétés.

SECTION Ire.

NOTIONS GÉNÉRALES.

Définition. — L'idée d'association est aussi ancienne que l'humanité : l'homme, sentant sa faiblesse, a compris qu'en s'unissant à d'autres il arriverait à des résultats qu'il ne pouvait atteindre seul. L'association appliquée aux affaires commerciales ou industrielles rend possible la création et le développement d'entreprises considérables, que les forces et les capitaux d'un seul individu ne suffiraient pas à soutenir. Prenons pour exemple les grandes compagnies de chemins de fer, dont le capital se chiffre par centaines de millions, comment une seule personne eût-elle pu tenter une œuvre pareille? Au contraire des capitaux nombreux, en se réunissant, sont arrivés à réaliser sans difficulté ces immenses entreprises.

La société est la forme juridique de l'association. On définit la société : un contrat par lequel deux ou plusieurs personnes conviennent de mettre quelque chose en commun, dans la vue de partager le bénéfice qui pourra en résulter.

Conditions essentielles du contrat de société ; apport; bénéfices à réaliser. — La société étant un contrat se forme par le consentement de tous les intéressés. Elle suppose deux conditions essentielles que la définition même indique, et qui sont : 1° un apport ; 2° l'intention de réaliser des bénéfices. En premier lieu, chacun des associés doit faire un apport, qui peut consister en une valeur quelconque appréciable en argent : ainsi, outre l'argent comptant, on peut mettre en société des marchandises, un fonds de commerce, un immeuble, etc. L'associé peut apporter son travail, ou son industrie qui est alors évaluée dans l'acte de société pour le partage des bénéfices. Mais la société serait nulle, si l'un de ses membres avait droit aux avantages qu'elle peut produire sans rien fournir en retour ; c'est ce qu'on appelle la *société léonine.*

La perspective de bénéfices à réaliser est la seconde condition fondamentale du contrat : cela ne veut pas dire que la société doit nécessairement réaliser des bénéfices ; malheureusement il peut très-bien arriver que la société ne procure pas de bénéfices, et même qu'elle occasionne une perte aux associés. Mais au moment où les associés contractent, ils ont en vue un profit pécuniaire à tirer des opérations de la société. Un exemple fera saisir plus complètement cette notion, et précisera la différence qui sépare la société de certains contrats auxquels on est tenté tout d'abord d'attribuer le même caractère. Ainsi, des propriétaires font une convention aux termes de laquelle, si l'un d'eux vient à éprouver une perte par suite d'un incendie, d'une grêle ou de tout autre accident analogue, il en sera indemnisé par les autres dans des proportions déterminées. Ce contrat, qu'on appelle assurance mutuelle, n'est pas une société proprement dite, car chacun de ceux qui y prennent part n'a pas l'intention de réaliser un bénéfice, mais seulement d'éviter un dommage.

Distinction des sociétés civiles et commerciales. — On reconnaît deux espèces de sociétés : les sociétés civiles et les sociétés commerciales ; la distinction se tire du but de la société et de la nature de ses opérations. Si les opérations en vue desquelles elle a été contractée sont commerciales, la société sera une société de commerce : telles sont les sociétés formées pour l'exploitation d'un fonds de commerce, d'une

entreprise de transports, d'une maison de banque. Au contraire
la société est une société civile si elle a pour objet une entreprise non commerciale : l'exploitation d'une mine par exemple. Les sociétés civiles sont régies par les dispositions du
Code civil; les sociétés commerciales, par la convention
des parties, par les règles spéciales du Code de commerce et
des lois subséquentes qui l'ont modifié, enfin, sur tous les
points non prévus par la convention ou par la loi commerciale,
par les principes généraux du droit civil.

Caractères généraux des sociétés commerciales. — Nous
devons noter les caractères distinctifs des sociétés commerciales, les seules dont nous ayons à nous occuper ici. La
société, considérée en elle-même, constitue une personne distincte des associés; c'est une personne juridique, car sa per-
sonnalité est le résultat d'une fiction, d'une création de la loi.
A ce titre, la société est propriétaire, créancière ou débitrice;
ses biens forment un patrimoine distinct de celui des associés;
tant que dure la société, les associés ne sont pas propriétaires
du fonds social, il appartient à cet être moral qui existe à
côté d'eux : la société. De même encore les biens de la société sont le gage spécial des créanciers sociaux, ils sont
affectés au paiement de ce qui leur est dû, et les créanciers
personnels des associés ne viennent pas en concours, pour se
partager leur valeur, avec les créanciers de la société. Les
sociétés commerciales, à raison du caractère de personna-
lité qui leur est attribué, ne peuvent se constituer qu'avec
certaines formes : il doit toujours y avoir un acte écrit constatant le contrat, et la formation de la société est soumise à
des formalités de publicité destinées à faire connaître son
existence aux tiers. La société une fois constituée rentre dans
la classe des commerçants : elle peut être poursuivie devant
les tribunaux de commerce pour les engagements qu'elle a
contractés, elle paie patente; si elle cesse ses paiements, elle
peut être déclarée en faillite ; enfin les contestations qui s'élèvent entre les associés sont de la compétence des tribunaux de
commerce.

SECTION II.

DES DIVERSES ESPÈCES DE SOCIÉTÉS COMMERCIALES.

Enumération des diverses espèces de sociétés. — Les sociétés commerciales peuvent avoir différents caractères : l'étendue des obligations des associés, les formes du contrat, le mode d'administration varient selon la nature de la société. Les sociétés sont ou des sociétés de personnes ou des associations de capitaux, ou bien encore elles combinent ces deux éléments, et sont à la fois des sociétés de personnes et des sociétés de capitaux. Dans certaines sociétés, les associés sont tenus personnellement de toutes les dettes sociales ; ils en répondent sur tous leurs biens, même sur ce qu'ils n'ont point apporté en société. Les sociétés dans lesquelles se rencontre exclusivement ce caractère s'appellent : sociétés en nom collectif. A l'inverse, dans d'autres sociétés appelées sociétés anonymes, tous les associés sont obligés seulement jusqu'à concurrence de ce qu'ils ont mis dans la société, ils ne peuvent perdre au-delà ; leur responsabilité est limitée. Les sociétés en commandite réunissent les deux espèces d'associés : certains associés sont tenus indéfiniment, sur tous leurs biens, d'autres jusqu'à concurrence seulement de leur apport. Selon le mode de division du capital social, on distingue la société en commandite simple ou par intérêt, et la société en commandite par actions. Pour compléter l'énumération, il faut ajouter : les sociétés, dites à capital variable, qui se distinguent par ce caractère, que leur capital peut s'augmenter par des versements successifs ou par l'accession d'associés nouveaux, et diminuer soit par la retraite de quelques-uns des associés, soit par la reprise d'une partie de l'apport ; enfin l'association en participation, souvent appelée opération de compte à demi, qui est relative à une ou plusieurs opérations de commerce, et qui a lieu pour les objets, dans les formes et aux conditions convenues entre les parties.

§ Ier. — SOCIÉTÉS EN NOM COLLECTIF.

Leur caractère; raison sociale. — La société en nom collectif est celle que contractent deux ou plusieurs personnes, et qui a pour objet de faire le commerce sous une raison sociale. La raison sociale ou raison de commerce est le nom de la société qu'il ne faut pas confondre avec l'enseigne ou la désignation du commerce de la société. La raison sociale n'est composée que du nom des associés : elle peut comprendre soit le nom de tous, soit le nom d'un ou de quelques-uns d'entre eux suivis de ces mots, *et compagnie;* ainsi : *Cosset et Marie, Pellerin fils et compagnie.* Les associés en nom collectif sont responsables personnellement et solidairement de tous les engagements contractés par la société : personnellement, c'est-à-dire que les créanciers sociaux peuvent poursuivre l'associé, non-seulement sur ce qu'il a mis en société, mais encore sur son patrimoine particulier; solidairement, c'est-à-dire que chacun des associés est tenu de payer le tout, que le créancier a le droit d'exiger la totalité de sa créance d'un seul des associés; la solidarité est avantageuse au créancier, puisque la solvabilité d'un seul assure son paiement intégral.

Forme obligatoire; publicité. — La société en nom collectif est établie par acte notarié ou sous seing privé; les clauses de l'acte que les tiers ont intérêt à connaître doivent être rendues publiques dans les formes que nous indiquerons plus loin.

Gestion de la société. — La société étant une personne juridique, il lui faut un représentant qui agisse pour elle et en son nom : ce représentant s'appelle gérant. Tantôt la gestion appartient à un ou à quelques-uns des associés, tantôt elle est commune à tous. Il est prudent, afin d'éviter les difficultés et les embarras qui résultent d'une gestion collective, de désigner l'associé gérant dans l'acte de société et de déterminer ses pouvoirs. L'associé gérant peut faire tous les actes rentrant dans les limites naturelles de l'administration, vendre les marchandises, recevoir des paiements, signer des factures ou des billets pour le compte de la société, pourvu qu'il agisse sans fraude; il peut confier tout ou partie de ses fonctions à des commis qui agiront sous sa responsabilité. Lorsqu'il n'y a pas de gérant spécialement désigné, tous les associés sont réputés s'être donné réciproquement le pouvoir d'administrer l'un pour l'autre. Les actes d'administration faits par chacun d'eux sont valables, sauf le droit qui appartient aux autres de s'y opposer.

Emploi de la raison sociale. — Lorsque le gérant prend au nom de la société un engagement, il le signe de la raison sociale qui est la signature de la société. L'emploi de cette signature indique que l'obligation a été contractée pour le compte et dans l'intérêt de la société. Le créancier, envers lequel le gérant a souscrit un engagement signé de la raison sociale, peut se faire payer d'abord sur les valeurs sociales, qui lui seront attribuées par préférence aux créanciers personnels de l'associé, et ensuite sur les biens particuliers des associés tenus personnellement et solidairement; mais lorsqu'il poursuit les associés sur leur patrimoine propre, il a à subir le concours de leurs autres créanciers.

Responsabilité du gérant. — Le gérant qui commet des fautes graves dans son administration est responsable envers ses coassociés, et peut être condamné envers eux à des dommages intérêts. En outre, bien que ses pouvoirs soient en principe irrévocables lorsqu'il est désigné par l'acte de société, il peut, s'il commet des abus, s'il administre mal, être destitué par une décision du tribunal de commerce.

§ II. — SOCIÉTÉS EN COMMANDITE SIMPLE.

Définition; commanditaires et commandités. — La société en commandite se forme entre une ou plusieurs personnes qui sont personnellement et solidairement responsables, et un ou plusieurs associés bailleurs de fonds tenus seulement jusqu'à concurrence de leur mise. Il y a donc dans la société en commandite deux classes d'associés : un ou plusieurs associés obligés personnellement et solidairement à raison des engagements de la société, qui sont purement et simplement des associés en nom collectif, on les appelle associés en nom ou commandités ; et d'autres associés qui ne sont responsables que jusqu'à concurrence de ce qu'ils ont apporté ou promis d'apporter à la société, on les nomme commanditaires. Le commanditaire prend dans les bénéfices la part qui lui est attribuée par l'acte de société, et, s'il y a perte, il ne la supporte pas sur ses biens personnels, mais seulement sur son apport. La commandite permet à ceux qui ne veulent pas faire le commerce en leur nom, qui craignent de s'exposer à une responsabilité illimitée comme celle de l'associé en nom collectif, de placer une partie de leur fortune dans une entreprise commerciale.

Raison sociale; gestion interdite aux commanditaires; conséquences de l'immixtion. — Il y a dans la société en commandite, comme dans la société en nom collectif, une raison sociale ; elle ne peut comprendre que le nom de l'associé ou des associés tenus personnellement ; le nom d'un commanditaire ne peut y figurer. Les sociétés en commandite se forment, comme les sociétés en nom collectif, par acte notarié ou sous seing privé ; elles sont soumises à des conditions de publicité identiques. La gestion de la société en commandite ne peut appartenir qu'à l'associé ou aux associés en nom, le commanditaire en est exclu. On a craint que le commanditaire, n'étant tenu que dans une limite restreinte des engagements sociaux, ne fût disposé, s'il était chargé de la gestion, à faire des opérations trop hasardeuses et de nature à compromettre les intérêts de la société. Pour que cette prohibition ne soit pas éludée, il est interdit au commanditaire de gérer, même en vertu d'une procuration qui lui serait donnée par le gérant. En cas de contravention, le commanditaire qui s'est immiscé dans la gestion est obligé sur tous ses biens et solidairement avec les associés en nom, pour les dettes et engagements qui dérivent des actes de gestion qu'il a faits. Il peut même, à raison du nombre et de la gravité de ces actes, être déclaré personnellement et solidairement responsable de tous les engagements de la société ou de quelques-uns seulement. Cette règle : que le commanditaire ne peut faire aucun acte de gestion, ne l'empêche pas d'être employé sous les ordres du gérant aux affaires de la société ; il peut tenir les livres, surveiller la fabrication dans une usine, il n'y a point là acte de gestion. Le caractère essentiel des actes de gestion est de mettre celui qui les fait en rapport direct avec les tiers comme représentant la société : ainsi des opérations de vente ou d'achat, des emprunts, des obligations contractées au nom de la société rentrent dans la classe des actes de gestion. Les avis donnés au gérant, les actes de contrôle sont permis à l'associé commanditaire, et n'engagent point sa responsabilité. Il peut, sans s'exposer aux conséquences graves qu'entraînent les actes de gestion, vérifier les livres ou la caisse, délibérer avec le gérant sur les intérêts de la société, l'éclairer par ses conseils.

§ III. — SOCIÉTÉS EN COMMANDITE PAR ACTIONS.

Division du capital ; différence entre l'action et l'intérêt. — Le capital de la société en commandite simple est divisé en parts d'intérêts ; on entend par là une part de l'actif social qui est ordinairement d'une quotité, un tiers, un quart, un dixième. Le droit qui résulte de l'intérêt ne peut être négocié : le commanditaire qui a un intérêt se trouve ainsi lié au sort de la société jusqu'à sa dissolution. Le capital de la société en commandite peut aussi être divisé en actions. L'action représente une somme fixe ; le capital social se compose d'un certain nombre de parts d'un chiffre déterminé, 100 francs, 500 francs, 1000 francs, 5000 francs. L'action a cet avantage considérable de pouvoir être cédée par des voies simples et rapides. L'actionnaire peut, lorsque les affaires de la société prospèrent, se retirer en vendant ses actions avec bénéfice, et disposer de ses fonds pour une autre entreprise.

Diverses formes d'actions. — L'action peut être nominative, au porteur ou à ordre : cette dernière forme est peu usitée. L'action est nominative, lorsque le titre indique le nom de l'actionnaire ; elle se transmet alors au moyen d'un transfert, ou déclaration de cession faite sur les registres de la société. L'action est au porteur, lorsque le titre ne désigne pas le nom du titulaire ; l'action au porteur peut être cédée de la main à la main, par la simple remise ou tradition. Enfin l'action est à ordre, lorsqu'après le nom du titulaire elle contient ces mots : ou à son ordre ; elle est alors négociable par un endossement, ou mention mise au dos du titre, et contenant le nom du cessionnaire.

Il faut appliquer en général à la société en commandite par actions les principes ordinaires de la société en commandite : ainsi elle est administrée par un ou plusieurs gérants obligés personnellement, et dont le nom figure dans la raison sociale ; les actionnaires ne sont tenus que jusqu'à concurrence du montant de leur action, ils ne peuvent s'immiscer dans la gestion, à peine d'être déclarés personnellement responsables.

Législation spéciale sur les sociétés en commandite par actions. — Les avantages que présente cette espèce de société ont attiré vers elle les capitaux : la commandite par actions a pris un grand développement, elle a permis de réaliser des entreprises importantes et utiles, mais en même temps elle a engendré des abus et des fraudes qui ont rendu nécessaire une législation particulière. Une première loi avait été faite sur cette matière en 1856 : elle a été modifiée par une loi qui porte la date du 24 Juillet 1867. Le point de départ de cette loi est une pensée libérale : le législateur a voulu faire disparaître certaines dispositions que la pratique commerciale avait signalées comme trop restrictives ou trop sévères, en ne conservant que les règles indispensables pour protéger les actionnaires et les tiers.

Constitution de la société ; souscription du capital social et versement du quart. — La constitution de la société en commandite par actions est subordonnée à des conditions rigoureuses. Il faut, en premier lieu, que le capital social soit entièrement souscrit. On dit que le capital social est entièrement souscrit lorsque toutes les actions sont placées. Supposons une société au capital de deux cent mille francs divisé en actions de deux cents francs, le capital social sera souscrit lorsque différentes personnes se seront partagé les mille actions qui le composent, en s'obligeant à en payer le montant. La souscription du capital social qui crée l'engagement de l'actionnaire ne suffit pas, il faut encore que chaque actionnaire ait versé le quart au moins du montant des actions par lui souscrites. Ainsi, dans l'exemple que nous prenions tout à l'heure, il faudra que chaque actionnaire ait versé au moins cinquante francs sur l'action ou sur chacune des actions par lui souscrites. On voit que la société ne peut être constituée avant que le quart au moins de son capital soit dans la caisse sociale, et que pour le surplus il y ait souscription, ou engagement des actionnaires de verser le complément. La souscription et le versement sont constatés par une déclaration du gérant dans un acte notarié. On doit annexer à cette déclaration la liste des souscripteurs, l'état des versements effectués, avec un des doubles de l'acte de société, s'il est sous seing privé, ou une expédition, s'il est notarié et qu'il ait été passé devant un notaire autre que celui qui reçoit la déclaration. L'acte de société, lorsqu'il est sous seing privé, peut être fait en deux originaux seulement, quel que soit le nombre des associés : l'un des doubles reste au siége social, l'autre est annexé à la déclaration du gérant. Le but des dispositions qui exigent ainsi la souscription du capital social tout entier et le versement du quart est d'empêcher que la société ne se présente aux tiers comme existante, alors qu'elle n'a pas ses éléments complets, que son capital n'est pas formé, et qu'elle n'a pas réalisé des fonds suffisants pour pouvoir utilement fonctionner. L'inobservation des conditions prescrites entraîne la nullité de la société.

Chiffre et forme des actions; responsabilité des souscripteurs. — Un autre ordre de dispositions se rapporte au taux et à la forme des actions. Avant la loi de 1856, des sociétés s'étaient formées avec un capital divisé en actions d'un chiffre très-minime; on avait vu des actions de vingt-cinq francs, de dix francs, de cinq francs même. Il y avait là un inconvénient : ces actions d'un chiffre si peu élevé tentaient les petits capitalistes, appartenant aux classes les moins éclairées, gens crédules et incapables de se défendre contre les séductions et les mensonges d'un gérant malhonnête ; le taux trop minime des actions se présentait comme un moyen de faire des dupes. Aujourd'hui le montant des actions ne peut être inférieur à cent francs, lorsque le capital social n'excède pas deux cent mille francs ; à cinq cents francs, s'il dépasse ce chiffre. Dès que le quart du montant de l'action a été versé, cette action devient négociable, mais seulement comme action nominative, et au moyen d'un transfert porté sur les registres de la société. En principe, l'action reste nominative jusqu'à ce qu'elle soit entièrement libérée, c'est-à-dire que la somme qu'elle représente ait été versée en totalité : ainsi une action de cinq cents francs est libérée lorsque 'actionnaire a versé cinq cents francs. Les statuts peuvent néanmoins stipuler que les actions, lorsqu'elles auront été libérées de moitié seulement, de 250 francs par exemple, s'il s'agit d'une action de 500 francs, pourront, par une délibération de l'assemblée générale des actionnaires, être converties en actions au porteur, transmissibles de la main à la main, par la simple tradition. Dans tous les cas, que l'action devienne au porteur, ou qu'elle reste nominative jusqu'à son entière libération, le souscripteur primitif qui cède son action reste tenu pendant deux ans au paiement du montant de l'action ou des actions par lui souscrites. Les règles relatives au chiffre et à la forme des actions sont également prescrites à peine de nullité de la société.

Vérification des apports et des avantages particuliers. — Un abus souvent signalé dans les sociétés en commandite par actions était la valeur excessive que donnaient les fondateurs aux apports qui ne consistaient pas en argent, tels qu'un immeuble ; un brevet d'invention, une exploitation industrielle, et aussi dans les avantages énormes et non justifiés que s'attribuaient certains associés. Ce cas est prévu et réglé de la manière suivante : lorsqu'un associé fait dans la société un apport qui ne consiste pas en numéraire, ou stipule des avantages particuliers à son profit, une première assemblée générale des actionnaires est réunie ; elle nomme des commissaires pour apprécier la valeur de l'apport ou la cause des avantages stipulés. Ces commissaires peuvent être ou des actionnaires, ou des personnes étrangères à la société. Lorsque le travail de vérification est terminé, une seconde assemblée générale est convoquée pour entendre le rapport des commissaires, et statuer sur ses conclusions. Les délibérations dans ces assemblées générales sont prises à la majorité, et cette majorité doit comprendre à la fois le quart des actionnaires et le quart du capital social en numéraire. L'associé qui fait l'apport ou au profit duquel l'avantage est stipulé n'a pas voix délibérative dans l'assemblée. La société n'est définitivement constituée qu'après l'approbation donnée par la seconde assemblée à la valeur de l'apport ou aux avantages stipulés; à défaut d'approbation, la société n'est pas constituée, le contrat reste sans effet.

Conseil de surveillance. — Dans les sociétés en nom collectif et les sociétés en commandite simple, où le personnel des associés est restreint et l'intérêt de chacun relativement considérable, la surveillance des actes du gérant s'exerce naturellement par chacun des coassociés. Dans les sociétés en commandite par actions, dont les membres peuvent être très-nombreux, et représenter chacun une part d'intérêt peu importante, un contrôle individuel eût été impossible et sans résultat. Le propriétaire d'une, deux, trois actions est évidemment dans l'impuissance d'exercer à lui seul une action efficace sur le gérant. De là l'institution du conseil de surveillance, placé à côté du gérant pour contrôler ses actes dans l'intérêt commun. Dans toute société en commandite par actions, il doit y avoir un conseil de surveillance qui est composé de trois actionnaires au moins. Il est nommé par l'assemblée générale des actionnaires, aussitôt après la constitution définitive de la société, et avant toute opération sociale. Les statuts déterminent l'époque et les conditions de réélection du conseil; le premier conseil ne reste en fonctions qu'un an. La société serait nulle à défaut de nomination d'un conseil de surveillance.

Ses attributions. — Voici quelles sont les attributions du conseil de surveillance : il vérifie les livres, la caisse, le portefeuille et les valeurs de la société ; il fait chaque année à l'assemblée générale un rapport, dans lequel il doit signaler les irrégularités et les inexactitudes qu'il a reconnues dans les inventaires, et constate, s'il y a lieu, les motifs qui s'opposent aux distributions de dividendes proposées par le gérant. On appelle *dividendes* les sommes prises sur les bénéfices, et réparties entre les actionnaires ; le dividende est le produit de l'action. Des peines sévères atteignent les distributions de dividendes fictifs, c'est-à-dire qui ne consistent pas en bénéfices réalisés, mais sont pris sur le capital. Le conseil de surveillance a une autre attribution : il peut, lorsque l'état des affaires de la société nécessite cette mesure extrême, convoquer l'assemblée générale des actionnaires, et, conformément à son avis, provoquer la dissolution de la société. Le premier conseil nommé doit, immédiatement après être entré en fonctions, vérifier si les dispositions relatives à la constitution de la société, à la forme et au chiffre des actions, à la vérification des apports et des avantages particuliers ont été observées.

Responsabilité des membres du conseil de surveillance. — Les membres du premier conseil de surveillance peuvent être déclarés responsables avec le gérant du dommage résultant pour la société ou pour les tiers de la nullité prononcée pour infraction aux dispositions de la loi. Les actionnaires qui composent le conseil de surveillance sont les représentants, les mandataires de tous les actionnaires, et, comme tels, responsables lorsqu'ils commettent des fautes graves dans l'accomplissement de leur mission.

Indépendamment du contrôle qui s'exerce ainsi d'une manière permanente par le conseil de surveillance, les actionnaires sont mis à même de s'éclairer individuellement sur la situation de la société : quinze jours au moins avant la réunion de l'assemblée générale, chaque actionnaire peut prendre, par lui-même ou par un fondé de pouvoir, communication, au siége de la société, du bilan, des inventaires et du rapport des membres du conseil de surveillance.

Dispositions pénales. — Des dipositions pénales viennent assurer l'exécution de la loi. Une amende, et même dans certains cas un emprisonnement peuvent être prononcés par les tribunaux correctionnels contre ceux qui émettent des actions dont le chiffre ou la forme ne sont pas conformes aux règles énoncées plus haut, contre ceux qui négocient ces actions, contre ceux qui par la publication faite de mauvaise foi de faits faux, par la simulation de souscriptions ou de versements ont trompé le public en vue d'obtenir des souscriptions, contre le gérant qui commence les opérations sociales avant l'entrée en fonctions du conseil de surveillance, ou qui opère entre les actionnaires, sans qu'il y ait eu d'inventaire ou au moyen d'inventaires frauduleux, des distributions de dividendes fictifs. Sont également punis d'une amende et d'un emprisonnement ceux qui, en se présentant comme propriétaires d'actions qui ne leur appartenaient pas, ont créé frauduleusement une majorité factice dans les assemblées générales, et ceux qui ont prêté leurs actions pour en faire cet usage frauduleux.

Action en répétition à raison des dividendes qui n'étaient pas réellement acquis. — Terminons en indiquant deux dispositions importantes qui complètent l'ensemble des règles relatives aux sociétés en commandite par actions. La première résout la question suivante : lorsqu'une société fait de mauvaises affaires, les actionnaires peuvent-ils être tenus de restituer les dividendes qu'ils ont reçus, s'il est établi qu'il n'y avait pas de bénéfices lorsque le dividende a été distribué, et qu'il a été pris sur le capital ? Cette question avait été diversement résolue par les décisions judiciaires ; elle est tranchée par la loi nouvelle : les actionnaires ne sont tenus à la restitution, que s'ils ont reçu le dividende, sans qu'il y eût d'inventaire, ou alors que l'inventaire accusait une situation qui ne permettait pas de distribuer de dividende. Les actionnaires sont tenus de restituer, parce qu'en pareil cas, ou ils ont été de mauvaise foi, ou ils ont tout au moins commis une faute grave, en consentant à recevoir ce dividende. Cette responsabilité est limitée à un délai assez court : l'action en répétition ne peut plus être exercée, lorsqu'il s'est écoulé cinq ans depuis le jour fixé pour la distribution du dividende.

Commissaires des actionnaires. — La seconde disposition permet aux actionnaires de se réunir et, lorsqu'ils représentent un vingtième au moins du capital social, de charger, à leurs frais, un ou plusieurs mandataires ou commissaires de les représenter en justice, et de plaider en leur nom contre le gérant ou le conseil de surveillance. Cette action collective est indépendante de l'action individuelle qui peut être exercée par chaque actionnaire en son nom personnel.

§ IV. — SOCIÉTÉS ANONYMES.

Caractère de ces sociétés. — La société en commandite, même par actions, a toujours le double caractère de société de personnes et d'association de capitaux : il y a un ou plusieurs associés tenus personnellement, et des commanditaires tenus seulement jusqu'à concurrence de leurs mises. La société anonyme est exclusivement une association de capitaux : aucun des associés ne figure en nom dans la société, d'où le nom de société anonyme. La société est ordinairement désignée par l'objet de son entreprise : *compagnie du chemin de fer du Nord, société du Crédit Foncier, compagnie d'Assurances Générales.* Le capital de la société anonyme est toujours divisé en actions : tous les associés ou actionnaires ne sont tenus que jusqu'à concurrence du montant de leur action. L'absence d'associés tenus personnellement et indéfiniment est le carctère essentiel et distinctif de la société anonyme. Cette forme de société convient aux grandes entreprises qui font appel à des capitaux considérables, et dans lesquelles, à raison de l'importance des opérations, la responsabilité personnelle n'eût pas été possible. C'est sous la forme anonyme que sont constituées les grandes compagnies de chemins de fer, la Banque de France, la société du Crédit Foncier.

L'autorisation du gouvernement n'est plus nécessaire pour ces sociétés ; loi du 24 juillet 1867. — D'après le Code de commerce, la société anonyme ne pouvait se constituer qu'en vertu d'une autorisation du gouvernement, donnée par un décret rendu sur l'avis du conseil d'État, et après examen des conditions d'existence de la société et de ses statuts ; en outre la société anonyme ne pouvait se former que par acte notarié. Une première modification à ces principes avait été apportée par une loi du 23 mai 1863 qui permettait de former, sans l'autorisation du gouvernement, des sociétés dans lesquelles aucun des associés n'était tenu au-delà de son apport. Ces sociétés, dites *sociétés à responsabilité limitée*, ne pouvaient comprendre un capital excédant vingt millions. La loi de 1867 a fait un pas de plus dans le sens de la liberté : elle supprime d'une manière générale la nécessité de l'autorisation du gouvernement pour les sociétés anonymes, qui peuvent désormais se constituer, comme les sociétés en nom collectif ou en commandite, par le seul consentement des parties. La loi de 1863 sur les sociétés à responsabilité limitée est abrogée ; ces sociétés en effet n'ont plus leur raison d'être, puisque l'anonymat ne suppose plus la formalité de l'autorisation. Les sociétés anonymes peuvent, dans tous les cas, se former par acte sous seing privé ; un acte notarié n'est plus nécessaire. Sauf ces modifications, les principes essentiels du Code de commerce sur les sociétés anonymes sont conservés : les associés ne sont passibles que de la perte de leur mise ; il n'y a pas de raison sociale contenant le nom d'un ou de quelques-uns des associés ; le capital social est toujours divisé en actions, qui sont nominatives ou au porteur, suivant que les statuts ou les dispositions de la loi autorisent l'une ou l'autre forme. Enfin les administrateurs, à la différence des gérants de la société en commandite, ne sont que des mandataires, agissant au nom de la société, et ne se trouvent pas personnellement obligés par les actes qu'ils font pour la société. A ces principes généraux la loi de 1867 ajoute certaines prescriptions, qui ont pour but de donner aux actionnaires et aux tiers des garanties analogues à celles que présentait, sous le régime de l'autorisation, l'examen par le conseil d'État des statuts de chaque société anonyme.

Constitution de la société anonyme. — La constitution de la société anonyme est subordonnée aux mêmes conditions que celle de la société en commandite par actions. Elle ne peut fonctionner qu'autant que le capital social est entièrement souscrit, et que le quart au moins du montant des actions est versé; cette souscription et ce versement sont constatés par une déclaration notariée faite par les fondateurs, déclaration qui est soumise à la première assemblée générale pour en vérifier la sincérité. Les actions ne peuvent être d'un chiffre inférieur à cent francs ou à cinq cents francs, selon que le capital social excède ou n'excède pas deux cent mille francs. Les conditions pour que les actions puissent être négociées ou devenir au porteur sont identiques; enfin les mêmes formes doivent être suivies pour la vérification des apports qui ne consistent pas en numéraire et des avantages particuliers stipulés au profit de certains associés. Il faut ajouter que la société anonyme ne peut se constituer si le nombre des associés est inférieur à sept; la dissolution de la société peut être prononcée, à la demande de toute personne intéressée, lorsqu'il s'est écoulé un an depuis que le nombre des associés est réduit au-dessous du chiffre de sept.

Organisation de la société anonyme; administrateurs. — L'administration de la société anonyme comprend trois éléments : les administrateurs, l'assemblée générale des actionnaires et les commissaires. Aux administrateurs appartient la gestion des affaires de la société; ils la représentent dans les actes où elle est intéressée, dans les procès qu'elle a à soutenir. Leur qualité de mandataires fait qu'ils ne sont pas tenus personnellement, et qu'ils obligent seulement la société par les actes dans lesquels ils figurent. Les administrateurs sont révocables, reçoivent un traitement et doivent être pris parmi les associés. Ils peuvent choisir parmi eux un directeur qui sera chargé de faire certains actes, de suivre le détail de l'administration; ils peuvent même se substituer, si les statuts le permettent, un mandataire étranger à la société, et, dans ce cas, ils répondent des actes de celui qu'ils se sont ainsi substitué.

Responsabilité des administrateurs. — Les administrateurs sont responsables des infractions aux dispositions de la loi, notamment de la nullité de la société, des actes ou délibérations, lorsque cette nullité a été encourue pendant qu'ils étaient en fonctions ; ils sont responsables aussi des fautes graves qu'ils commettent dans l'exercice de leur mandat, par exemple, lorsqu'ils distribuent ou laissent distribuer des dividendes fictifs. Dans ces circonstances, les administrateurs peuvent être condamnés à des dommages intérêts envers ceux auxquels la nullité de la société ou la faute qu'ils ont commise cause un préjudice. Les administrateurs sont tenus, en cas de perte des trois quarts du capital social, de provoquer la réunion de l'assemblée générale de tous les actionnaires, à l'effet de statuer sur la question de dissolution de la société. Il leur est interdit d'avoir un intérêt dans une entreprise ou un marché fait avec la société ou pour son compte, à moins d'y être autorisés par l'assemblée générale. Comme garantie de leur gestion collective, les administrateurs doivent être propriétaires d'un nombre d'actions déterminé par les statuts ; ces actions sont nominatives, elles ne peuvent être aliénées par leurs propriétaires, et restent déposées dans la caisse sociale.

Nomination des administrateurs. — Les administrateurs sont nommés par l'assemblée générale ; la durée de leur mandat ne peut dépasser six ans, ils sont rééligibles, sauf disposition contraire des statuts ; le procès-verbal de la séance constate leur acceptation. La société ne peut être constituée qu'après la nomination des premiers administrateurs et leur acceptation. Les premiers administrateurs peuvent être désignés par les statuts, avec stipulation expresse que leur nomination ne sera pas soumise à l'assemblée générale ; en ce cas leurs fonctions ne peuvent durer plus de trois ans.

Assemblée générale. — L'assemblée générale des actionnaires est le second élément que nous rencontrons dans l'administration de la société anonyme. Dès que les conditions nécessaires à la constitution de la société sont remplies, une première assemblée générale est réunie pour vérifier la sincérité des déclarations des fondateurs et des pièces qu'ils produisent : cette première assemblée nomme les premiers administrateurs et commissaires. Il y a au moins chaque année une assemblée générale. Les statuts déterminent le chiffre d'actions nécessaire pour en faire partie, et le nombre de voix appartenant à chaque actionnaire eu égard au nombre de ses actions. Les délibérations sont prises à la majorité des voix, et l'assemblée doit être composée d'un nombre de membres représentant le quart au moins des actionnaires. Si ce nombre n'est pas réuni, une nouvelle assemblée est convoquée, et elle délibère valablement, quelle que soit la portion du capital représentée par les actionnaires présents. Telles sont les règles ordinaires. Elles reçoivent certaines exceptions : les assemblées générales qui ont pour objet la vérification des apports, la nomination des premiers administrateurs et commissaires, sont nécessairement composées de tous les actionnaires, sans distinction quant au chiffre des actions qu'ils possèdent ; elles doivent comprendre, pour pouvoir prendre une décision définitive, un nombre d'actions représentant la moitié du capital social. Si ce chiffre n'est pas atteint, la délibération de l'assemblée n'est que provisoire, une nouvelle assemblée est convoquée, et les résolutions provisoires adoptées par la première deviennent définitives, si elles sont approuvées par la seconde assemblée composée d'un nombre d'actionnaires représentant au moins le cinquième du capital social. Les assemblées générales appelées à délibérer sur des modifications aux statuts, sur la proposition de continuation de la société au-delà du terme fixé pour sa durée ou de dissolution anticipée, doivent réunir un nombre d'actionnaires représentant la moitié au moins du capital social. Les décisions prises par la majorité dans une assemblée générale régulièrement constituée sont obligatoires pour tous les actionnaires.

Il fallait donner aux actionnaires le moyen de s'éclairer sur la situation de la société avant l'assemblée générale ; à cet effet ils sont autorisés, quinze jours au moins avant la réunion, à prendre communication de l'inventaire et de la liste des actionnaires, à se faire délivrer une copie du bilan résumant l'inventaire et du rapport des commissaires.

Commissaires. — Il nous reste à parler des commissaires, qui ont dans la société anonyme une mission de contrôle analogue à celle du conseil de surveillance dans la société en commandite par actions. L'assemblée générale annuelle nomme un ou plusieurs commissaires, associés ou non; ils sont chargés de faire à l'assemblée générale de l'année suivante un rapport sur la situation de la société, sur le bilan et les comptes présentés par les administrateurs. La délibération approuvant le bilan et les comptes serait nulle, si elle n'avait été précédée du rapport des commissaires. Pendant le trimestre qui précède l'assemblée générale, les commissaires peuvent prendre communication des livres, et examiner les opérations de la société; ils peuvent toujours, en cas d'urgence, convoquer l'assemblée générale. Les commissaires sont responsables des fautes qu'ils commettent dans l'accomplissement de leur mandat.

Fonds de réserve; états de situation. — Cet ensemble de garanties est complété : 1° par la création d'un fonds de réserve constitué par le prélèvement d'un vingtième au moins sur les bénéfices nets; ce prélèvement cesse d'être obligatoire, lorsque le fonds de réserve a atteint le dixième du capital social; 2° par l'obligation imposée à la société de dresser chaque semestre un état de sa situation active et passive. Il est en outre établi chaque année un inventaire. Toutes ces pièces, état de situation, inventaire, bilan, compte des profits et pertes, sont remises aux commissaires quarante jours au moins avant l'assemblée générale, et sont présentées à cette assemblée.

Sanctions pénales. — Il faut recourir, quant à la sanction de ces dispositions, à ce que nous avons dit à propos des sociétés en commandite par actions. L'irrégularité de la constitution de la société en entraîne la nullité. Les mêmes faits délictueux sont prévus et punis des mêmes peines : notamment les administrateurs peuvent être poursuivis devant le tribunal correctionnel, lorsqu'ils ont distribué des dividendes fictifs, alors qu'il n'y avait pas d'inventaire ou au moyen d'inventaires frauduleux. La répétition des dividendes payés aux actionnaires n'est possible que s'ils ont été distribués en l'absence d'inventaire ou contrairement aux résultats de l'inventaire. L'action en répétition se prescrit par cinq ans à compter du jour où les dividendes ont dû être payés.

Nous devons ajouter ici quelques notions sur les obligations créées par les sociétés anonymes, sur l'impôt qui frappe les actions et obligations, enfin sur les sociétés anonymes étrangères.

Obligations émises par les sociétés anonymes. — Certaines sociétés anonymes, en particulier les compagnies de chemins de fer, émettent des obligations ; cette opération est purement et simplement un emprunt. L'obligation diffère complétement de l'action ; l'actionnaire est un associé, le porteur d'obligations est un créancier. De là plusieurs conséquences : si la société fait de mauvaises affaires, les porteurs d'obligations sont payés, comme les autres créanciers, sur le fonds social qui a été fourni par les actionnaires, et, si le fonds social est épuisé par les dettes, il ne reste rien aux actionnaires. L'actionnaire a droit à un dividende qui représente une part dans les bénéfices, et est plus ou moins élevé, selon la prospérité plus ou moins grande de la société ; le dividende peut représenter huit, dix pour cent, ou même davantage. Le porteur d'obligations, au contraire, n'a droit qu'à un intérêt fixe, invariable, de trois, quatre, cinq, six pour cent, selon les conditions de l'emprunt. On voit par là que, si l'actionnaire peut réaliser un plus gros bénéfice, il court aussi plus de risques que le porteur d'obligations : la plupart des obligations émises par les compagnies de chemins de fer ont cet avantage d'être remboursées, dans un délai déterminé, pour un chiffre plus élevé que celui pour lequel elles ont été souscrites. Ainsi des obligations émises à 290 ou 300 francs sont remboursables à 500 francs.

Droit de timbre et droit de transmission perçus sur les actions et obligations. — Les actions et obligations donnent lieu à la perception au profit du Trésor d'un double impôt : droit de timbre et droit de transmission. Le droit de timbre est proportionnel à l'importance du capital social ; il est ordinairement acquitté par les compagnies au moyen du paiement d'un droit annuel ; c'est ce qu'on appelle *l'abonnement.* Le droit de transmission est un droit payé lorsque les titres changent de propriétaire par succession, donation ou vente. Pour les titres nominatifs, le droit est perçu lors de la transmission : il est de 50 centimes pour cent francs de la valeur négociée. Quant aux titres au porteur dont rien ne constate la transmission, la perception eût été impossible dans les mêmes conditions ; pour ces titres, le droit consiste dans une taxe annuelle qui est prélevée sur le revenu de l'action ou de l'obligation ; elle est de quinze centimes par cent francs du capital de l'action ou de l'obligation.

Sociétés anonymes étrangères. — La société anonyme n'existant d'après le Code de commerce que par l'autorisation du gouvernement, on s'était demandé si les sociétés anonymes étrangères pouvaient avoir en France une existence légale, exercer leurs droits, et plaider devant les tribunaux français. La question a été tranchée, pour les sociétés anonymes constituées en Belgique avec une autorisation du gouvernement belge, par une loi du 30 mai 1857. Ces sociétés, lorsqu'elles ont une existence régulière en Belgique, peuvent exercer leurs droits et plaider en France en se conformant aux lois du pays. Le même bénéfice peut être étendu, par un décret rendu en conseil d'État, aux sociétés établies dans d'autres pays. Le gouvernement a usé à plusieurs reprises de cette faculté, notamment pour les sociétés anonymes établies en Suisse, en Russie, en Turquie, en Italie.

Règles particulières aux tontines et aux sociétés d'assurances sur la vie. — Si les sociétés anonymes sont aujourd'hui dispensées de l'autorisation du gouvernement, cette autorisation reste nécessaire pour certaines sociétés, non plus à raison de leur forme, mais à cause de la nature de leurs opérations ; ce sont les tontines et les sociétés d'assurances sur la vie.

On appelle tontines, des associations dans lesquelles plu-

sieurs individus mettent en commun des capitaux destinés à
être répartis entre les seuls survivants, à une époque déterminée, et au prorata des mises de chacun d'eux. Les sociétés
d'assurances sur la vie font diverses opérations, qui sont
toutes basées sur les chances de durée que présente la vie humaine à ses différentes périodes. Le type le plus simple de
ces opérations est l'assurance en cas de mort. Moyennant
une prime annuelle, qui est calculée eu égard à l'âge d'a-
près des tables de mortalité, une compagnie d'assurances
s'oblige à payer à la mort de l'assuré une certaine somme
à ses héritiers ou à un tiers qu'il désigne. Les motifs
qui ont fait soumettre les tontines à l'autorisation du gouvernement sont résumés en ces termes dans un avis du conseil d'État de 1809 : « Une association de cette nature, y
est-il dit, sort évidemment de la classe commune des transactions entre citoyens. La nature de ces établissements
qui ne permet aux associés aucun moyen efficace et réel
de surveillance, leur durée toujours inconnue et qui peut
se prolonger pendant un siècle, la foule de personnes
de tout sexe, de tout âge qui y prennent des intérêts, le
mode dont ces associations se forment, les chances sur lesquelles repose la combinaison, et que ne peuvent guère apprécier les petits capitaux appelés à y prendre part, tout cela
exclut une liberté qui pourrait trop facilement être dange-
reuse. » Les mêmes motifs s'appliquent aux sociétés d'assurances sur la vie et ont fait réserver pour elles comme pour
les tontines la nécessité de l'autorisation, qui est donnée par
un décret impérial rendu en conseil d'État. Les opérations
des tontines sont en outre soumises à une surveillance sévère
qui s'exerce par une commission spéciale, sous l'autorité du
ministre de l'agriculture, du commerce et des travaux publics.

**Sociétés d'assurances autres que les assurances sur la
vie.** — Les sociétés d'assurances, autres que les assurances
sur la vie, celles qui ont pour objet les assurances maritimes, les assurances contre l'incendie, contre la grêle, peuvent se constituer en la forme anonyme sans autorisation.
Toutefois, un règlement d'administration publique, annoncé

par la loi de 1867, a déterminé les conditions auxquelles elles sont soumises.

§ V. — SOCIÉTÉS A CAPITAL VARIABLE.

Intérêt qui s'attache aux sociétés coopératives ; leurs principales formes. — Les sociétés dont le nom juridique est, d'après la loi de 1867, sociétés à capital variable, sont plus connues sous le nom de sociétés coopératives. Ces sociétés méritent l'attention et la sympathie de tous ceux qui s'intéressent au progrès et à l'amélioration du sort des classes ouvrières. Elles permettent en effet à l'ouvrier d'augmenter son bien-être, en se procurant à meilleur marché les objets de première nécessité ; elles rendent son travail plus productif ; elles développent chez lui les habitudes d'ordre et d'épargne. Les sociétés coopératives ont jusqu'à présent revêtu trois formes principales ; on distingue les *sociétés de consommation,* es *sociétés de crédit mutuel* et les *sociétés de production.* La société de consommation a pour but l'achat en gros d'objets de consommation journalière ou de matières premières, qu'elle revend ensuite en détail aux associés, qui profitent ainsi de la suppression des intermédiaires, et d'une partie des avantages que présente l'achat en gros, au point de vue de la qualité et du bon marché . La plupart des sociétés de consommation qui se sont formées vendent aussi à des tiers, et, par les bénéfices qu'elles réalisent, offrent à l'ouvrier un placement avantageux de ses économies. Les sociétés de crédit mutuel constituent d'abord pour les associés une sorte de caisse d'épargne qu'ils administrent aux-mêmes, mais ce n'est là que leur côté accessoire, leur utilité principale se présente lorsqu'elles font aux sociétaires des avances contre un billet signé d'eux ; elles procurent ainsi du crédit aux petits commerçants et aux ouvriers qui ne pourraient en trouver ailleurs. Ces sociétés ont pris en Allemagne un grand développement ; elle y sont connues sous le nom de banques populaires : on en compte plus de neuf cents dans les diverses parties du territoire allemand. Nous trouvons enfin des sociétés de production qui consistent dans l'association de plusieurs ouvriers, mettant en commun leur travail et les bénéfices qui en résultent, et devenant ainsi entrepreneurs. Il est facile d'apercevoir l'utilité de la société de production : l'ouvrier, par ce moyen, au lieu d'avoir droit seulement à un salaire journalier, y joint une partie des bénéfices que peut procurer l'entreprise. Indépendamment de ces formes principales, il faut encore mentionner les sociétés qui se sont formées pour la construction de maisons pour les associés; c'est là aussi une application importante et utile de la coopération.

Caractère distinctif de ces sociétés ; variabilité du capital. — La loi de 1867 a évité d'employer l'expression de sociétés coopératives, et de tenter une définition de ces associations. Elle a craint, si elle les définissait, de limiter ainsi leur développement, en laissant en dehors de ses dispositions des formes nouvelles qui viendraient à se produire. Le caractère distinctif de ces sociétés, au point de vue de la loi actuelle, réside dans l'augmentation de leur capital par les versements successifs que font les associés ou par l'accession d'associés nouveaux; et la diminution de ce capital par la retraite d'associés qui abandonnent la société ou par la reprise de tout ou partie des sommes versées par certains associés. Cette faculté de modification du personnel et du capital social, qui est de la nature même de ces sociétés, leur a fait donner le nom de : *société à capital variable.*

Difficultés que rencontraient ces associations avant la loi de 1867. — Ces associations trouvaient, sous l'empire de la législation antérieure, certaines difficultés à se constituer. D'abord le principe général en matière de société est que les associés ne peuvent, sans une liquidation, se retirer de la société ou reprendre ce qu'ils ont apporté. Or, pour ce genre de sociétés, il est indispensable que celui qui y entre puisse s'en retirer à sa volonté, ou même, en cas de besoin, reprendre une partie des sommes qu'il a versées. En admettant que le droit de se retirer ou de reprendre son apport pût être valablement stipulé, il eût fallu, à chaque modification du personnel ou du capital de la société, une publication qui entraînait des difficultés et des frais. « Il fallait donc, pour employer les expressions du rapporteur de la commission au Corps législatif, une loi qui permît aux associés, sans porter atteinte aux garanties dues aux tiers, d'entrer dans la société, et d'en sortir, d'y apporter leurs épargnes, et de les en retirer le jour où ils voudraient chercher fortune ailleurs. » On signalait aussi, lorsque la société se constituait par actions, le chiffre élevé qui était déterminé dans les sociétés ordinaires comme minimum des actions. Des actions, qui ne pouvaient être moindres de cent francs, et sur lesquelles il fallait verser, en constituant la société, le quart au moins, soit vingt-cinq francs, n'étaient pas à la portée d'ouvriers disposant d'épargnes peu considérables et réalisées au jour le jour. Voici comment ces obstacles ont été écartés par la loi de 1867.

Faculté générale de stipuler la variabilité du capital. — Dans toute société, il peut être stipulé que le capital social sera susceptible d'augmentation par des versements successifs ou l'admission d'associés nouveaux et de diminution par la reprise totale ou partielle des apports. Ces modifications sont dispensées de la publicité qui est exigée en général pour tout changement dans les conditions d'existence de la société.

La société à capital variable est administrée conformément aux règles ordinaires et suivant la forme adoptée : société en nom collectif, en commandite ou anonyme. Elle est dans tous les cas valablement représentée en justice par ses administrateurs ; enfin elle n'est pas dissoute par la mort, la retraite, l'interdiction, la faillite ou la déconfiture de l'un des associés, elle continue de plein droit entre les associés survivants.

Lorsque la société à capital variable prend la forme de société par actions, société en commandite par actions ou société anonyme, elle se trouve soumise à certaines règles particulières qui ont trait : 1° au chiffre du capital ; 2° à la forme et au chiffre des actions ; 3° à la faculté de reprise des apports et à la retraite des associés.

Limitation du chiffre du capital social. — En premier lieu, le capital social ne peut s'élever au-dessus de la somme de deux cent mille francs; mais il peut être augmenté par des délibérations de l'assemblée générale d'année en année, sans que les augmentations puissent dépasser deux cent mille francs. Ainsi, la seconde année, le capital social peut être porté à 400,000 francs, la troisième, à 600,000 francs, et ainsi de suite.

Chiffre et forme des actions. — En second lieu, les actions ne peuvent être inférieures à cinquante francs, sur lesquels le dixième, soit cinq francs, doit être immédiatement versé; la société n'est constituée qu'après le versement de ce dixième. Ces actions restent toujours nominatives, et ne peuvent par suite être cédées qu'au moyen d'un transfert; la forme au porteur n'est pas admise pour les actions des sociétés à capital variable. Les statuts peuvent même donner au conseil d'administration ou à l'assemblée générale la faculté de s'opposer au transfert. Les associés ont ainsi le moyen d'empêcher, qu'au moyen d'une cession, il ne s'introduise dans la société des personnes dont la présence nuirait à l'entente commune, à la prospérité et au fonctionnement régulier de l'association. Les actions ne sont susceptibles d'être négociées, même comme actions nominatives, qu'après la constitution de la société, c'est-à-dire le versement du dixième.

La reprise des apports ne peut excéder une limite déterminée. — En troisième lieu, chaque associé peut se retirer de la société, sauf conventions contraires, mais dans aucun cas la reprise des apports ne peut excéder une limite déterminée par les statuts, et qui ne peut être inférieure au dixième du capital social. Ainsi, en supposant que le capital social représente 10,000 francs, la reprise des apports ne pourra le réduire au-dessous de mille francs. Il peut être encore stipulé que l'assemblée générale des actionnaires aura le droit de décider qu'un ou quelques-uns des associés cesseront de faire partie de la société. L'associé qui se retire ou est exclu reste tenu pendant cinq ans des obligations qui existaient au moment de sa retraite.

Sauf les règles spéciales que nous venons de parcourir, les

sociétés à capital variable restent soumises au droit commun. Elles peuvent se constituer sous la forme de sociétés en nom collectif, de sociétés en commandite simple ou par actions, de sociétés anonymes, et elles suivent les règles applicables à chacune de ces formes de sociétés.

§ VI. — ASSOCIATIONS EN PARTICIPATION.

Nature particulière de cette association. — Le Code de commerce reconnaît, outre les sociétés proprement dites, des associations en participation ; on les appelle souvent *opérations de compte à demi.* Le caractère essentiel de l'association en participation est que les négociations qu'elle comporte se font au nom de l'un des participants, et non sous une raison sociale, sous le nom de la société. Les tiers ne connaissent pas l'association en participation, ne traitent pas avec elle, les rapports sociaux n'existent qu'entre les associés. Ainsi un négociant, voulant acheter une certaine quantité de marchandises, propose à un autre de s'intéresser dans l'opération, en fournissant des fonds et en participant aux bénéfices. L'offre étant acceptée, celui qui a eu l'idée de l'opération achète et revend sous son nom les marchandises ; le caractère d'association ne se manifeste que par le compte qui devra être établi entre les associés lorsque l'affaire sera terminée. En général, l'association en participation a un objet limité : elle ne s'étend qu'à un ou plusieurs actes déterminés.

Aucune forme prescrite ; comment se règle la participation. — Les associations en participation ne sont pas soumises aux formes particulières des sociétés, notamment à la publicité ; elles se prouvent par les divers modes de preuve que le droit commercial reconnaît, par la correspondance, par les livres, même par témoins, si ce genre de preuve est admis par le tribunal. Les conventions des parties déterminent les proportions dans lesquelles les bénéfices et les pertes seront répartis entre les participants, et les conditions dans lesquelles doit fonctionner l'association.

SECTION III.

DE LA PUBLICATION DES ACTES DE SOCIÉTÉ.

Nécessité de la publicité. — La société commerciale se trouvant en rapport permanent et régulier avec le public, il fallait que les tiers pussent connaître les clauses qui les intéressent. C'est le motif de la publicité donnée aux actes de société ; cette publicité est utile au crédit de la société elle-même, en révélant son organisation, ses ressources, les garanties qu'elle présente. Toutes les sociétés commerciales, à l'exception de l'association en participation, sont soumises à cette publicité, les formes seules varient selon la nature de la société ; elles ont été réglées à nouveau par la loi de 1867.

Dépôt de l'acte de société. — La publicité résulte de deux formalités principales, prescrites l'une et l'autre à peine de nullité de la société. La première est le dépôt d'un double de l'acte de société, s'il est sous seing privé, ou d'une expédition, s'il est notarié, au greffe de la justice de paix et du tribunal de commerce du lieu où la société est établie. Ce dépôt doit être fait dans le mois qui suit la constitution de la société. Lorsque la société est en commandite par actions, on doit joindre une expédition de l'acte notarié constatant la souscription du capital social et le versement du quart, et une copie de la délibération de l'assemblée générale qui a vérifié les apports ne consistant pas en numéraire ou les avantages particuliers stipulés par quelques-uns des associés. Lorsque la société est anonyme, le dépôt doit comprendre, outre l'acte qui constate la souscription et le versement du quart, une copie de la délibération de la première assemblée générale qui vérifie les conditions d'existence de la société, qui nomme les premiers administrateurs et les premiers commissaires, enfin la liste nominative des souscripteurs indiquant leur nom, leur qualité, leur demeure, et le nombre d'actions appartenant à chacun d'eux.

Insertion dans les journaux. — La seconde formalité con

siste dans la publication d'un extrait de l'acte de société
dans le journal ou dans l'un des journaux qui sont chaque
année désignés par le préfet pour recevoir les annonces
légales; lorsqu'il y a plusieurs journaux chargés des annonces,
la publication peut se faire dans un seul au choix des parties.
Cette publication doit avoir lieu dans le même délai d'un
mois. L'extrait publié contient le nom des associés autres
que les commanditaires ou les actionnaires, la raison sociale,
ou la dénomination de la société si elle est anonyme, la désignation des associés autorisés à gérer et à signer pour la
société, l'époque où elle doit commencer et finir, la date du
dépôt fait au greffe de la justice de paix et du tribunal de
commerce. Il indique si la société est en nom collectif, en
commandite, anonyme ou à capital variable, les valeurs
fournies ou à fournir par les commanditaires; si la société
est anonyme, l'extrait énonce le montant du capital social
et la quotité qui doit être prélevée sur les bénéfices pour
former le fonds de réserve. Si la société est à capital variable,
l'extrait contient l'indication de la somme au-dessous de
laquelle le capital social ne peut être réduit par la reprise des
apports. Quand la société a plusieurs maisons de commerce,
la publication par le dépôt au greffe et l'insertion dans les
journaux doit être faite dans les divers arrondissements; si
les établissements existent dans la même ville divisée en
plusieurs arrondissements, le dépôt est fait seulement au
greffe de la justice de paix du principal établissement.

**Mêmes formalités pour la publication des modifications
à l'acte de société et de la dissolution de la société;
exception.** — Les mêmes formalités de publicité sont prescrites pour tous les actes et délibérations qui modifient les
conventions ou statuts sociaux, qui ont pour objet la continuation de la société après le terme fixé, sa dissolution,
le changement ou la retraite d'associés, ou la modification
de la raison sociale. Nous avons vu déjà que ces règles sont
simplifiées pour les sociétés à capital variable : les augmentations ou les diminutions du capital social par les versements
opérés ou la reprise des apports, et les retraites d'associés,

autres que les administrateurs, n'ont pas besoin d'être publiées ; mais la publication est nécessaire pour les délibérations de l'assemblée générale qui augmentent le chiffre du capital social.

Règles particulières aux sociétés en commandite par actions et aux sociétés anonymes. — Dans les sociétés en commandite par actions ou anonymes, toute personne peut prendre au greffe communication des pièces déposées, et s'en faire délivrer une expédition ou un extrait par le greffier ou par le notaire qui a reçu l'acte; en outre, tout le monde peut se faire délivrer, au siège de la société, une copie des statuts, moyennant une somme qui ne peut excéder un franc. Enfin les pièces déposées doivent être affichées d'une manière apparente dans les bureaux de la société. Dans tous les actes, dans les documents imprimés ou autographiés, factures, annonces, publications, etc., émanant des sociétés anonymes ou en commandite par actions, la dénomination de la société doit être accompagnée de ces mots, écrits lisiblement et en toutes lettres : *Société anonyme* ou *Société en commandite par actions* avec l'énonciation du capital social, *au capital de...*; pour les sociétés à capital variable, on doit ajouter ces mots : *à capital variable*. L'infraction à cette prescription est punie d'une amende de cinquante francs à mille francs.

SECTION IV.

DE LA DISSOLUTION ET DE LA LIQUIDATION DES SOCIÉTÉS.

Causes de dissolution de la société. — La société se dissout et cesse d'exister par différentes causes ; voici les principales : les sociétés de personnes ou en nom collectif sont dissoutes par la mort de l'un des associés, à moins qu'il n'ait été convenu que la société continuerait malgré le décès de l'un des associés ; elles sont également dissoutes par l'interdiction ou la faillite de l'associé. Toute société prend fin par l'expiration du temps pour lequel elle a été contractée, à moins que les associés ne s'entendent pour la proroger, c'est-à-dire en augmenter la durée. Le consentement de tous les associés peut également, avant l'expiration du délai fixé par le contrat, arrêter par une dissolution anticipée l'existence de la société. Le tribunal de commerce peut, sur la demande de l'un des associés, prononcer, pour certains motifs graves, la dissolution ; nous citerons comme exemple le cas où la société ne peut plus continuer avec succès ses opérations, soit par suite de la dépréciation du capital social, soit pour tout autre motif. Nous avons vu que la loi elle-même imposait, dans des cas semblables, au conseil de surveillance de la société en commandite par actions, ou aux administrateurs de la société anonyme, le devoir de provoquer la dissolution ; la dissolution peut également être demandée par toute personne intéressée lorsqu'il s'agit d'une société anonyme, et qu'il s'est écoulé plus d'une année depuis que le nombre des associés est réduit au dessous de sept. Toutes les fois que la société se dissout autre. ment que par l'expiration du terme fixé pour sa durée, l'acte ou le jugement qui entraine la dissolution doit être publié dans les formes prescrites pour la publication des actes de société.

Liquidation de la société dissoute. — La société dissoute, il est nécessaire de procéder à une liquidation. La liquidation est une opération qui a pour but de terminer les affaires dans lesquelles est engagée la société, d'établir sa situation, d'éteindre le passif, de réunir les éléments de l'actif. Elle se fait par un ou plusieurs liquidateurs, qui sont ou des associés ou des personnes étrangères à la société. Les liquidateurs peuvent être nommés par l'acte même de société ; à défaut de désignation dans l'acte de société, ils sont choisis par les associés, s'ils s'entendent, sinon désignés par le tribunal de commerce.

Devoirs des liquidateurs ; leurs pouvoirs. — Les liquidateurs doivent faire inventaire pour constater toutes les valeurs appartenant à la société ; si la liquidation se prolonge, ils doivent réunir les intéressés, et leur soumettre des états de situation ; leurs opérations sont inscrites sur des livres ; enfin, la liquidation terminée, ils rendent compte de leur gestion. Les fonctions du liquidateur consistent à con- server l'actif social, à opérer les recouvrements, payer les dettes de la société, régler les comptes des associés. Il peut faire tous les actes nécessaires à l'accomplissement de sa mission, recevoir un paiement et en donner quittance, vendre des marchandises, en toucher le prix, terminer les opérations en cours au jour de la dissolution, mais sans en commencer de nouvelles, enfin exercer des poursuites contre les débiteurs. Les liquidateurs représentent la société dans les actes et dans les instances où elle est intéressée.

Partage. — La liquidation terminée, si l'actif excède le passif, cet excédant est réparti entre les associés proportionnellement et conformément aux dispositions de l'acte de société. Cette dernière opération s'appelle le partage. S'il est impossible de partager en nature les valeurs qui restent, elles seront vendues, et le prix de la vente sera attribué à chacun des associés selon ses droits.

SECTION V.

DES CONTESTATIONS ENTRE ASSOCIÉS.

Suppression de l'arbitrage forcé. — Jusqu'à une époque assez récente, les contestations entre associés étaient soustraites aux juridictions ordinaires; elles devaient être jugées par des arbitres. C'est ce qu'on appelait l'arbitrage forcé. Une loi du 17 juillet 1856 a supprimé l'arbitrage forcé; aujourd'hui les contestations entre associés sont, comme toutes les contestations commerciales, jugées par les tribunaux de commerce. Il est bien entendu que la faculté de soumettre leurs contestations à des arbitres continue à exister pour les associés, mais c'est une faculté, l'arbitrage reste volontaire, et si un ou quelques-uns des associés ne veulent pas l'accepter, ils en ont le droit. En outre, l'arbitrage ne peut être constitué qu'autant que la difficulté est déjà née; il ne pourrait l'être par avance et en vue d'une contestation future.

CHAPITRE XII.

DES EFFETS DE COMMERCE.

Notions générales sur les effets de commerce; division. — On entend par effets de commerce certains titres usités dans les relations entre commerçants, et qui ont pour but de faciliter le mouvement des affaires en servant d'instruments au crédit. Le caractère qui distingue les effets de commerce est la facilité de transmission : ils sont négociables par des voies simples et rapides, en général, par une simple déclaration portée au dos du titre, ou endossement, quelquefois même par la simple tradition. Les plus importants parmi les effets de commerce sont : la lettre de change, le billet à ordre et les chèques. Une section particulière sera consacrée à l'étude de chacun de ces titres; et, dans la section consacrée au billet à ordre, nous indiquerons et nous définirons quelques-uns des titres qui s'en rapprochent, tels que le billet à domicile, le mandat, le billet au porteur. Enfin nous terminerons en indiquant les règles particulières de la prescription en matière d'effets de commerce.

SECTION Ire.

DE LA LETTRE DE CHANGE.

(Code de commerce, art. 110 à 186.)

Change des monnaies; notions sur le change. — Avant de définir la lettre de change, il est nécessaire d'expliquer ce qu'on entend par change, et d'indiquer les différents sens de ce mot. L'expression change désigne d'abord une opération qui consiste à échanger une monnaie pour une autre, ainsi de la monnaie d'or pour de la monnaie d'argent, de la monnaie pour des billets de banque, ou réciproquement, ou encore de la monnaie étrangère pour de la monnaie française, et réciproquement. Ces diverses négociations constituent ce qu'on appelle : le change des monnaies; ceux qui s'y livrent sont des changeurs, et le profit qu'ils en tirent prend également le nom de change.

Contrat de change; remise d'un lieu sur un autre. — Le change des monnaies n'a aucun rapport avec la lettre de change; la lettre de change suppose l'existence d'une opération toute différente connue sous le nom de contrat de change. On définit le contrat de change, un contrat par lequel je vous donne ou je m'oblige à vous donner une certaine valeur en un certain lieu, pour et en échange d'une somme d'argent que vous vous obligez de me faire compter dans un autre lieu. Ainsi un négociant de Paris veut avoir à sa disposition à Bordeaux à un jour déterminé une certaine somme, s'il veut éviter les embarras, les dangers même qu'entrainerait le transport du numéraire, il s'adressera à un banquier de Paris, lui versera les fonds, et le banquier prendra l'engagement de lui faire toucher à Bordeaux, soit par l'entremise de son correspondant, soit de tout autre manière, la somme dont ce commerçant a besoin. Le contrat de change peut intervenir dans un grand nombre de circonstances et avec des formes diverses; mais on y rencontre toujours ce caractère spécial : l'engagement pris dans un lieu par une personne de faire toucher dans un autre lieu une somme d'argent, autrement dit, et pour employer l'expression technique, la remise d'un lieu sur un autre.

Exécution du contrat de change par la lettre de change. — Le contrat de change s'exécute le plus souvent au moyen de la lettre de change; ainsi, pour suivre l'exemple donné plus haut, le banquier de Paris auquel s'adresse un négociant de la même ville pour toucher à Bordeaux une somme d'argent, remettra à ce négociant un titre, ayant la forme d'une lettre, par lequel il donnera mandat à son correspondant de Bordeaux de verser la somme indiquée. Ce titre, s'il est revêtu des formes prescrites, s'il contient certaines énonciations, sera une lettre de change. La lettre de change, on le voit, suppose, outre la remise d'un lieu sur un autre, le concours de trois personnes au moins : celui qui délivre la lettre de change, celui à qui elle est remise, et celui qui reçoit du premier le mandat de la payer.

Applications diverses de la lettre de change. — On peut faire usage de la lettre de change dans des buts fort divers. Ainsi, je suis débiteur d'une personne qui demeure dans un autre lieu que celui où je réside, je puis m'acquitter envers mon créancier en souscrivant à son profit une lettre de change. Celui qui veut se procurer des fonds par voie d'emprunt peut employer la même forme : il recevra l'argent et souscrira en échange une lettre de change au nom du prêteur; enfin, lorsqu'on veut toucher par anticipation, avant l'échéance, une somme dont on est créancier, on peut y arriver en tirant sur le débiteur une lettre de change et en la passant à l'ordre d'une tierce personne, banquier ou autre, qui l'escomptera, c'est-à-dire en fournira de suite le montant.

Cours du change. — Il faut ajouter ici quelques notions sur le cours du change. Celui qui veut se faire délivrer une lettre de change par un banquier ou un négociant a le plus souvent quelque chose à payer en sus de la somme portée au titre. Ainsi, pour se faire remettre une lettre de change de mille francs, il faudra, selon les circonstances, payer au banquier mille cinq francs, mille dix francs; cette somme qui est ajoutée au capital de la lettre de change s'appelle le prix du change, ou plus simplement le change. On dit que le change est haut, lorsqu'il faut donner pour la lettre de change une somme supérieure à celle qui sera touchée; il est au pair, lorsque la somme versée est égale à celle qui sera payée, ainsi lorsqu'on remet mille francs pour avoir une lettre de change de mille francs; quelquefois enfin, on obtient la lettre de change pour une somme moindre, ainsi on a pour 995 francs une lettre de change de mille francs : en pareil cas, on dit que le change est bas. Le taux auquel se règle le change ou cours du change est très-variable : il dépend de la situation respective des places de commerce entre lesquelles se fait la négociation. Prenons pour exemple Paris et Marseille : si, à un moment donné, beaucoup de négociants de Paris ont de l'argent à toucher à Marseille, tandis que les négociants de Marseille ont peu d'argent à toucher à Paris, il en résultera que les lettres de change de Paris **sur Marseille** seront nombreuses, et que le change de Paris **sur Marseille** sera bas ; les lettres de change de Marseille **sur Paris** seront rares au contraire, et le change de Paris sur Marseille sera haut. Le cours du change, sans être obligatoire, se règle naturellement à un taux uniforme pour les opérations se faisant en même temps et dans les mêmes conditions ; nous avons vu qu'il était constaté officiellement par les agents de change.

Définition de la lettre de change. — La lettre de change qui est, ainsi que nous l'avons dit, le mode le plus ordinaire d'exécution du contrat de change, est définie : un acte, revêtu de certaines formes, par lequel le souscripteur mande à une personne, demeurant dans un autre lieu, d'y payer une certaine somme à une troisième personne, désignée dans l'acte, ou à celui à qui elle aura transmis ses droits. Un exemple et une formule feront bien comprendre cette définition. Pierre, négociant à Paris, est créancier de Paul, négociant à Marseille, d'une somme de dix mille francs payable dans trois mois ; il a un moyen bien simple, pourvu qu'il soit autorisé à en user par son débiteur, de se rembourser immédiatement. Il s'adresse à une personne qui veut à la même époque toucher dix mille francs à Marseille, et que nous nommerons Jacques ; il intervient alors l'opération suivante : Pierre charge Paul de payer à Jacques à Marseille les dix mille francs ; il reçoit immédiatement de Jacques une somme équivalente, et peut même, si le change est haut, faire un certain bénéfice. Voici la lettre de change qui sera remise par Pierre à Jacques :

Paris, le 6 mars 1867.

Au 6 juin prochain, il vous plaira payer à Jacques, ou à son ordre, la somme de dix mille francs, valeur reçue en espèces.

Signé : PIERRE.

A Paul, négociant à Marseille.

On voit figurer dans ce titre trois personnes dont le concours est absolument indispensable pour constituer la lettre de change. Pierre, le souscripteur, celui qui signe la lettre de change, est le *tireur* ; l'opération qu'il fait s'appelle : *tirer une lettre de change.* Paul, à qui la lettre est adressée et qui est chargé de la payer, est le *tiré* ; enfin Jacques, au profit duquel la lettre est souscrite, s'appelle *preneur* ou *porteur* ; il prendra le nom d'endosseur, si, au lieu de conserver ce titre dans son portefeuille, il le négocie avant l'échéance, soit à un banquier qui l'escomptera, soit à toute autre personne, qui lui en avancera le montant ; celui à qui la lettre est ainsi transmise devient le *porteur.* La lettre de change elle-même est souvent dans la pratique des affaires appelée *traite.*

Double utilité de la lettre de change. — La lettre de change, dont nous connaissons maintenant le caractère essentiel, a pour le commerce une double utilité : 1° en permettant de faire toucher à une personne dans un lieu quelconque une somme d'argent, elle rend inutile le transport effectif du numéraire, transport coûteux, embarrassant et qui entraîne avec lui le danger de la perte ou du vol ; 2° à raison de la facilité avec laquelle elle se transmet et des garanties qui y sont attachées, la lettre de change circule et remplit en quelque sorte l'office de monnaie, elle sert aux paiements et à la liquidation des opérations qui se font entre commerçants. Ainsi, un négociant de Paris a vendu des marchandises à un négociant de Rouen ; ces marchandises sont payables dans un certain délai, à quatre-vingt-dix jours par exemple. Avant l'expiration de ce délai, le vendeur peut tirer sur son acheteur une lettre de change payable à cette échéance. Cette lettre de change créée, et acceptée par l'acheteur, le tireur pourra la négocier, la passer à un banquier qui l'escomptera, et lui en remettra les fonds avant l'échéance ; il pourra également la donner en paiement de marchandises qu'il aura achetées. Ce titre, se transmettant ainsi de main en main, pourra servir à un nombre illimité de négociations qui seront régées par ce moyen sans qu'on ait eu à recourir au numéraire. La lettre de change, lorsque ceux dont la signature y figure sont notoirement solvables, circule comme un billet de banque, et on a pu à bon droit lui donner le nom de monnaie commerciale.

Formes de la lettre de change. — Pour que la lettre de change eût ce caractère, il fallait que son paiement fût rigoureusement assuré, nous verrons bientôt ce que la loi a fait à cet égard ; il fallait en outre qu'à première vue, à la simple inspection du titre, on pût reconnaître si c'était ou non une lettre de change. De là la nécessité de formes particulières auxquelles est subordonnée l'existence de la lettre de change.

Enonciations qu'elle doit contenir. — Certaines énonciations doivent nécessairement se rencontrer dans une lettre de change : si l'une d'elles vient à manquer, le titre n'est plus une lettre de change. Voici quelles sont les énonciations essentielles à l'existence de la lettre de change. — Elle doit énoncer : 1° le lieu d'où elle a été tirée, et celui où elle doit être payée. Nous avons vu que la lettre de change supposait l'existence du contrat de change, elle doit être tirée dans un lieu et payable dans un autre ; il faut que ce caractère résulte des énonciations mêmes du titre ; 2° le nom et la signature de celui qui la souscrit, ou tireur, le nom de celui qui doit payer, ou tiré, enfin le nom de celui au profit duquel la lettre est souscrite, ou preneur ; 3° la date, c'est-à-dire l'indication de l'année, du mois et du jour où la lettre de change a été créée ; 4° l'époque où le paiement doit s'effectuer, ou échéance. L'échéance peut être fixée de plusieurs manières ; la lettre de change peut être payable à jour fixe, à un certain délai à compter de sa date, à un certain délai de vue, c'est-à-dire à compter du jour où elle aura été présentée au tiré. En tout cas, il faut que l'échéance soit indiquée d'une manière précise, et de telle sorte que le porteur n'ait aucune incertitude sur le jour du paiement; 5° la somme à payer. La lettre de change ne peut contenir que l'engagement de payer une somme d'argent, et non une autre valeur; 6° la valeur fournie. Celui à qui la lettre de change est remise par le tireur doit avoir fourni une valeur quelconque qui en est la représentation : cette valeur est exprimée dans le titre. La lettre de change contiendra ces expressions : *valeur en espèces*, si le preneur a versé au tireur une somme d'argent pour prix de la lettre de change; *valeur en marchandises*, si la lettre de change a été souscrite en paiement de marchandises que le preneur a fournies au tireur; *valeur en compte*, si le tireur est débiteur du preneur, et fait entrer dans son compte à sa décharge la lettre de change qu'il remet à son créancier. On trouve également quelquefois ces expressions : *valeur reçue comptant*; elles sont considérées comme équivalentes à celles de : *valeur en espèces*. On considère comme insuffisantes, parce qu'elles ne précisent pas la valeur fournie les expressions : *valeur reçue, valeur entre nous*. Les expressions : *valeur entendue, valeur en nous-même*, ne sont admises que dans un cas particulier, dont nous aurons à dire un mot tout à l'heure, celui où la lettre de change est à l'ordre du tireur lui-même; 7° la clause à ordre. En même temps qu'elle énonce le nom du preneur, la lettre de change indique la faculté qu'il a de transmettre le titre par le mode spécial qu'on appelle endossement. Cette faculté résulte de ces expressions que doit contenir la lettre de change : *Payez à Pierre ou à son ordre*, ou bien : *Payez à l'ordre de Pierre*. C'est la clause à ordre, qui est essentielle à la lettre de change, car sans la transmission par endossement qui est la conséquence de la clause à ordre, il n'y a pas de lettre de change. Quelquefois au moment où il est créé, le titre n'indique pas le nom du preneur, parce que le tireur n'a pas encore trouvé une personne qui veuille prendre la lettre de change. On dit alors qu'elle est *à l'ordre du tireur lui-même*; elle contient seulement ces expressions : *Payez à mon ordre.....* Il faut reconnaître du reste que ce titre ne devient une lettre de change complète que lorsqu'il a été endossé par le tireur au profit d'un tiers qui en fournit la valeur ; ce tiers est le preneur de la lettre de change, et forme la troisième personne nécessaire à son existence.

Enonciations facultatives. — Nous avons parcouru les énonciations substantielles ; les énonciations facultatives, qui peuvent se rencontrer ou ne pas se rencontrer, sont fort nombreuses, et nous ne pouvons qu'indiquer les principales. Il arrive souvent que pour éviter les chances de perte, ou pour faciliter la négociation, on crée plusieurs exemplaires d'une même lettre de change. On doit alors indiquer sur chacun des exemplaires s'il est premier, deuxième, troisième, afin de montrer qu'il ne s'agit pas de lettres de change distinctes, mais d'un titre unique tiré à plusieurs exemplaires. Si la lettre est tirée à un seul exemplaire, on dit : *Payez par cette seule de change;* s'il y a plusieurs exemplaires, on dira : *Payez par cette première de change, par cette seconde de change.* La lettre de change contient ordinairement ces expressions : *suivant avis* ou *sans autre avis.* La clause *suivant avis* indique que le tireur doit donner avis séparément au tiré, dans une lettre missive par exemple, de l'émission de la lettre de change ; le tiré ne doit en pareil cas accepter la lettre de change ou la payer qu'après avoir reçu cet avis. Lorsque la lettre porte : *sans autre avis,* le tiré peut accepter ou payer sur le vu de la lettre de change, bien que le tireur ne l'ait pas averti autrement de son émission.

Clause : retour sans frais. — On rencontre aussi la clause : *retour sans frais.* Voici quelle en est l'utilité. En général, lorsque la lettre de change n'est pas payée à l'échéance, le porteur doit faire constater le refus de paiement par un acte appelé protêt faute de paiement, et exercer dans un bref délai des poursuites judiciaires. S'il manque à ces obligations, il s'expose à une déchéance, il perd une partie des droits que lui assurait la lettre de change. La clause : *retour sans frais* permet au porteur, sans encourir la déchéance, de ne faire ni protêt, ni poursuites, et d'éviter ainsi les frais assez considérables qui en résulteraient.

Domiciliataire. — La lettre de change est de droit

payable au domicile du tiré ; elle peut cependant être tirée sur un individu, et payable au domicile d'un tiers. La lettre de change doit alors indiquer le nom et le domicile de ce tiers qui s'appelle domiciliataire. La lettre de change contiendra dans ce cas ces expressions : *Payable au domicile de ... à ...*

Recommandataire ou besoin. — Lorsque le tireur de la lettre de change craint que le tiré ne l'accepte ou ne la paie pas, il peut indiquer dans la ville où la lettre est payable un banquier ou un négociant, avec lequel il est en relations d'affaires, et à qui le porteur s'adressera, à défaut par le tiré d'accepter ou de payer. Cette personne, qui doit ainsi suppléer au tiré, s'appelle recommandataire ou besoin, parce qu'elle est désignée dans la lettre de change en ces termes : *au besoin chez M. X.; à ...,* avec l'indication de la demeure du recommandataire.

Tireur pour compte. — Enfin la lettre de change peut être tirée, non dans l'intérêt du tireur lui-même, mais pour le compte d'un tiers. Dans ce cas le tireur s'appelle tireur pour compte : il agit comme mandataire ou commissionnaire de celui pour compte duquel il a tiré la lettre de change. Ce dernier s'appelle *donneur d'ordre.*

Conditions fiscales; timbre. — Il nous reste, pour compléter ce que nous avons à dire des formes de la lettre de change, à donner quelques notions sur les conditions auxquelles elle est soumise au point de vue du timbre et de l'enregistrement.

La lettre de change doit être sur papier timbré : le prix du timbre est proportionnel à la somme portée au titre. Le droit est aujourd'hui de 15 cent. jusqu'à 100 fr. ; il augmente de 15 cent. par 100 fr. ou fraction de 100 fr. jusqu'à 1,000 fr. : il est ainsi de 1 fr. 50 cent. pour 1,000 fr. et s'augmente de 1 fr. 50 cent. par chaque 1,000 fr. ou fraction de 1,000 fr. ; le droit est en effet le même pour un effet de 1,005 fr. que pour un effet de 2,000 fr. Le droit de timbre peut être acquitté au moyen de timbres mobiles apposés sur le titre; le timbre mobile est oblitéré par l'énonciation du lieu où l'oblitération est effectuée, de la date et par la signature du souscripteur de l'effet.

Sanction ; amende ; déchéance. — Lorsque l'effet n'est pas timbré, une amende de 6 0/0 du montant du titre frappe le tireur, le preneur, le tiré, s'il a accepté, et même le banquier ou toute autre personne qui se chargerait de toucher ou de faire toucher la lettre de change pour le compte du porteur. S'il y a eu seulement emploi d'un timbre insuffisant, l'amende ne porte que sur la somme pour laquelle le droit de timbre n'a pas été payé. En outre, le porteur de la lettre de change non timbrée est déchu de son recours contre les endosseurs qui l'ont successivement transmise.

Notons que celui qui reçoit du souscripteur un effet non timbré peut, dans les quinze jours de sa date, et avant toute négociation, la faire timbrer, moyennant un droit plus élevé, qui est de 30 centimes par 100 francs. Le droit s'ajoute au montant de l'effet et sera remboursé par celui qui doit le payer. La clause *retour sans frais*, qui dispense le porteur de la lettre de change de toutes formalités judiciaires, pouvait être un moyen d'éluder les dispositions sur le timbre : afin d'éviter cette fraude, cette clause est frappée de nullité, toutes les fois qu'elle se trouve sur un effet non timbré.

Timbre mobile pour les effets de commerce venant de l'étranger. — Les lettres de change et autres effets de commerce venant de l'étranger et payables en France doivent, avant d'être négociés ou payés, acquitter le même droit de timbre que s'ils avaient été créés en France. Ce droit peut être acquitté par l'apposition de timbres mobiles, que l'administration vend aux particuliers, et qui ont de l'analogie avec les timbres employés pour l'affranchissement des lettres. Le timbre mobile est collé sur l'effet, et celui qui l'a apposé l'annule immédiatement, en y inscrivant la date de l'apposition et sa signature. Il n'existe pas de timbres mobiles d'une quotité supérieure au droit exigible pour un effet de 10,000 fr., soit 15 fr. ; pour les titres dont l'importance dépasse cette somme, le paiement du droit est constaté par l'apposition de plusieurs timbres.

Enregistrement. — La lettre de change est soumise à un droit d'enregistrement de 50 centimes par 100 francs ; mais l'enregistrement n'est nécessaire qu'autant que des poursuites sont exercées pour arriver au payement ; la lettre de change doit être enregistrée lors du protêt.

Conséquences générales de la lettre de change. — Les effets généraux de la lettre de change sont importants à signaler. La lettre de change constitue, à l'égard de toute personne, et pour quelque cause qu'elle ait été souscrite, un acte de commerce : celui qui appose sa signature sur une lettre de change, même lorsqu'il n'est pas commerçant, et lorsque son obligation n'est pas contractée pour une opération de commerce, devient, pour cet engagement, justiciable du tribunal de commerce. La condamnation qui intervenait pouvait, avant la loi du 22 juillet 1867 qui a supprimé la contrainte par corps, être exécutée par cette voie rigoureuse, si la dette excédait deux cents francs. Enfin toutes les personnes tenues en vertu de la lettre de change sont obligées solidairement au paiement ; l'effet de la solidarité est que chacun des débiteurs peut être poursuivi pour le tout, et tenu de payer le tout : au regard du créancier, la dette ne se divise pas entre les débiteurs. Il en résulte que la solvabilité d'un seul des signataires de la lettre de change assure au porteur son paiement intégral.

Suppositions ; applications diverses. — Il peut arriver que la lettre de change, régulière en apparence, se trouve viciée par la fausseté d'une de ses énonciations substantielles. Ce vice s'appelle supposition. Il y a supposition de nom, lorsque le tireur signe d'un nom imaginaire ou d'un autre nom que le sien ; supposition de qualité, lorsque le tireur s'attribue une autre qualité que celle qui lui appartient. Nous n'avons pas à insister sur ces deux cas : des faits de cette nature auront presque toujours le caractère, soit du crime de faux, soit du délit d'escroquerie. La supposition de domicile consiste à indiquer un domicile autre que le domicile véritable du tireur, ou le domicile réel où la lettre de change doit être payée. Le cas qui se présente le plus fréquemment, est la supposition de lieu. Nous avons vu que la lettre de change devait être tirée dans un lieu et payable dans un autre, qu'elle ne pouvait exister sans cette condition. Pour donner à un titre créé et payable dans le même lieu l'apparence d'une lettre de change, on le date d'un lieu autre que celui où il a été réellement souscrit. Ainsi un billet est souscrit à Paris et payable à Paris : on le date de Versailles, pour simuler la remise d'un lieu sur un autre. Cette fraude, condamnable comme toutes les fraudes, est employée par le créancier pour donner au titre les effets particuliers de la lettre de change, notamment lui faire entraîner la compétence du tribunal de commerce, la solidarité. Mais ce moyen ne réussit pas, si l'on parvient à établir la supposition.

Conséquences de la supposition. — En effet la supposition a pour conséquence de faire disparaître le caractère de lettre de change. Le titre qui contient une supposition pourra valoir comme engagement ordinaire ; mais il manque d'une condition essentielle à la lettre de change, et il ne peut produire ses effets particuliers, la compétence exclusive du tribunal de commerce, la solidarité entre les divers obligés. Il peut enfin y avoir supposition de valeur : la lettre de change est nulle, si aucune valeur n'a été fournie au tireur lorsqu'il a tiré la lettre de change. Son engagement, dans ce cas, n'a pas de cause légale, car il doit trouver son équivalent dans la valeur fournie par le preneur.

Danger du fait de tirer en l'air. — A propos des suppositions, il faut dire un mot de ce qu'on appelle les tirages en l'air. On appelle ainsi le fait d'un négociant qui tire sans aucune cause résultant d'un crédit ouvert ou d'une opération commerciale, souvent même sur une personne imaginaire. Ce papier, s'il est payé, l'est au moyen de fonds obtenus par le tireur à l'aide d'une semblable négociation. Cette manière de procéder, contraire à la loi, à l'honnêteté commerciale, entraîne presque inévitablement la ruine de celui qui s'y livre et du banquier qui lui prête son concours. En outre celui qui pratique ces manœuvres s'expose, en cas de faillite, à être traduit en police correctionnelle comme banqueroutier.

C'est assez dire qu'il n'est pas un commerçant sérieux et loyal qui veuille prêter son concours à la négociation de ces effets de complaisance, que les banquiers anglais désignent sous le nom de *kite* ou cerf volant.

Incapacités ; femmes ; mineurs. — Deux classes de personnes sont spécialement incapables de s'obliger par lettre de change : les mineurs et les femmes. L'engagement pris par le mineur non commerçant, sous forme de lettre de change, est nul à son égard, car le mineur est, d'après le droit commun, incapable de s'obliger. Les femmes, mariées ou non, lorsqu'elles ne sont pas commerçantes, ne peuvent non plus souscrire valablement une lettre de change ; mais l'engagement, s'il a été pris par une femme non mariée ou par une femme mariée régulièrement autorisée, n'est pas nul comme celui du mineur. Il produira les effets d'une simple promesse, d'une obligation ordinaire, mais non les effets particuliers de la lettre de change. Il est bien entendu que le mineur et la femme, lorsqu'ils font le commerce, peuvent souscrire des lettres de change qui produisent en pareil cas tout leur effet.

Endossement. — Les créances ordinaires sont susceptibles de cession, mais cette cession doit être accompagnée de certaines formes qui sont : la signification de l'acte contenant la cession ou transport au débiteur, ou l'acceptation du débiteur par acte notarié. La transmission de la lettre de change s'opère d'une manière bien plus simple et plus rapide : elle résulte d'une simple mention mise au dos du titre ; ce mode de transmission s'appelle endossement. L'endossement est la conséquence de la clause à ordre, et est applicable, non-seulement à la lettre de change, mais aussi à tous les titres dans lesquels se rencontre la clause à ordre. On appelle endosseur celui qui transmet la lettre de change par endossement, porteur, celui qui en devient cessionnaire.

Formes de l'endossement. — L'endossement de la lettre de change est soumis à certaines conditions de forme. Il doit être daté, et la loi punit des peines du faux le fait de donner à l'endossement une date autre que sa date véritable ; il doit énoncer le nom de celui à l'ordre de qui la lettre de change est passée, et exprimer la valeur fournie par lui. Ainsi Durand, porteur d'une lettre de change, est débiteur envers Bernard de marchandises qu'il a achetées; Bernard consent à recevoir en paiement la lettre de change. Durand la lui cèdera en inscrivant la mention suivante :

Payez à l'ordre de M. Bernard, valeur en marchandises.

Paris, le dix mai 1867.

DURAND.

L'endossement doit être porté sur la lettre de change; s'il était fait par acte séparé, il ne pourrait valoir que comme cession ordinaire, et avec les formes auxquelles elle est soumise. Il est ordinairement écrit au dos du titre, d'où son nom d'endossement. Il peut arriver que la lettre de change ayant passé dans un grand nombre de mains, il soit impossible matériellement de placer l'endossement sur le titre même; on ajoute alors une feuille, appelée *allonge*, sur laquelle sont portés les endossements qui ne peuvent trouver place au titre primitif.

Endossement après l'échéance. — La lettre de change peut être transmise par endossement tant que le titre existe: cette faculté ne cesse pas à l'échéance; la lettre de change échue et non payée peut encore valablement être cédée par endossement.

Effets de l'endossement. — L'endossement produit trois effets principaux : 1º il transporte la propriété de la lettre de change, et le porteur, saisi par l'endossement, devient créancier direct de tous ceux dont la signature figure au titre; 2º le porteur peut à son tour céder la lettre de change à un tiers en l'endossant à son profit; 3º l'endosseur est garant envers les porteurs successifs du paiement à l'échéance. Celui à qui une lettre de change est transmise par endossement a pour obligés non-seulement le tireur et le tiré, s'il a accepté, mais encore son endosseur immédiat, celui dont il tient la lettre de change, et tous les endosseurs antérieurs. S'il cède à son tour la lettre de change, il devient garant envers le nouveau porteur. Il résulte de là que le dernier porteur, celui qui a la lettre de change entre les mains lors de l'échéance, a pour obligés tous les endosseurs auxquels la lettre de change a appartenu successivement. Les endosseurs sont obligés solidairement entre eux et avec les autres signataires de la lettre de change, conformément au principe général que nous avons déjà signalé. Cette garantie des endosseurs donne, on le conçoit, une grande sécurité à la transmission de la lettre de change. Il suffit en effet que celui à qui une lettre de change est cédée ait confiance dans la solvabilité soit de son cédant immédiat, soit d'un endosseur antérieur, pour qu'il la reçoive sans crainte.

Endossement irrégulier. — L'endossement qui réunit toutes les conditions de forme exigées par la loi produit seul les effets que nous venons d'indiquer ; il s'appelle endossement régulier. L'endossement auquel manque une de ces conditions, qui n'énonce pas, par exemple, la valeur fournie, ou qui n'est pas daté, s'appelle endossement irrégulier. L'endossement irrégulier n'est pas nul, mais il n'a pas des effets aussi étendus que l'endossement régulier. Il ne transporte pas la propriété de la lettre de change et vaut seulement comme procuration. Par l'endossement irrégulier, l'endosseur donne mandat au porteur de demander et de recevoir le paiement, d'exercer des poursuites, s'il est nécessaire, et même de négocier la lettre de change. Mais le porteur qui tient la lettre de change par endossement irrégulier doit, en sa qualité de mandataire, rendre compte à l'endosseur, son mandant, des sommes qu'il a touchées; en outre, comme le mandat est toujours révocable, l'endosseur peut, en retirant sa procuration, se faire restituer le titre.

Endossement en blanc. — Il est une sorte d'endossement irrégulier qui est dans la pratique d'un usage fréquent, c'est l'endossement en blanc. L'endossement en blanc consiste dans la simple signature de l'endosseur, au-dessus de laquelle se trouve un blanc. C'est le plus irrégulier des endossements, puisqu'il ne contient aucune des mentions exigées pour l'endossement régulier. L'endossement en blanc pro-

duit cependant un effet plus étendu que l'endossement irrégulier proprement dit : il confère au porteur, pourvu qu'il
agisse de bonne foi et qu'il ait fourni la valeur représentative
du titre, la faculté de remplir le blanc et d'y inscrire à son
profit un endossement régulier, réunissant toutes les conditions prescrites par la loi, et qui aura pour effet de le saisir de
la propriété du titre.

**Provision; en quoi elle consiste et par qui elle doit être
fournie.** — La provision est la valeur destinée au paiement
de la lettre de change. Le tireur s'oblige envers le porteur à
faire payer la lettre de change par le tiré : c'est le tireur qui
doit fournir au tiré une provision suffisante pour qu'il puisse
acquitter la lettre de change. Il est très-important pour le tireur que le tiré ait provision ; en effet, le tiré qui n'est pas
nanti de la provision se gardera bien, la plupart du temps, de
s'obliger au paiement de la lettre de change en l'acceptant ;
nous verrons bientôt les conséquences qu'entraîne pour le
tireur le refus d'acceptation ou de paiement. Lorsque la lettre
de change a été tirée pour le compte d'un tiers, la provision
doit être fournie, non par le tireur pour compte qui n'agit
que comme intermédiaire, mais par celui pour le compte
duquel la lettre de change a été tirée, ou donneur d'ordre. La
provision consiste, soit dans une somme d'argent remise par
le tireur au tiré, soit dans une créance du tireur contre le tiré
dont le tireur se rembourse au moyen de la lettre de change,
soit enfin dans une valeur en marchandises ou effets de commerce, équivalente au montant de la lettre de change.

Droits du porteur sur la provision. — Lorsque la provision
fournie par le tireur consiste en valeurs déterminées, spécialement affectées au paiement de la lettre de change, le porteur a droit de se faire payer sur ce qui la constitue, en
cas de faillite du tireur ou du tiré, à l'exclusion des autres
créanciers.

**Acceptation; cas dans lesquels le porteur doit demander
l'acceptation.** — L'acceptation est l'engagement que prend
le tiré d'acquitter la lettre de change. Jusqu'à l'acceptation,
le tiré n'est pas obligé ; étranger à la création du titre, il n'y

devient partie que par son acceptation. En acceptant, il s'engage à exécuter le mandat que lui donne le tireur de payer la lettre de change. L'acceptation est avantageuse au porteur, puisqu'elle lui procure un obligé de plus, mais en général il est libre de s'assurer ou de ne pas s'assurer cette garantie ; il peut, s'il le juge convenable, ne pas faire accepter la lettre de change. Il n'est tenu de demander l'acceptation que dans un cas : lorsque la lettre de change est payable à un certain délai de vue, c'est-à-dire un certain temps après qu'elle a été présentée. Le porteur doit alors, pour faire courir ce délai, faire accepter la lettre de change, et cela dans un délai déterminé qui est de trois mois à compter de la date du titre.

Délai accordé pour accepter. — Pour obtenir l'acceptation, le porteur doit présenter la lettre de change au tiré qui peut exiger qu'elle lui soit remise ; il peut la conserver pendant vingt-quatre heures, afin de l'examiner et de se rendre compte de sa situation envers le tireur. Ce délai expiré, le tiré doit rendre la lettre de change, acceptée ou non, à peine de dommages-intérêts en cas de non restitution.

Formes de l'acceptation. — L'acceptation est exprimée par le mot : *accepté,* ou tout autre impliquant de la part du tiré l'engagement de payer. L'acceptation est signée ; la date est nécessaire seulement lorsque la lettre est payable à un certain délai de vue. Ainsi le tiré accepte en inscrivant sur la lettre de change ce seul mot : *accepté,* au-dessous duquel se trouvera sa signature, et la date, dans le cas où l'acceptation doit être datée. Si la lettre de change est payable à un domicile autre que celui du tiré, on l'indique dans l'acceptation ; on dit alors : *Accepté payable au domicile de M. X..... à....*

Acceptation restreinte. — L'acceptation ne peut être conditionnelle, autrement dit, le tiré ne peut faire dépendre son engagement de conditions qui ne se trouvent pas contenues dans la lettre de change : ainsi il ne pourrait offrir d'accepter pour payer à une échéance autre que celle indiquée ; cette offre d'acceptation conditionnelle serait considérée comme un refus d'acceptation. Au contraire, l'acceptation peut être restreinte quant à la somme, le tiré peut n'accepter que jusqu'à concurrence d'une certaine somme, inférieure au montant total de la lettre de change. C'est ce que fera le tiré, s'il n'a entre les mains qu'une provision insuffisante. L'acceptation partielle s'exprime ainsi : *Accepté pour la somme de. . . .* En cas d'acceptation partielle, le porteur doit pour le surplus faire faire un protêt faute d'acceptation.

Effets de l'acceptation; présomption qui s'y rattache. — L'acceptation a pour effet principal d'obliger le tiré au paiement de la lettre de change; le tiré devient même le principal débiteur : c'est à lui que le porteur lors de l'échéance doit demander le paiement, et ce n'est qu'à défaut de paiement par le tiré que le porteur exerce son recours contre ceux qui sont obligés avec le tiré, le tireur et les endosseurs. Le tiré est tenu solidairement, et le porteur peut lui demander le paiement du montant total de la lettre de change; cependant, s'il n'a accepté que pour partie, il n'est obligé que jusqu'à concurrence de la somme pour laquelle il a accepté. Le tiré, comme les autres signataires de la lettre de change, peut être assigné devant le tribunal de commerce. L'engagement pris par le tiré, en acceptant la lettre de change, est irrévocable; il ne peut s'en faire décharger, même en établissant qu'au moment où il acceptait le tireur était tombé en faillite, ou bien qu'il croyait avoir une provision qui en réalité ne lui avait pas été fournie. L'acceptation, dans les rapports entre le tiré et le tireur, fait supposer qu'il y a eu provision. Si le tiré paie la lettre de change sans provision, il a droit de se faire rembourser ce qu'il a payé par le tireur; mais s'il a accepté, c'est à lui à établir, pour agir contre le tireur, qu'il a accepté et payé à découvert, car l'acceptation fait supposer que la provision a été fournie.

Refus d'acceptation; ses conséquences. — Lorsque le tiré refuse d'accepter, le porteur est privé de l'une des garanties qui résultaient pour lui de la lettre de change et qui lui étaient promises : le tireur et les endosseurs sont tenus en effet de procurer au porteur non-seulement le paiement, mais encore l'acceptation du tiré; le refus d'acceptation permet au porteur d'exercer contre eux un recours. Le porteur fait constater le refus d'acceptation par un acte, appelé protêt faute d'acceptation, dont les formes sont semblables à celles du protêt faute de paiement, sur lequel nous aurons à nous expliquer plus loin. Le tireur et les endosseurs, auxquels le protêt est dénoncé, sont tenus de fournir, au lieu et place de l'obligation du tiré, une caution, c'est-à-dire l'engagement d'une personne solvable qui s'oblige au paiement de la lettre de change, et qui est solidairement tenue avec celui qu'elle a cautionné. Ils peuvent, s'ils le préfèrent, au lieu de fournir caution, rembourser immédiatement la lettre de change. Lorsque le tiré, après avoir accepté, tombe en faillite, le porteur a le même droit qu'en cas de refus d'acceptation : il peut demander qu'une caution lui soit fournie, si le tireur et les endosseurs ne préfèrent payer immédiatement.

Acceptation par intervention. — Le tiré n'ayant pas voulu accepter la lettre de change, un tiers peut se présenter pour l'accepter en son lieu et place. L'acceptation ainsi faite par une personne autre que le tiré s'appelle : acceptation par intervention. Toute personne peut accepter par intervention ; tantôt ce sera une personne indiquée dans la lettre de change pour la payer à défaut du tiré, un recommandataire ou besoin, tantôt même une personne non désignée au titre, mais qui, à raison de ses relations avec le tireur ou l'un des endosseurs, voudra faire honneur à la signature du tireur ou de cet endosseur, et lui éviter le désagrément d'un protêt. L'acceptation par intervention peut être donnée pour tous ceux qui sont tenus en vertu de la lettre de change, ou pour l'un d'eux seulement, par exemple, pour le tireur ou pour l'un des endosseurs ; elle a lieu au moment du protêt faute d'acceptation ; l'intervenant signe son acceptation ; elle est mentionnée dans l'acte de protêt, enfin elle doit être notifiée sans délai à celui pour lequel elle a été donnée.

Effets de l'intervention. — L'accepteur par intervention s'oblige au paiement de la lettre de change, et en est tenu comme l'aurait été le tiré lui-même, s'il eût accepté : mais s'il paie, il a droit de se faire rembourser par celui ou ceux pour qui il est intervenu. Le porteur peut ne pas se contenter de l'engagement de l'accepteur par intervention, engagement autre que celui du tiré qui avait été promis par le tireur ; il a le droit, malgré l'acceptation par intervention, d'exercer son recours, comme s'il y avait eu refus d'acceptation. Mais si l'intervenant est solvable, il est évident que le porteur n'a pas d'intérêt à refuser son engagement, car l'intervention lui donne satisfaction.

Aval ; ce que c'est ; sa forme ; ses effets. — L'aval est l'engagement d'une personne qui se porte caution de l'un de ceux qui sont tenus en vertu de la lettre de change : le tireur, les endosseurs, le tiré qui a accepté. Celui qui s'oblige ainsi s'appelle : *donneur d'aval*. L'aval peut être donné sur la lettre de change ; il est exprimé alors par les mots : *Bon pour aval*, avec la signature. Il peut également être donné en dehors de la lettre de change, et par un acte séparé, soit notarié, soit sous seing privé. Le donneur d'aval, quelle que soit la forme de son engagement, est soumis aux conséquences ordinaires de la lettre de change : la solidarité, la compétence des tribunaux de commerce. Toutefois des conventions particulières peuvent modifier les effets de l'aval ; ainsi le donneur d'aval, en le stipulant expressément, pourrait s'affranchir de la solidarité.

Echéance ; différents modes. — L'échéance est l'époque indiquée pour le paiement de la lettre de change. L'échéance peut être fixée de différentes manières. La lettre de change peut être payable à jour fixe : *Payez le 15 avril prochain, le 1er juillet prochain ;* ou bien, à un certain délai de date, c'est-à-dire un certain temps à compter de sa création : *Payez à quinze jours de date, à trois mois de date, à deux usances de date.* L'*usance* est un délai fixe de trente jours ; elle est employée pour éviter l'inconvénient résultant de la durée irrégulière des mois. Dans d'autres cas, la lettre de change sera payable à vue, c'est-à-dire à présentation. La lettre de change payable à vue n'est pas susceptible d'acceptation, puisqu'elle doit être payée aussitôt qu'elle est présentée au tiré. La lettre de change peut être payable à un ou plusieurs jours, à un ou plusieurs mois, à une ou plusieurs usances de

vue. Dans ce cas, le délai court du jour de l'acceptation ou
du jour du protêt, faute d'acceptation. Nous avons vu que,
quand la lettre de change est payable à un certain délai de
vue, l'acceptation doit être datée ; à défaut de date de l'acceptation, la lettre de change doit être payée dans le délai indiqué qui courra, non du jour de la présentation, mais du jour
de la date du titre. La lettre de change payable à vue ou à
un certain délai de vue doit être présentée au tiré dans les
trois mois de sa date, si elle est tirée du continent et des îles
de l'Europe ou d'Algérie et payable en France ou en Algérie.
Les lettres de change tirées des pays étrangers hors d'Europe,
ou des colonies françaises autres que l'Algérie, et payables en
France, ou tirées d'Europe sur les colonies françaises, doivent
être présentées dans des délais qui varient de quatre mois à
un an, et sont doublés en cas de guerre maritime. A défaut
de présentation dans les délais, le porteur est déchu de ses
droits contre les endosseurs, et même contre le tireur, si ce
dernier avait fourni la provision. L'échéance peut être fixée
d'une dernière manière : la lettre de change est stipulée
payable en foire. En pareil cas, si la foire dure un seul jour,
la lettre est payable ce jour-là; si la foire dure plusieurs jours,
l'échéance a lieu la veille du jour fixé pour la clôture de la
foire.

Échéance tombant un jour férié. — Notons en terminant
que, de quelque manière que l'échéance soit fixée, lorsqu'elle
tombe un jour férié, la lettre de change est payable la veille ;
mais, s'il y a refus de paiement, le protêt qui le constate ne
peut être fait que le lendemain du jour férié.

Paiement; ses conditions. — C'est le tiré qui doit payer
la lettre de change ; il est tenu de payer exactement au jour
de l'échéance, et aucun délai ne peut lui être accordé. De son
côté, le porteur est obligé, sous peine de certaines déchéances,
de présenter ce jour-là la lettre de change, et, s'il n'est pas
payé, de faire constater le lendemain le refus de paiement
par un protêt. Pour payer avec sécurité, le tiré doit se faire
représenter le titre, afin de vérifier la sincérité des signatures
et de s'assurer que le porteur est saisi par une suite d'endos-

sements réguliers. En payant, il se fait remettre le titre, sur lequel le porteur inscrit ces mots : *Pour acquit*, avec sa signature. Lorsque la lettre de change est tirée à plusieurs exemplaires, et qu'aucun ne porte l'acceptation, le tiré peut payer la lettre de change sur la présentation de la seconde, troisième, quatrième, lorsque l'exemplaire qui lui est remis porte que le paiement ainsi fait annule l'effet des autres exemplaires. Dans le cas contraire, le tiré ne devrait payer que sur la représentation du premier exemplaire, de la première, pour employer l'expression habituelle. Si l'un des exemplaires porte l'acceptation, le tiré doit retirer l'exemplaire accepté ; s'il le laissait en circulation, et payait sur un autre exemplaire, il pourrait être obligé de payer une seconde fois à celui qui se présenterait ayant reçu de bonne foi l'exemplaire accepté.

Mode de paiement ; monnaie étrangère. — Le porteur peut en principe exiger son paiement en numéraire ; mais aujourd'hui, les billets de banque ayant cours forcé, le créancier ne peut refuser de les recevoir. Lorsque la lettre de change indique en quelle monnaie elle doit être payée, par exemple, en monnaie d'or ou en monnaie d'argent, le paiement ne peut être fait qu'avec la monnaie convenue ; il en serait de même si la lettre de change stipulait expressément le paiement en monnaie étrangère, si l'on avait dit par exemple : *Payez cent piastres et non en autre monnaie ;* mais si la lettre de change ne contenait pas de convention expresse sur ce point, bien que la somme portée au titre fût énoncée en monnaie étrangère, en piastres ou en livres sterling, nous pensons que le paiement pourrait être fait en monnaie française ; seulement le tiré devrait tenir compte du change, c'est-à-dire de la somme qu'aura à débourser celui qui reçoit le paiement pour se procurer de la monnaie étrangère en échange de la monnaie française. Le paiement, à défaut de disposition particulière, peut être fait par le débiteur avec la monnaie qui lui convient, en or ou en argent ; il ne peut forcer le porteur à recevoir en monnaie de billon plus que l'appoint de la pièce de cinq francs, soit 4 fr. 95 cent.

Passe de sacs. — En outre celui qui paie en pièces d'argent une somme supérieure à cinq cents francs doit fournir un ou plusieurs sacs d'une dimension suffisante pour contenir au moins mille francs. Le débiteur retient sur la somme payée dix centimes pour le prix de chaque sac. C'est ce qu'on appelle le droit de passe de sacs.

Cas où le porteur ne se présente pas. — Lorsque le porteur ne se présente pas pour recevoir le paiement, voici le moyen que doit employer le tiré pour se libérer : si le paiement n'a pas été demandé dans les trois jours de l'échéance, le tiré dépose la somme dont il est débiteur à la caisse des consignations à Paris, et dans les départements, à la caisse des trésoriers payeurs généraux ou des receveurs particuliers des finances ; il lui est délivré un récépissé du dépôt, et il se libèrera en remettant au porteur, s'il se présente plus tard, ce récépissé en échange de la lettre.

Danger du paiement fait avant l'échéance. — Le porteur ne peut être tenu de recevoir le paiement avant l'échéance ; le tiré qui, d'accord avec le porteur, fait un paiement anticipé commet une imprudence ; il devient en effet responsable de la validité du paiement. Si, après ce paiement, une opposition survenait, le tiré pourrait être obligé de payer une seconde fois ; de même, si le porteur tombait en faillite, le syndic de la faillite pourrait critiquer le paiement qui aurait été fait avant l'échéance et forcer le débiteur à payer de nouveau. Au contraire, le paiement fait à l'échéance est présumé valable, et libère le tiré, à moins qu'il n'ait payé au mépris d'une opposition formée entre ses mains.

Opposition au paiement de la lettre de change. — L'opposition au paiement de la lettre de change ne peut avoir lieu que dans le cas de faillite du porteur et dans le cas de perte. Dans le cas de faillite du porteur, le syndic formera opposition pour empêcher que le tiré, ignorant la faillite, ne paie au porteur lui-même qui est dessaisi par l'effet de la faillite de l'administration de ses biens. Lorsque la lettre de change est perdue, le porteur, par son opposition, avertira le tiré de la perte, et l'empêchera de payer à celui qui se présenterait avec la lettre de change. Il ne peut être mis obstacle au paiement de la lettre de change que pour ces deux causes.

Paiement partiel. — Nous avons vu qu'il pouvait y avoir acceptation de la lettre de change pour une partie seulement de la somme, il peut aussi y avoir paiement partiel ou par à-compte. Le paiement partiel libère d'autant le tireur et les endosseurs : le porteur doit faire protester la lettre de change pour le surplus.

Perte de la lettre de change ; formalités à remplir. — Après ces détails sur le paiement en général, nous avons à expliquer deux cas particuliers : celui de perte de la lettre de change, et celui où la lettre de change est fausse ou falsifiée. Lorsque la lettre de change est égarée ou perdue, comment peut-on y suppléer ? Trois situations différentes doivent être prévues : 1° La lettre de change a été tirée à plusieurs exemplaires et aucun de ces exemplaires ne porte l'acceptation du tiré. Le porteur qui a perdu le premier exemplaire peut poursuivre le paiement sur le second, troisième, quatrième, sans avoir à faire aucune justification, et sans obtenir l'autorisation de la justice. 2° La lettre de change a été tirée à plusieurs exemplaires, elle a été acceptée, et l'exemplaire qui porte l'acceptation est perdu. Le propriétaire ne peut dans ce cas exiger le paiement sur un second, troisième, quatrième exemplaire, qu'en vertu d'une ordonnance du président du tribunal de commerce, et en fournissant caution. Ces conditions sont exigées pour garantir le tiré dans le cas où un tiers, se présentant porteur de l'exemplaire accepté, le contraindrait à payer une seconde fois. 3° La lettre de change n'a été tirée qu'à un seul exemplaire et cet exemplaire unique est perdu, ou bien à plusieurs exemplaires dont aucun n'est représenté. Le propriétaire de la lettre de change égarée peut procéder de deux manières : il peut d'abord se procurer un nouveau titre ; pour cela, il s'adresse à son cédant immédiat, et, en remontant ainsi d'endosseur en endosseur jusqu'au tireur, il obtient, soit à l'amiable, soit judiciairement, un nouvel exemplaire de la lettre de change qu'il pourra négocier avant l'échéance et sur lequel il poursuivra le paiement. Le propriétaire du titre

égaré doit supporter tous les frais. Ce moyen ne peut être employé lorsque la perte de la lettre de change survient ou est
connue à une époque voisine de l'échéance, de telle sorte que
le propriétaire n'aurait pas le temps de se procurer avant
l'échéance un exemplaire nouveau. Dans cette situation le
porteur peut demander le paiement et suppléer au titre, en
obtenant une ordonnance du président du tribunal de commerce; il doit justifier par ses livres qu'il était régulièrement
saisi de la. lettre de change, et fournir caution. La caution
fournie, soit dans ce cas, soit dans le cas précédent, est dé-
chargée après trois ans de l'engagement qu'elle a pris. Le
propriétaire de la lettre perdue qui poursuit le paiement en
vertu d'une ordonnance du juge doit, si le tiré ne paie pas,
faire constater le refus de paiement le lendemain de l'échéance
par un acte appelé acte de protestation.

  Lettre de change fausse ou falsifiée. — Il nous reste à
dire quelques mots du cas où la lettre de change est fausse, par
exemple tirée par un tireur imaginaire, ou sous un nom supposé, et de celui où elle est falsifiée, c'est-à-dire où la somme
portée au titre a été augmentée. Le tiré, qui a accepté une
lettre de change fausse, est tenu de la payer au tiers porteur
qui se présente, ignorant la fausseté du titre. Le tiré aurait
dû, avant d'accepter, agir avec plus de prudence, et s'assurer
de la sincérité de la signature du tireur; c'est pour donner au
tiré le moyen de se garantir contre les faussaires qu'a été introduit l'usage des lettres d'avis. A moins que la lettre de
change ne contienne formellement la clause *sans autre avis*,
le tiré fera bien de ne pas accepter avant d'avoir reçu du tireur
un avis séparé, lui annonçant la création de la lettre de change;
son acceptation le lie envers tous ceux qui, recevant la lettre
de change de bonne foi, compteront sur sa signature. Dans
le cas de falsification, le tiré n'est jamais tenu que de la somme
portée à la lettre de change lors de son acceptation; si donc
la falsification est postérieure à l'acceptation, il n'est tenu
que jusqu'à concurrence de la somme indiquée au titre lorsqu'il a accepté. Enfin, le tiré est valablement libéré lorsqu'il
paie à celui qui se présente porteur du titre et qui l'acquitte

du nom du dernier propriétaire de la lettre de change ; alors même que l'acquit serait faux, si aucune circonstance n'est relevée contre le tiré qui puisse constituer une imprudence à sa charge, le paiement qu'il a fait ne peut être critiqué. C'est pour éviter que le paiement ne soit ainsi fait sur un faux acquit que celui qui perd une lettre de change doit se hâter de former opposition entre les mains du tiré. L'opposition, en effet, empêchera le tiré de payer ; et, s'il payait malgré l'opposition, il serait responsable envers le propriétaire de la lettre de change.

Paiement par intervention. — La lettre de change doit régulièrement être payée par le tiré ; elle peut l'être, si le tiré refuse le paiement, par le tireur ou l'un des endosseurs, car ils sont obligés de payer à défaut du tiré. Le paiement peut également être fait par un tiers étranger à la lettre de change, c'est ce qu'on appelle le paiement par intervention. Ce paiement peut avoir lieu lorsque la lettre de change a été protestée faute de paiement ; il est constaté dans l'acte de protêt ou à la suite de cet acte. Le paiement par intervention peut être fait pour le tireur ou l'un des endosseurs. Lorsque plusieurs personnes se présentent pour payer par intervention, on préférera celle qui opèrera le plus de libérations. Ainsi celui qui paie pour le tireur, libérant tous les endosseurs, sera préféré à celui qui offre de payer pour l'un des endosseurs, ce paiement ne libérant que les endosseurs postérieurs ; celui qui offre de payer pour le premier endosseur sera préféré à celui qui offre de payer pour un endosseur subséquent. Celui qui paie par intervention est mis au lieu et place du porteur ; il a les mêmes droits et est soumis aux mêmes obligations.

Devoirs du porteur. — Pour exercer contre les divers obligés les droits qui résultent de la lettre de change, le porteur est soumis, à peine de déchéance, à certaines obligations. Ces obligations constituent les devoirs du porteur. En voici l'énumération : 1° le porteur doit, si la lettre de change est payable à vue, en demander le paiement, si elle est payable à un certain délai de vue, la présenter à l'acceptation, dans un délai déterminé, trois mois en général ; 2° il doit exiger le paiement le jour de l'échéance ; 3° il doit, en cas de non-paiement, faire faire un protêt ; 4° il doit dénoncer le protêt et agir en justice dans un délai rigoureusement fixé. Nous n'avons pas à revenir sur les deux premiers points que nous avons suffisamment expliqués déjà, mais quelques détails sont nécessaires sur les deux derniers : le protêt et le recours que le porteur a à exercer en cas de refus de paiement.

Protêt, ses formes. — Lorsque la lettre de change n'est pas payée à l'échéance, le porteur doit la faire protester. Le protêt est fait le lendemain de l'échéance, et, si le lendemain de l'échéance est un jour férié, il est fait le jour suivant. Le protêt faute de paiement est absolument nécessaire ; le porteur n'en est jamais dispensé, ni par la mort ou la faillite du tiré, ni par le protêt faute d'acceptation. Le porteur doit faire protester avant l'échéance lorsque le tiré qui a accepté tombe en faillite. Le protêt est fait par un notaire ou par un huissier, plus habituellement par un huissier ; il contient la copie textuelle de la lettre de change avec toutes les mentions qui s'y trouvent : endossements, acceptation, et la sommation de payer le montant de la lettre de change ; il constate la présence ou l'absence de celui qui doit payer, les motifs qu'il donne pour refuser de payer. Le notaire ou l'huissier chargé de faire le protêt doit se présenter au domicile du tiré, qu'il ait accepté ou non, au domicile du tiers qui a accepté par intervention, enfin au domicile de ceux qui ont été indiqués pour payer la lettre de change à défaut du tiré, les recommandataires ou besoins. En cas de fausse indication de domicile, le protêt est précédé d'un acte de perquisition constatant que l'officier ministériel a fait les recherches nécessaires pour connaître le véritable domicile de celui à qui il doit notifier le protêt. Une copie exacte du protêt doit être laissée au domicile de chacun de ceux à qui il a été fait, et le notaire ou l'huissier doit le transcrire sur un registre particulier ; le porteur pourra ainsi, s'il vient à perdre l'original, justifier, au moyen du registre de l'officier ministériel, que le protêt a été réellement fait. Lorsque la lettre de change est perdue, et que le porteur demande le paiement en recourant aux formalités prescrites en pareil cas, le refus de paiement est constaté par un acte appelé *acte de* *protestation*, fait dans les mêmes délais et les mêmes formes que le protêt, dont il diffère seulement en ce qu'il ne contient pas la copie de la lettre de change, formalité impossible à remplir, puisque le titre n'est pas entre les mains du porteur.

Poursuites à exercer par le porteur faute de paiement; délais. — Le porteur doit dénoncer le protêt au tireur et aux endosseurs, et agir en justice dans un délai qui est en général de quinze jours à compter de la date du protêt. Si celui contre lequel le recours est exercé demeure à plus de cinq myriamètres du lieu où la lettre de change était payable, il faut ajouter au délai de quinzaine un jour par deux myriamètres et demi excédant les cinq myriamètres. Pour la lettre de change tirée en France et payable hors du territoire continental de la France, les délais sont, suivant les cas, de un mois, deux mois, trois mois, huit mois. Le porteur peut poursuivre le tireur et les endosseurs, soit séparément, soit collectivement : ainsi il peut assigner seulement celui qui lui a transmis la lettre de change, ou bien en même temps tous les endosseurs et le tireur. Mais, de quelque manière qu'il procède, le porteur n'a jamais à l'égard de chacun des obligés que les délais que nous venons d'indiquer.

Sanction des obligations du porteur. — Quelles conséquences entraîne pour le porteur soit l'omission de l'une de ces formalités, soit le retard à les accomplir? Le porteur qui n'a pas présenté dans les délais la lettre de change à vue ou à un certain délai de vue, qui n'a pas demandé le paiement à l'échéance, qui n'a pas fait faire le protêt le lendemain, ou qui n'a pas assigné dans les délais prescrits, n'a plus d'action à exercer contre les endosseurs qui se trouvent libérés envers lui. Il est également déchu de son action contre le tireur, si celui-ci avait fourni la provision; dans le cas contraire, le tireur n'ayant pas rempli son obligation en fournissant au tiré le moyen d'acquitter la lettre de change ne peut reprocher au porteur sa négligence, il reste obligé envers lui. Il faut observer que la négligence du porteur ne lui fait pas perdre ses droits contre le tiré qui a accepté. Le tiré en effet, en acceptant, devient débiteur principal de la lettre de change et ne peut opposer au porteur aucune déchéance ; le porteur pourrait le poursuivre même sans avoir fait de protêt, et en dehors des délais prescrits pour le recours à exercer contre le tireur et les endosseurs.

Recours des endosseurs entre eux et contre le tireur. — Chacun des endosseurs, s'il est poursuivi par le porteur, a son recours contre les endosseurs antérieurs et contre le tireur. En effet c'est au tireur qu'incombe l'obligation d'acquitter la lettre de change à défaut du tiré, et d'autre part, chaque endosseur est garant vis-à-vis des endosseurs postérieurs entre les mains desquels la lettre de change a passé. L'endosseur qui exerce son recours contre le tireur ou un endosseur antérieur doit agir dans le même délai que celui qui est fixé pour l'action du porteur : ce délai court du lendemain de la date de la citation en justice donnée à l'endosseur ; s'il n'agit pas dans le délai, il est exposé à la même déchéance que le porteur négligent.

Retraite et rechange. — Le porteur de la lettre de change protestée peut, pour se rembourser, tirer une nouvelle lettre de change sur le tireur ou sur l'un des endosseurs en la solvabilité duquel il a confiance. On dit alors que le porteur *fait retraite* ; cette nouvelle lettre de change est la retraite. Par ce moyen, le porteur évite les lenteurs des poursuites judiciaires, et il peut se procurer immédiatement des fonds en négociant la retraite. La nouvelle lettre de change, ou retraite, comprend le capital de la lettre de change protestée ; les intérêts de cette somme à compter du jour du protêt, les frais de protêt et autres accessoires, enfin le droit de change nouveau que paie le porteur pour se faire remettre de l'argent en échange de la retraite. Ce nouveau droit de change s'appelle rechange. La retraite doit être accompagnée de la lettre protestée, du protêt, et d'un *compte de retour*, sorte de bordereau détaillant les sommes qui forment le montant de la retraite. Le rechange est certifié par un agent de change, et dans les lieux où il n'y a pas d'agent de change, par deux commerçants. De même que le porteur peut faire retraite sur le tireur ou sur l'un des endosseurs, l'endosseur qui acquitte la lettre de change protestée peut, de son côté, faire retraite soit sur le tireur, soit sur un endosseur antérieur.

SECTION II.

DU BILLET A ORDRE.

(Code de commerce, art. 187, 188.)

Formes du billet à ordre. — Le billet à ordre est celui par lequel le souscripteur prend l'engagement de payer à une époque déterminée une certaine somme au créancier ou à son ordre. On appelle *souscripteur* celui qui s'oblige à payer le billet à ordre, *bénéficiaire*, celui au profit duquel le titre est souscrit. Le billet à ordre est soumis à certaines formes : il est daté, il énonce la somme à payer, le nom de celui au profit duquel il est souscrit, la valeur fournie et en représentation de laquelle le souscripteur s'oblige, l'époque du paiement ; il contient la clause à ordre ; il est signé par le souscripteur ; enfin, s'il n'est pas écrit en entier de la main de celui qui s'engage, et s'il n'émane pas d'un commerçant, il doit, avant la signature, contenir ces mots : *bon* ou *approuvé* avec la somme en toutes lettres. (Code civil, art. 1326.) Le billet à ordre est soumis aux mêmes règles que la lettre de change relativement au timbre. Voici au surplus un exemple de billet à ordre dans lequel on retrouvera les différentes énonciations que nous avons indiquées :

B. P. F. 1000.

Au quinze avril prochain, je paierai à M. Durand ou à son ordre la somme de mille francs, valeur en espèces (ou en marchandises, en compte).

Paris, le quinze mars 1867.

Bon pour mille francs.

RICHARD.

A Paris, rue   , n°

Effets communs au billet à ordre et à la lettre de change. — Le billet à ordre est, comme la lettre de change, transmissible par endossement; les formes de l'endossement sont les mêmes, et les endosseurs sont tenus solidairement avec le souscripteur au paiement envers le porteur. Le porteur du billet à ordre, comme celui de la lettre de change, doit, pour conserver son recours contre les endosseurs, demander le paiement le jour de l'échéance, faire protester le lendemain de l'échéance s'il n'est pas payé, enfin dénoncer le protêt et assigner le souscripteur et les endosseurs conjointement ou séparément dans le délai de quinzaine.

Différences. — Trois différences importantes doivent être signalées entre la lettre de change et le billet à ordre. Voici la première : la lettre de change est nécessairement payable dans un lieu autre que celui où elle a été souscrite, elle suppose en effet la remise d'un lieu sur un autre; le billet à ordre au contraire peut être stipulé, et est ordinairement payable dans le lieu même où il a été souscrit. La seconde différence consiste en ce que la lettre de change n'est pas naturellement acquittée par le tireur qui la crée, le tireur donne mandat au tiré d'accepter et de payer; dans le billet à ordre au contraire, le souscripteur s'oblige à payer lui-même. Ainsi deux personnes seulement figurent dans le billet à ordre : le bénéficiaire qui devient créancier, le souscripteur qui devient débiteur; la lettre de change au contraire suppose le concours de trois personnes : le tireur, le preneur et le tiré; et, puisqu'il n'y a pas dans le billet à ordre une personne chargée par le souscripteur de l'acquitter, il ne peut être question ni de provision à fournir, ni d'acceptation. Enfin il y a une troisième et dernière différence, quant au caractère et aux conséquences de l'un et de l'autre de ces actes. La lettre de change, par quelque personne qu'elle ait été souscrite, constitue toujours un acte de commerce; celui qui appose sa signature sur une lettre de change devient par ce seul fait justiciable du tribunal de commerce. Le billet à ordre, au contraire, n'est pas par lui-même un acte de commerce, il n'a ce caractère qu'autant qu'il est souscrit par un commerçant ou pour une opération de commerce. Toutefois lorsque le billet à ordre porte à la fois la signature de commerçants et de non-commerçants, les obligés non commerçants eux-mêmes peuvent être assignés devant le tribunal de commerce.

Autres effets de commerce ; billet à domicile. — Indépendamment de la lettre de change et du billet à ordre, on trouve un certain nombre d'effets de commerce d'un usage assez fréquent, et dont nous devons indiquer les principaux.

C'est d'abord le billet à domicile. On appelle ainsi un billet à ordre souscrit dans un lieu et payable dans un autre. Exemple :

B. P. F. 1000.

Au quinze avril prochain, je paierai à M. Durand ou à son ordre, à Rouen, au domicile de M. Masson, la somme de mille francs, valeur en espèces.

Paris, le quinze mars 1867.

RICHARD.

Ce titre se rapproche de la lettre de change plus que le billet à ordre ordinaire, en ce qu'il contient la remise d'un lieu sur un autre, mais il reste toujours cette différence que le souscripteur du billet à domicile s'oblige à payer lui-même, tandis que le tireur de la lettre de change s'oblige à faire payer par le tiré.

Billet au porteur. — Le billet au porteur se transmet de la main à la main, par la simple tradition, sans que l'endossement soit nécessaire ; il est payable à celui qui l'a en sa possession et le représente au souscripteur à l'échéance. Exemple :

B. P. F. 1000.

Bon pour mille francs payables au porteur, le quinze avril prochain.

Paris, le quinze mars 1867.

RICHARD.

Le billet de banque n'est autre chose qu'un billet au porteur payable à vue.

Mandat. — On emploie, dans plusieurs places de commerce, des titres qui prennent le nom de mandats. Le mandat est un effet par lequel le souscripteur charge une personne de faire un paiement à un tiers. En cela le mandat ressemble tout à fait à la lettre de change, mais il en diffère en ce que la personne chargée de payer n'est qu'un mandataire ordinaire, en sorte que le porteur du mandat ne peut lui demander de s'obliger à le payer en acceptant ; le souscripteur seul est engagé envers le porteur. Voici un exemple de mandat :

$$B.\ P.\ F.\ 1000.$$

Au quinze avril prochain, il vous plaira payer contre le présent mandat à M. Durand, ou à son ordre, la somme de mille francs, valeur en marchandises.

Paris, le quinze mars 1867.

RICHARD.

A M. Masson, à Rouen.

Lettre de crédit. — Disons un mot enfin de la lettre de crédit. Lorsqu'une personne entreprend un voyage et veut éviter d'emporter de l'argent, elle s'adresse à un banquier ou à un négociant qui lui remet une lettre adressée à un correspondant, par laquelle il lui mande de compter, à la personne dénommée dans la lettre, l'argent dont elle pourra avoir besoin. C'est la lettre de crédit. Ordinairement la lettre de crédit est limitée à une certaine somme. Le porteur de la lettre en use selon ses besoins, et si bon lui semble ; il n'est pas, comme le porteur d'une lettre de change, obligé de la présenter. La lettre de crédit n'est pas transmissible, et les fonds ne doivent être délivrés que sur la signature de celui à qui elle a été remise.

SECTION III.

DE LA PRESCRIPTION.

(Code de commerce, art. 189.)

Prescription de cinq ans. — Le créancier peut, d'après le droit commun, réclamer pendant trente ans le paiement de

ce qui lui est dû, si pendant trente ans il est resté dans l'i-
naction, son droit est perdu, la dette est éteinte par la prescription. En matière d'effets de commerce, le délai de la
prescription est plus court : les actions résultant des lettres
de change, par quelque personne et pour quelque cause
qu'elles aient été souscrites, et celles résultant des billets à
ordre souscrits par les commerçants ou pour des opérations
de commerce, se prescrivent par cinq ans. La prescription
commence à courir du jour du protêt, ou du jour du dernier
acte de poursuite, si le protêt a été suivi de poursuites judiciaires. Le cours de la prescription serait interrompu par un
jugement de condamnation ou par la reconnaissance que le
débiteur ferait de la dette.

Caractère de cette prescription; serment. — La prescription de cinq ans est fondée sur cette présomption que la dette
a été payée, mais elle ne libère pas absolument le débiteur. Le
créancier auquel elle est opposée peut demander au débiteur
d'affirmer en justice sous serment qu'il n'est plus redevable ; si
le débiteur est mort, sa veuve ou ses héritiers devront affirmer,
toujours sous serment, qu'ils estiment de bonne foi qu'il n'est
plus rien dû. Le moyen de prescription ne pourra repousser
l'action du créancier qu'autant que le serment aura été prêté;
si le débiteur refuse le serment, il sera condamné malgré la
prescription opposée par lui.

SECTION IV.

DES CHÈQUES.

(Loi du 14 juin 1865.)

Origine des chèques. — Le chèque se lie intimement au
mécanisme des banques de dépôt. Lorsqu'au lieu de conserver
chez moi mes fonds, je les ai déposés chez un banquier, toutes les fois que j'aurai à faire un paiement un peu important, je remettrai à mon créancier un mandat sur mon banquier que je chargerai de lui délivrer les fonds. C'est ce titre
que nous appelons chèque par imitation du mot anglais

check. Le créancier auquel un chèque a été remis peut se présenter lui-même chez le banquier, ou bien négocier le chèque, qui, passant ainsi par plusieurs mains, servira à solder une série d'opérations. Le paiement par chèques est très-usité en Angleterre : à Londres, presque tous les négociants déposent leurs fonds chez un banquier, paient au moyen des chèques, et les reçoivent en paiement. Le nombre de chèques émis annuellement en Angleterre dépasse cent milliards, dont 60 milliards environ passent au *clearing house* de Londres, bureau de liquidation dans lequel se règlent chaque jour les comptes respectifs des principales maisons de banque. L'usage des chèques commence à se développer en France : ils facilitent le règlement des transactions commerciales, et ils ont cet avantage particulier d'être soumis à des droits beaucoup moins élevés que ceux perçus pour le timbre des lettres de change et des billets à ordre.

Définition. — Le chèque est défini : un écrit qui, sous la forme d'un mandat de paiement, sert à une personne, qui joue le rôle de tireur, à effectuer le retrait à son profit ou au profit d'un tiers de tout ou partie de fonds portés au crédit de son compte chez le tiré, et disponibles. Cette définition indique le caractère essentiel du chèque : c'est un mode de paiement; il suppose l'existence d'une somme disponible chez le tiré qui aura à livrer cette somme à celui qui se présentera régulièrement nanti du chèque. La provision, c'est-à-dire une somme exigible, suffisante pour acquitter le chèque, et due par le tiré au tireur, doit exister au jour même de l'émission du titre; l'émission d'un chèque sans provision préalable entraîne une amende de 6 0/0 du montant du chèque émis, sans préjudice de l'application de peines correctionnelles, si le fait a eu lieu de mauvaise foi et présente les caractères d'un délit.

Formes du chèque. — Le chèque doit être signé du tireur et porter en toutes lettres, de la main du tireur, la date du jour où il a été tiré, et ce, à peine d'une amende de 6 pour 100 du montant du chèque. Le chèque ne peut être tiré qu'à vue et payable à présentation; il peut être souscrit de différentes manières : au profit d'une personne dénommée, il n'est pas alors transmissible, et les fonds ne peuvent être délivrés qu'à la personne désignée au chèque ; au porteur, il se transmet alors de la main à la main, et est payable à celui qui le présente ; à ordre, dans ce cas il est transmissible par endossement. L'endossement des chèques n'est pas soumis aux formes prescrites pour l'endossement des lettres de change et des billets à 'ordre ; l'endossement en blanc, c'est-à-dire la simple signature du porteur, suffit pour transmettre le chèque. Terminons sur ce point en donnant l'exemple d'un chèque.

B. P. F.

A présentation, il vous plaira payer à M. Durand (ou à l'ordre de M. Durand, ou au porteur) la somme de mille francs dont vous débiterez mon compte.

Paris, le quinze octobre 1875.

RICHARD.

rue......, n°.....

A M. Masson, banquier à Paris,   *rue......, n°.....*

Chèque tiré d'un lieu sur un autre; différences avec la lettre de change. — Le chèque dont nous donnons l'exemple est tiré sur la même place ; il pourrait être également tiré d'un lieu sur un autre. Ainsi je puis, à Paris, donner en paiement un chèque sur un banquier de Rouen. Le chèque, tiré d'un lieu sur un autre, et qui est à ordre, présente une analogie évidente avec la lettre de change. Certaines différences essentielles doivent toutefois être signalées. En premier lieu, l'échéance de la lettre de change peut être fixée de différentes manières : elle peut être payable à jour fixe, à vue, à un certain délai de date ou de vue ; le chèque doit toujours être payable à présentation, d'où il suit qu'il n'est pas soumis à l'acceptation. Une seconde différence consiste en ce que la lettre de change peut être créée sans que le tiré ait la provision, il suffit qu'elle soit réalisée au moment de l'acceptation ou au moment de l'échéance ; pour le chèque, au contraire, il faut une somme disponible, une provision existant au jour de l'émission. Enfin le chèque, même lorsqu'il est tiré d'un lieu sur un autre, n'est pas, comme la lettre de change, un acte de commerce par lui-même, par sa nature propre ; le caractère de l'obligation qui en résulte est civil ou commercial, selon que le chèque est émis par un particulier ou par un commerçant, qu'il a pour cause une opération commerciale ou non.

Droits et devoirs du porteur d'un chèque à ordre ; délais de paiement restreints. — Lorsque le chèque est à ordre, il entraîne au profit du porteur contre les endosseurs et le tireur une obligation solidaire comme la lettre de change ; en cas de non-paiement, le porteur doit faire faire un protêt, et agir contre le tireur et les endosseurs dans les mêmes formes et dans le même délai que s'il s'agissait d'une lettre de change ou d'un billet à ordre. Le porteur du chèque est soumis à une obligation particulière : il doit réclamer le paiement dans le délai de cinq jours, y compris celui de la date, si le chèque est tiré et payable sur la même place, et dans le délai de huit jours, s'il est tiré d'un lieu sur un autre. Le porteur qui n'a pas demandé le paiement dans ce délai n'a plus d'action contre les endosseurs, et même contre le tireur, s'il y avait provision entre les mains du tiré, lorsque le chèque a été émis ; il ne conserve de droit que contre le tiré.

Droit de timbre. — Afin de favoriser et d'encourager l'usage des chèques, la loi de 1865 les avait dispensés de tout droit de timbre pendant dix ans. Le chèque est aujourd'hui soumis à un droit de timbre de 10 cent., s'il est tiré sur la même place, et de 20 cent., s'il s'agit d'un chèque tiré d'un lieu sur un autre ; il ne peut en être fait usage, sans qu'il ait été préalablement timbré. Au point de vue fiscal, les chèques sont encore plus favorablement traités que les billets à ordre et les lettres de change, puisque la perception se borne à un droit fixe très-peu élevé, au lieu du droit de timbre proportionnel à la valeur du titre. Cet avantage fait souvent employer le chèque de préférence à la lettre de change payable à vue ou à un court délai de vue.

CHAPITRE XIII.

DU COMMERCE MARITIME.

(Code de commerce. Livre II, art. 190 à 436.)

Importance du commerce maritime. — Le commerce maritime a pour objet de transporter dans les pays séparés par la mer les produits de notre commerce et de notre industrie, et d'apporter en France de l'étranger ou des colonies les produits qui nous manquent. L'importance du commerce maritime, comparé au commerce général que la France fait avec les nations étrangères, est considérable. Ainsi les importations et les exportations qui constituent le commerce extérieur représentent un chiffre de plus de 7 miliards et demi dans lesquels les importations et exportations par mer s'élèvent à plus de 5 millards. Dans ce chiffre la part de la marine française est de 2 miliards et demi environ, dont 400 millions reviennent à la navigation avec les colonies françaises et la grande pêche. Au commerce maritime se rattachent un grand nombre d'industries : la construction des navires, la fabrication des voiles, des cordages, des machines à vapeur et des divers objets nécessaires à la navigation ; la navigation et la pêche forment l'occupation de la plupart des habitants de nos côtes ; enfin, la marine marchande sert à recruter la marine de l'Etat. A ces divers points de vue, la prospérité de la marine et du commerce maritime présente un intérêt capital qui justifie les efforts faits pour en accroître l'importance. Les documents officiels établissent que, dans l'ensemble de la navigation qui se fait entre la

France, les pays étrangers et les colonies, la marine française représente un chiffre de 42 0/0. Les pays avec lesquels la France entretient le plus de relations maritimes se classent dans l'ordre suivant : l'Angleterre, le royaume d'Italie, la Turquie, l'Espagne, la Russie, l'Égypte, les États-Unis (Océan Atlantique), la Norwége, le Brésil, les Villes Anséatiques, les possessions espagnoles d'Amérique, l'Autriche, les Pays-Bas, le Rio de la Plata, les États barbaresques, le Mexique, les Indes anglaises, la côte occidentale d'Afrique et le Pérou.

Services subventionnés; Messageries maritimes et Compagnie transatlantique. — Afin de donner plus de développement aux relations de la France avec l'étranger et les colonies, l'Etat a accordé à des compagnies maritimes des subventions en leur imposant l'obligation de services périodiques et certaines charges, notamment celle du transport des dépêches. Les deux compagnies les plus importantes qui se sont constituées sous la protection du gouvernement, et avec les subsides du Trésor, sont : la compagnie des Messageries maritimes et la Compagnie transatlantique. Les Messageries maritimes desservent les lignes suivantes : de Marseille à Naples et à Malte par les côtes d'Italie, de Marseille à Alexandrie, à Smyrne, au Pirée et à Constantinople. A ces services principaux se rattachent dans le Levant des services annexes : d'Alexandrie à Smyrne, de Smyrne à Constantinople, de Constantinople à Ibraïla et Trébizonde, dans la mer Noire. Une autre ligne de la même compagnie met en communication Marseille avec les ports d'Algérie, Alger, Stora, Philippeville. La compagnie des Messageries maritimes a inauguré dans ces dernières années des services nouveaux, qui créent des relations régulières avec l'extrême Orient. De Suez partent deux lignes de paquebots : l'une à destination de Saïgon en Cochinchine, avec services annexes sur Calcutta, Batavia les ports de la Chine et du Japon; l'autre, à destination des îles de la Réunion et Maurice. Enfin, une dernière ligne va de Bordeaux à Rio Janeiro, en touchant à Lisbonne, et à Gorée sur la côte d'Afrique. Les lignes exploitées par la Compagnie transatlantique sont moins nombreuses, mais ne sont pas moins importantes : la première est une ligne allant du Havre et de Brest à New-York; la seconde est la ligne de la Havane et du Mexique. A cette ligne, qui touche à Saint-Thomas, la Havane et Vera-Cruz, se rattachent des bateaux annexes qui desservent la Guadeloupe, la Martinique, Porto Rico, Haïti, Santiago de Cuba, la Jamaïque, Tampico et Matamoros; un nouveau bateau doit bientôt desservir la Nouvelle-Orléans. Il y a une dernière ligne : celle des Antilles, de la Colombie et de l'isthme de Panama. Cette ligne aboutit à Colon Aspinwall (isthme de Panama), après avoir touché à son passage la Martinique et Sainte-Marthe de Colombie; elle communique par des paquebots annexes avec la Guadeloupe, Saint-Thomas, la Guayra, Porto Cabello, les îles Anglaises, la Trinidad et la Guyane. La même compagnie a un service de Panama à Valparaiso, et correspond, par delà l'isthme de Panama, avec les services américains et anglais des côtes de l'Océan pacifique. L'établissement des lignes régulières de paquebots entre la France et les pays d'outre mer a donné un développement considérable à nos relations maritimes.

Matières qui composent le droit maritime. — Après ces notions générales, nous arrivons aux règles particulières établies par la législation pour le commerce de mer. Nous étudierons successivement ce qui concerne les navires ou bâtiments de mer, les propriétaires de navires, le capitaine, l'engagement des matelots, enfin les principaux contrats auxquels donnent naissance les opérations maritimes : la location des navires, le prêt à la grosse, le contrat d'assurance.

Diverses espèces de navires; sens des mots : tonneau, jaugeage, tonnage, agrès, etc. — On entend par navires les bâtiments de mer destinés au commerce. La dénomination de vaisseau est plus particulièrement appliquée aux bâtiments de l'Etat. Les navires reçoivent, suivant leur grandeur, leur construction ou leur armement, des noms divers : *trois mâts, bricks, goëlettes, lougres, cutters*, etc. La contenance du navire se détermine par une mesure appelée tonneau, qui représente 1 stère 404 millièmes ou 42 pieds cubes. Les expressions : tonnage, désignent la capacité du navire, et jaugeage, l'opération qui sert à constater et à mesurer cette capacité. Le mot : navire, employé sans restriction, comprend les agrès, c'est-à-dire certains objets qui, sans faire partie intégrante du navire, en sont des accessoires indispensables, tels que les chaloupes, canots, ancres, mâts, voiles, câbles. Lorsqu'on veut opposer le navire aux marchandises qui y sont chargées, on emploie le mot : *corps*, pour désigner le navire avec ses accessoires, et le mot : *facultés*, pour désigner les marchandises et les objets composant le chargement.

Vente des navires; privilèges sur le prix. — Les navires constituent une propriété soumise à certaines règles particulières : ils ne peuvent être vendus que par un acte écrit, soit authentique, soit sous seing privé; bien qu'ils aient le caractère de meubles, la saisie et la vente forcée des navires sont entourées de formes différentes de celles exigées pour la saisie et la vente des objets mobiliers en général. Le navire, ou le prix provenant de la vente, est affecté spécialement au paiement de certaines créances privilégiées, telles que les frais d'entretien, les gages et loyers des gens de l'équipage, les sommes empruntées pendant le voyage par le capitaine pour les besoins du navire. (Voyez Appendice.)

Pièces dont les navires doivent être pourvus. — Le navire, avant sa sortie du port, doit être muni de certaines pièces qui restent à bord pour pouvoir en justifier au besoin. Indiquons les plus importantes, qui sont : 1° *l'acte de propriété du navire*. Si le propriétaire du navire l'a fait construire lui-même, l'acte de propriété consistera dans les pièces constatant la construction : un traité avec un constructeur, les factures des fournisseurs et ouvriers employés à la construction; si le propriétaire n'a pas fait construire le navire, il établira sa propriété par un acte de vente régulier, ou un procès-verbal d'adjudication prouvant l'acquisition du navire. 2° L'*acte de francisation*. On appelle ainsi un acte délivré par l'administration des douanes, et qui établit que le navire est d'origine française. 3° Le *rôle d'équipage*, ou état de toute les personnes qui se trouvent à bord. 4° Les *chartes-parties* et les *connaissements*. Les chartes-parties sont les actes qui constatent les conventions pour le transport des marchandises ; les connaissements sont des états des marchandises que le capitaine reconnaît avoir reçues à son bord. 5° Les *procès-verbaux de visite*. Le capitaine doit, avant de prendre un chargement, faire vérifier si le navire est en état de naviguer. Le procès-verbal de cette opération est déposé au greffe du tribunal de commerce, et un extrait en est délivré au capitaine ; c'est le procès-verbal de visite. 6° Les *acquits*, ou quittances des droits perçus à la douane, et les *acquits-à-caution*. On appelle acquits-à-caution des certificats délivrés aux expéditeurs de marchandises par les agents des douanes, pour autoriser la libre circulation des marchandises sans payer les droits entre le lieu de l'envoi et celui de la destination. L'acquit-à-caution est employé pour la navigation au cabotage, qui se fait d'un port à un autre port de France. 7° Le *congé*. C'est une sorte de passeport délivré par l'administration des douanes. 8° Le *manifeste*. Le manifeste est l'état général de la cargaison : il indique toutes les marchandises qui sont dans le navire, avec le nom des expéditeurs et des destinataires. 9° La *patente de santé*, certificat délivré au moment du départ pour constater l'état sanitaire du lieu de départ et celui des personnes qui se trouvent embarquées sur le navire. Le navire qui n'est pas muni d'une patente de santé s'expose à faire dans le port où il ira aborder une quarantaine plus ou moins longue.

Droits auxquels les navires sont soumis. — Les navires sont soumis au paiement de droits assez nombreux qui sont compris sous la dénomination générale de droits de navigation. Nous citerons : le *droit de tonnage*, perçu sur les navires à leur entrée dans un port, et ainsi nommé parce qu'il est calculé d'après la capacité du navire, laquelle se mesure par le nombre de tonneaux ; le *droit de pilotage*, rétribution payée au pilote côtier, dont les capitaines se servent pour éviter les dangers que peuvent présenter les côtes. Le capitaine ne peut refuser les services du pilote ; s'il ne l'emploie pas, il n'en doit pas moins le droit de pilotage. On appelle *pilotes lamaneurs* ceux qui guident au moyen de barques les navires à l'entrée et à la sortie des ports ou des rivières. La rétribution payée au pilote lamaneur est le *droit de lamanage*. Le *droit de touage* est le salaire payé aux *haleurs*, c'est-à-dire à ceux qui font avancer le navire au moyen de cordes ; cette opération faite en pleine mer, à l'aide de canots, s'appelle *remorque*. Notons encore le *droit d'amarrage* payé pour arrêter un navire dans le port au moyen d'une amarre, les *droits de bassin* et *d'avant-bassin* perçus sur les navires qui entrent dans les bassins d'un port, les *droits de balises*, *de tonnes* ou *de bouées*, destinés à l'entretien de ces sortes de signaux placés pour avertir les navires dans les endroits dangereux, les *droits de feux* perçus pour l'entretien des phares.

Responsabilité des propriétaires de navires, armateurs ou non armateurs. Celui à qui le navire appartient peut l'armer lui-même, ou le louer désarmé à une personne qui fera les frais de l'armement, et qu'on appelle armateur. Le propriétaire ou l'armateur est responsable des faits du capitaine, des fautes qu'il commet, du dommage qu'il cause par sa négligence ou son imprudence ; il est également responsable des engagements pris par le capitaine relativement au navire et à l'expédition. Toutefois, cette responsabilité n'est pas illimitée, elle ne peut s'étendre au-delà de la valeur du navire. Le propriétaire ou armateur, s'il ne veut pas payer, a la faculté de faire au créancier l'abandon du navire et du fret, ou prix de la location du navire, moyennant quoi, il se trouve libéré. Cette faculté d'abandon n'existe pas quand le propriétaire est en même temps le capitaine du navire ; engagé personnellement, il ne peut se soustraire à l'exécution complète de son obligation.

Le navire peut appartenir à une seule ou à plusieurs personnes. Lorsqu'il appartient à plusieurs copropriétaires, toutes les mesures d'intérêt commun sont prises à la majorité ; cette majorité se forme en ayant égard, non au nombre, mais à l'intérêt de chacun ; elle est déterminée par une portion d'intérêt dans le navire excédant la moitié de sa valeur. La licitation, c'est-à-dire la vente aux enchères du navire appartenant à plusieurs en commun, ne peut être ordonnée que sur la demande des propriétaires formant la moitié de l'intérêt total dans le navire.

Du capitaine. — Le capitaine est le chef chargé de la conduite et du gouvernement du navire. Sous le nom de capitaine, nous comprenons les *capitaines au long cours* et les *maîtres au cabotage :* les capitaines au long cours peuvent commander un navire pour toute espèce de navigation ; les maîtres au cabotage ne peuvent faire que certains voyages moins étendus. La loi considère comme voyages de long cours ceux qui se font au delà des limites suivantes : au sud, le 30ᵉ degré de latitude nord ; au nord, le 72ᵉ degré de latitude nord ; à l'ouest, le 15ᵉ degré de longitude du méridien de Paris ; à l'est, le 44ᵉ degré de longitude du méridien de Paris. (*Code de commerce, art.* 377.) Le titre de capitaine au long cours et de maître au cabotage est conféré par le ministre de la marine, après des examens et des épreuves destinées à constater l'aptitude du candidat. Le capitaine est choisi par l'armateur, qu'il soit ou non propriétaire du navire ; l'armateur a toujours le droit de le congédier sans lui payer d'indemnité, à moins qu'une convention expresse et rédigée par écrit n'ait réservé au capitaine le droit de réclamer un dédommagement. Le capitaine est chargé de la conduite du navire ; il est à bord le représentant de l'armateur, et, à ce titre, tenu de veiller à la conservation des marchandises. Sa responsabilité est appréciée rigoureusement ; il répond des fautes même légères qu'il commet dans l'exercice de ses fonctions, et il ne peut se décharger de cette responsabilité qu'en établissant que le fait dont on lui demande compte est le résultat de la force majeure.

Devoirs du capitaine avant le départ. — Le capitaine a des devoirs particuliers avant le départ, pendant le voyage, et à l'arrivée. Avant le départ, il est chargé de former l'équipage, de choisir et de louer les matelots, de convenir avec eux du prix de leur engagement. Cependant, si l'armateur est présent, le capitaine doit s'entendre avec lui et obtenir son agrément pour les choix qu'il a en vue et les loyers qu'il veut allouer. Le capitaine doit, avant de mettre à bord des marchandises et de prendre la mer, faire visiter son navire, pour constater qu'il est en état de tenir la mer. Il fournit un connaissement ou reconnaissance des marchandises qui lui sont remises; il doit veiller à ce qu'elles soient chargées dans des conditions qui assurent leur sécurité; il ne peut, sans le consentement de l'armateur, charger sur le navire des marchandises pour son compte. Le capitaine doit se munir de toutes les pièces que nous avons énumérées : acte de propriété du navire, acte de francisation, etc.; il doit tenir un *livre de bord*, sorte de livre-journal, sur lequel il consigne les recettes et dépenses qui concernent le navire, les résolutions prises pendant le voyage, et généralement tout ce qui concerne le fait de sa charge, tout ce qui peut donner lieu à un compte à rendre, à une demande à former.

Pendant le voyage. — Pendant le voyage, le capitaine doit s'absenter le moins possible de son navire; il doit spécialement s'y trouver en personne à la sortie et à l'entrée des ports, havres et rivières, sous peine de répondre de tous les accidents qui pourraient survenir au navire ou au chargement. Il doit, lorsqu'il est forcé de faire relâche dans un port français ou étranger, déclarer les causes de sa relâche, dans un port français, au président du tribunal de commerce; et, à défaut de tribunal de commerce, au juge de paix; dans un port étranger, au consul français, et s'il n'y en a pas, au magistrat du lieu. S'il aborde dans un port étranger, il doit faire son rapport au consul de France, qui constate par un certificat l'époque de l'arrivée et du départ, l'état et la nature de la cargaison. En cas de naufrage, le capitaine doit se présenter devant le juge du lieu ou toute autre autorité civile, y faire son rapport et le faire certifier par ceux de l'équipage qui se trouvent avec lui. Il ne peut, pour quelque danger que ce soit, abandonner le navire sans l'avis des officiers et des principaux de l'équipage; il doit quitter le bord le dernier, et sauver, si cela est possible, l'argent, les papiers de bord et les objets les plus précieux du chargement. Le capitaine, engagé pour un voyage, est tenu de l'achever, à peine de dommages-intérêts; il ne peut vendre le navire sans une autorisation expresse des propriétaires, si ce n'est dans le cas où le navire n'est plus en état de naviguer. Lorsqu'il quitte un port étranger ou un port des colonies françaises pour revenir en France, il doit transmettre à ses armateurs un compte signé de lui, indiquant l'état de son chargement, le prix des marchandises que comprend la cargaison, les sommes qu'il a dû emprunter pour les besoins du navire.

Pouvoirs du capitaine à bord. — Le capitaine remplit à bord les fonctions d'officier de l'état civil : il constate les naissances et les décès, les actes sont inscrits sur le livre de bord; il peut recevoir les testaments des passagers ou des personnes de l'équipage. S'il se commet à bord un délit pouvant donner lieu à des poursuites judiciaires, il dresse procès-verbal, recueille les renseignements, fait arrêter l'inculpé, sur le sort duquel il sera statué par la juridiction compétente lorsque le navire aura terminé son voyage; enfin, il peut infliger certaines peines aux gens de l'équipage qui troubleraient l'ordre, n'obéiraient pas à ses ordres, en un mot, commettraient quelqu'infraction à la discipline.

Le capitaine peut, pendant le cours du voyage, pour satisfaire à une nécessité urgente, par exemple, pour faire des réparations au navire, ou acheter les choses nécessaires à la subsistance de l'équipage, emprunter sur le navire, engager ou vendre des marchandises; l'urgence doit être constatée par un procès-verbal signé des principaux de l'équipage, et le capitaine doit se faire autoriser à recourir à ces moyens exceptionnels, en France, par le tribunal de commerce, et s'il n'y a pas dans le port où il se trouve de tribunal de commerce, par le juge de paix; et à l'étranger, par le consul français ou le magistrat du lieu.

Devoirs à l'arrivée. — A l'arrivée, le capitaine est tenu, dans les vingt-quatre heures, de faire viser son livre de bord, et de faire son rapport devant le président du tribunal de commerce, ou, à défaut de tribunal de commerce, devant le

juge de paix, qui l'envoie sans délai au président du tribunal
de commerce le plus voisin. Ce rapport énonce le lieu et le
temps du départ, la route suivie, les hasards courus, les
désordres arrivés dans le navire et toutes les circonstances
remarquables du voyage; il est déposé au greffe du tribunal
de commerce. Le capitaine ne peut, à moins d'un péril im-
minent, faire décharger ses marchandises avant d'avoir fait
son rapport.

Engagement des matelots; ses divers modes. — L'engagement des matelots est un contrat par lequel un matelot
loue ses services à un capitaine de navire, moyennant un
loyer que ce capitaine s'oblige à lui payer. Ce que nous di-
rons des matelots s'applique aussi à l'engagement des autres
personnes composant l'équipage. L'engagement des matelots
peut être fait de différentes manières : 1° *au voyage*, c'est-à-
dire moyennant une somme unique pour tout le voyage, quelle
que soit sa durée; 2° *au mois*, c'est-à-dire à raison d'une certaine
somme par chaque mois que durera le voyage; 3° *au profit*,
quand le matelot est payé au moyen d'une part dans les bénéfices de l'expédition ; 4° *au fret*, quand le matelot a droit
à une part dans le produit de la location du navire ou fret.
Dans ces deux derniers cas, l'engagement a le caractère d'une
véritable association. L'engagement des matelots doit être
constaté par écrit; il est ordinairement porté sur le rôle d'é-
quipage, et il ne devient définitif que par la clôture de ce
rôle. Le matelot, engagé pour un voyage, n'a accompli son
obligation qu'autant que le navire est arrivé à sa destination,
et, s'il est loué pour l'aller et le retour, qu'autant que le navire est revenu au lieu du départ.

Résolution ou modification de l'engagement. —Différents
événements peuvent rompre ou modifier l'engagement du
matelot. Nous allons parcourir les principaux de ces faits. Si
le matelot tombe malade ou meurt avant le départ, il n'est
dû aucun loyer; le matelot ou sa succession a seulement
droit au paiement des journées employées à charger le navire. Si le matelot tombe malade ou s'il est blessé pendant le
voyage au service du navire, il a droit au paiement de ses

loyers, et, en outre, il est traité et pansé aux dépens du navire. Lorsque le matelot meurt pendant le voyage, ses héritiers sont payés des loyers dus au jour de son décès, s'il était loué au mois, et au prix entier du voyage, s'il était loué au voyage ; toutefois, si le matelot loué pour l'aller et le retour mourait en allant, la moitié seulement du loyer serait acquise. Lorsque le matelot est tué en défendant le navire, ses héritiers sont plus favorablement traités : ils ont droit au loyer du voyage entier, dans tous les cas, et alors même que le matelot serait loué au mois. En cas de naufrage avec perte entière du navire et des marchandises, les matelots n'ont droit à aucun loyer ; s'il y a quelque chose de sauvé, ils peuvent se faire payer sur les débris du navire, et ensuite sur les marchandises sauvées. Lorsque le voyage pour lequel le matelot était engagé vient à être abandonné, si c'est avant le départ, le matelot a droit à un mois de gages, il conserve en outre les avances qu'il a reçues ; si c'est après le départ, le matelot, engagé au voyage, a droit au loyer convenu pour tout le voyage ; le matelot, engagé au mois, a droit à ses gages entiers pour tout le temps pendant lequel il a servi, et à la moitié de ses gages pour le reste de la durée présumée du voyage. Dans tous les cas, le matelot reçoit une indemnité pour ses frais de retour, à moins qu'il n'ait trouvé à s'embarquer sur un autre navire. Lorsque le voyage est prolongé ou raccourci, le matelot engagé au mois a droit au loyer pour le temps pendant lequel il a réellement servi ; le matelot engagé au voyage peut réclamer une augmentation de gages dans le cas où, sans y être contraint par aucun événement de mer, le capitaine dépasse le lieu de sa destination ; si au contraire le voyage est raccourci, le matelot engagé au voyage a droit au salaire convenu tout entier. Le matelot congédié sans cause avant le départ a droit, à titre d'indemnité, au tiers de ses gages ; s'il est congédié pendant le voyage, sans que sa conduite ait justifié cette mesure, il a droit au paiement entier de ses gages et à une indemnité pour ses frais de retour. En aucun cas, le capitaine ne peut congédier un matelot en pays étranger. Notons en terminant que le navire et le fret, ou prix de location, sont spécialement affectés au loyer des gens de l'équipage, et que l'action du matelot en paiement de ses gages se prescrit par un an après le voyage terminé.

Chartes-parties; affrétements ou nolissements. — On appelle charte-partie ou affrétement dans l'Océan, nolissement dans la Méditerranée, la convention par laquelle l'armateur ou le capitaine d'un navire en loue, pour le transport des marchandises, l'usage en tout ou en partie moyennant un salaire ou loyer. Celui qui donne le navire à loyer s'appelle *fréteur*, celui qui le prend à loyer, *affréteur*; le prix de la location se nomme *fret* ou *nolis*. Toutes les conventions relatives à la location d'un navire doivent être rédigées par écrit.

Connaissement. — Le capitaine qui reçoit à son bord des marchandises pour en opérer le transport doit en fournir une reconnaissance. Cette reconnaissance s'appelle connaissement. Le connaissement constate la convention relative au transport; il a pour les transports par mer le même effet que la lettre de voiture pour les transports par terre. Le connaissement énonce le nom du chargeur, le nom et l'adresse de celui à qui les marchandises sont expédiées, ou destinataire, le nom et le domicile du capitaine, le nom et le tonnage du navire, le prix du fret; enfin, il indique en marge les marques et numéros des objets à transporter. Il est rédigé en quatre originaux : un pour le chargeur, un pour le destinataire, un pour l'armateur, enfin un qui reste entre les mains du capitaine. Ces quatre originaux sont signés par le chargeur et par le capitaine. Le connaissement peut avoir la forme d'une reconnaissance pure et simple, désignant la personne à qui les marchandises doivent être remises : dans ce cas, les marchandises ne peuvent être délivrées qu'à la personne qu'il indique; il peut être à ordre, il est alors transmissible par endossement, et les marchandises seront remises à celui qui se présentera ayant reçu le connaissement par un endos régulier; enfin, il peut être au porteur, il se transmet alors de la main à la main, et celui qui réclame la marchandise justifie suffisamment de son droit par la présentation du connaissement.

Contrat à la grosse. — Un autre contrat, particulier au commerce maritime, et dont l'usage est fréquent, est le contrat à la grosse ou *prêt à la grosse aventure*. C'est une espèce de prêt, dans lequel le prêteur expose ses fonds aux risques que court le navire. Il prête sur le navire ou sur les marchandises; si le navire vient à périr, l'emprunteur ne doit rien, et le prêteur perd son argent; si le navire arrive à bon port, le prêteur a droit de réclamer son capital, et en outre un certain bénéfice qu'on appelle *profit maritime*. Ce bénéfice est le prix du risque que court le prêteur ; c'est à raison de son caractère aléatoire que cette opération prend le nom de prêt à la grosse aventure, ou par abréviation, contrat à la grosse. Le contrat à la grosse doit être fait par écrit; il peut être à ordre, le titre est alors négociable par voie d'endossement. Le prêteur à la grosse a privilége sur le navire ou sur les marchandises du chargement, mais, pour qu'il puisse invoquer ce privilége, il faut qu'il fasse enregistrer son contrat au greffe du tribunal de commerce, dans les dix jours de sa date; et si le prêt à la grosse est fait à l'étranger, il faut que la nécessité de l'emprunt ait été constatée par un procès-verbal signé des principaux de l'équipage, et qu'il soit autorisé par le consul français ou par le magistrat du lieu.

Contrat d'assurance maritime; ses éléments essentiels. — Tous les accidents, tous les risques que la prudence humaine est impuissante à prévoir ou à empêcher, peuvent faire l'objet du contrat d'assurance : ainsi, le propriétaire assure sa maison contre l'incendie, le cultivateur assure sa récolte contre la grêle, le père de famille assure son fils contre les chances du tirage au sort. De même l'armateur, le propriétaire de marchandises chargées sur un navire, peut assurer son navire ou ses marchandises contre les risques de la mer. C'est là l'objet de l'assurance maritime. On la définit : un contrat par lequel une personne s'oblige envers une autre, moyennant un prix convenu, à l'indemniser des pertes et dommages qu'éprouveront des objets exposés aux dangers de la navigation. Celui qui se charge des risques est *l'assureur*; celui envers lequel il contracte cette obligation s'appelle *assuré*; enfin, on nomme *prime d'assurance* la somme payée par l'assuré à l'assureur comme prix du risque couru.

A quoi peut s'appliquer l'assurance. — L'assurance peut avoir pour objet le navire lui-même, les marchandises composant le chargement, les sommes prêtées à la grosse sur le navire ou les marchandises, et en général, toutes les choses ou valeurs susceptibles d'une estimation pécuniaire et exposées aux risques de la navigation. L'assureur est responsable de toute perte ou détérioration des objets assurés survenue par les diverses fortunes de mer : tempête, naufrage, feu, prise, pillage; mais il ne répond point de la perte qui arrive par le vice propre de la chose assurée, ou de celle qui a pour cause une faute du capitaine, de l'armateur ou de leurs préposés. En général, la convention détermine le moment auquel commencent et finissent les risques; à défaut de convention spéciale, les risques commencent, à l'égard du navire, au moment de son départ; et à l'égard des marchandises, au moment où elles sont chargées sur le navire ou dans les gabarres qui doivent les y transporter. Dès que les risques ont commencé à courir, la prime est acquise à l'assureur; si le navire, après avoir quitté le port, revient sans avoir accompli le voyage, l'assuré doit payer la totalité de la prime. Toutefois, quand la prime est stipulée pour l'aller et le retour, et que le navire revient sans chargement ou avec un chargement incomplet, l'assureur n'a droit qu'aux deux tiers de la prime. Si le voyage est rompu avant que les risques n'aient commencé à courir, l'assurance est annulée de plein droit, mais l'assureur a droit à une indemnité, qui est de demi pour cent (50 centimes par cent francs) de la somme assurée.

Effets de l'assurance; causes de nullité. — L'assurance ne peut jamais être pour l'assuré une cause de bénéfice; il n'a droit, quelle que soit la somme pour laquelle elle a été contractée, qu'à l'indemnité de la perte qu'il a réellement éprouvée. L'exagération de la valeur de la chose assurée, lorsqu'elle a eu lieu de mauvaise foi de la part de l'assuré, permet à l'assureur de demander la nullité du contrat; si l'exagération est le résultat d'une erreur, les effets du contrat sont réduits à la valeur réelle des objets assurés. L'assurance peut également être annulée lorsque l'assuré a fait une fausse déclaration, ou a dissimulé un fait qui serait de nature à modifier l'opinion du risque ou à en changer l'objet. L'assurance est valable quand les choses assurées sont déjà arrivées à destination, ou que leur perte est réalisée, si cet événement est ignoré des deux parties; mais s'il est prouvé que l'assureur avait connaissance de l'heureuse arrivée du navire, ou l'assuré de la perte, lorsque l'assurance a été contractée, le contrat est nul, car le risque qui est de son essence n'existe pas; la partie qui a ainsi stipulé de mauvaise foi paie à l'autre une somme double de la prime convenue, elle peut, en outre, être poursuivie devant le tribunal correctionnel.

Formes du contrat; police. — Le contrat d'assurance doit être rédigé par écrit, l'acte qui le constate s'appelle police d'assurance; il peut être fait par les parties elles-mêmes, par un courtier ou par un notaire. La police d'assurance peut être à ordre; elle doit être datée et indiquer si elle a été signée avant ou après midi; elle doit reproduire tous les éléments constitutifs du contrat, énoncer le nom des parties, la nature et l'estimation de l'objet de l'assurance, la désignation du navire et le nom du capitaine, le port d'où le navire a dû partir et le lieu de sa destination, la somme promise par l'assureur en cas de sinistre, le montant de la prime, enfin le moment où commencent et où finissent les risques. La police d'assurance doit être sur papier timbré.

Obligations de l'assuré et de l'assureur. — Le contrat d'assurance entraîne des obligations de la part de l'assuré et de la part de l'assureur. La première obligation de l'assuré est de payer la prime convenue; il doit en outre signifier à l'assureur tous les avis qu'il reçoit des accidents arrivés à la chose assurée, dans les trois jours de leur réception; enfin, il doit justifier du sinistre et établir la perte qu'il a éprouvée.

Quant à l'assureur, son obligation consiste à supporter le dommage éprouvé par l'assuré, mais l'exécution de cette obligation peut se réaliser de deux manières : tantôt en effet, l'assuré réclamera la totalité de l'indemnité promise en abandonnant ce qui reste de la chose assurée, c'est ce qu'on appelle le délaissement; tantôt il aura droit à une indemnité proportionnelle à la perte qu'il a éprouvée, en gardant ce qui reste de la chose assurée, c'est le cas de l'action d'avarie.

Occupons-nous successivement de ces deux hypothèses, et d'abord, de celle où il y a lieu à délaissement.

Délaissement; quand peut-il avoir lieu; dans quel délai. — Le délaissement est l'abandon que l'assuré fait à l'assureur de ce qui reste des objets assurés et de tous ses droits relatifs à ces objets, à la charge par l'assureur de payer la totalité de la somme convenue. Le délaissement peut avoir lieu dans différents cas, dont les principaux sont : le naufrage, l'innavigabilité, ou impossibilité de remettre le navire en état de naviguer causée par fortune de mer, la perte ou la détérioration des effets assurés, si elle s'élève au moins aux trois quarts, enfin l'absence de nouvelles pendant six mois ou un an, selon qu'il s'agit d'un voyage ordinaire ou d'un voyage au long cours. L'assuré doit faire le délaissement, à peine de déchéance, dans un délai qui est de six mois, un an ou dix-huit mois à partir de la nouvelle qu'il a reçue du sinistre, selon les parages où ce sinistre est arrivé. Le délaissement a lieu au moyen d'une signification faite par l'assuré à l'assureur; l'assureur doit payer la somme pour laquelle l'assurance a été contractée, dans les trois mois de la signification du délaissement.

Action d'avarie. — Le second mode d'exécution du contrat d'assurance est l'action d'avarie; l'assuré peut l'exercer dans tous les cas où il n'y a pas lieu au délaissement; il peut aussi, au lieu de faire le délaissement dans le cas où il serait possible, recourir, s'il le préfère, à l'action d'avarie. Le résultat de cette action est que l'assuré conserve ce qui reste de la chose assurée, et se fait payer par l'assureur une indemnité proportionnelle au dommage qu'il a éprouvé. L'action d'avarie peut être exclue par une clause formelle de la police d'assurance ; cette clause porte le nom de *franc d'avaries ;* lorsqu'elle a été insérée dans le contrat, l'assureur ne répond que des pertes pouvant donner lieu au délaissement. L'action d'avarie et les autres actions résultant de la police d'assurance, à l'exception de l'action en délaissement, se prescrivent par cinq ans à compter de la date du contrat.

Distinction des avaries grosses ou communes et des avaries particulières. — L'action d'avarie n'a pas seulement son application au cas d'assurance, elle peut se présenter aussi bien lorsque la chose n'est pas assurée. Ce mot : avarie, désigne en effet tout dommage qui arrive au navire ou aux marchandises, ainsi que toute dépense extraordinaire faite pour le navire ou les marchandises conjointement ou séparément. Lorsqu'il s'agit de déterminer à la charge de qui doit être ce dommage ou cette dépense, les avaries se divisent en avaries grosses ou communes, et avaries particulières. On appelle avarie grosse ou commune, tout dommage souffert volontairement et toute dépense extraordinaire faite pour le salut commun du navire et des marchandises, ainsi la perte des choses jetées à la mer pour sauver le navire, la perte des ancres et des effets abandonnés pour le salut commun. Les avaries grosses ou communes sont supportées proportionnellement par les marchandises pour leur valeur totale, et par le navire et le fret pour moitié de leur valeur. On nomme avaries simples ou particulières, le dommage involontaire, accidentel et les dépenses extraordinaires faites pour le navire seul, ou pour les marchandises seules : ainsi, le dommage arrivé aux marchandises par suite d'une tempête, les frais faits pour les sauver rentrent dans les avaries particulières. Les avaries particulières sont supportées exclusivement par le propriétaire de la chose qui a éprouvé le dommage, ou occasionné la dépense. Les demandes pour avaries ne peuvent être formées qu'autant qu'elles ont une certaine importance : il faut, s'il s'agit d'avarie commune, qu'elle représente un pour cent de la valeur cumulée du navire et des marchandises, et, s'il s'agit d'avarie simple, qu'elle atteigne au moins un pour cent de la valeur de la chose endommagée.

Du jet. — Le jet est l'action de jeter à la mer tout ou partie du chargement, pour alléger le navire exposé à périr par suite d'une tempête. Le jet ne peut avoir lieu qu'en vertu d'une délibération prise par le capitaine, les intéressés au chargement qui se trouvent à bord, et les principaux de l'équipage. La loi (art. 411) indique l'ordre dans lequel les objets doivent, autant que possible, être jetés.

De la contribution. — Il y a lieu à contribution dans le cas d'avarie commune. La valeur des objets jetés à la mer, des objets sacrifiés, ou des dépenses faites pour le salut commun, doit être répartie proportionnellement entre le navire, le fret et les marchandises. C'est cette répartition qui prend le nom de contribution. La contribution s'établit sur la moitié de la valeur du navire et du fret, sur la valeur des effets sauvés et des effets jetés à la mer. Pour parvenir à la contribution, un état des pertes et dommages est dressé par des experts au lieu du déchargement : les mêmes experts font ensuite la répartition ; cette répartition, à défaut d'accord entre les parties, est approuvée, en France, par le tribunal de commerce ; dans les ports étrangers, par le consul français, ou, à son défaut, par le tribunal compétent du lieu.

CHAPITRE XIV.

DES FAILLITES ET BANQUEROUTES.

(Code de commerce, livre III, art. 437 à 614, modifiés par la loi
du 28 mai 1838.)

Caractère et conséquences de l'état de faillite; division. — Lorsqu'un commerçant cesse de satisfaire à ses engagements, il peut être déclaré en faillite. La faillite entraîne des conséquences fort graves : elle prive le commerçant de l'administration de ses biens, laquelle passe à des administrateurs judiciaires, appelés syndics. Le failli ne peut être remis à la tête de ses affaires qu'en obtenant un concordat, sorte de traité fait avec ses créanciers; si les créanciers ne consentent pas le concordat, tous les biens du failli sont réalisés par les syndics, et leur prix est réparti entre les créanciers. Indépendamment de ces effets relatifs à la fortune, la faillite entraîne certaines incapacités : le commerçant failli est privé de ses droits politiques, il est incapable d'exercer aucune fonction publique; il ne peut recouvrer les droits dont il est ainsi privé, qu'en désintéressant intégralement tous ses créanciers, et en obtenant ensuite sa réhabilitation. La faillite peut avoir pour cause des circonstances malheureuses que le commerçant n'a pu prévoir et qui ont entraîné sa ruine; elle peut être le résultat des fautes qu'il a commises, de son imprudence; enfin, elle peut présenter des caractères de fraude et de mauvaise foi. Dans ces deux derniers cas, la faillite prend le nom de banqueroute : le failli coupable d'imprudence peut être traduit devant le tribunal correctionnel, et condamné comme banqueroutier simple à un emprisonnement; s'il a commis des fraudes, il est poursuivi devant la cour d'assises comme banqueroutier frauduleux et condamné à une peine sévère, la peine des travaux forcés à temps.

Nous avons indiqué, dans ce rapide coup d'œil jeté sur la matière, la division que nous allons suivre. Ce chapitre sera divisé en trois sections traitant, la première, de la faillite; la seconde, des banqueroutes; la troisième, de la réhabilitation.

SECTION Ire.

DE LA FAILLITE.

Définition de la faillite; cessation de paiements. — La faillite est définie : l'état d'un commerçant qui a cessé ses paiements. Les commerçants seuls peuvent être déclarés en faillite : le simple particulier non commerçant qui ne peut payer ses créanciers est poursuivi par eux; ses biens sont saisis et vendus, mais il ne peut être soumis au régime particulier de la faillite et aux conséquences qu'elle entraine. L'élément essentiel de la faillite est la cessation des paiements. L'exactitude à remplir ses engagements est pour le commerçant une obligation rigoureuse; par cela seul qu'il ne paie pas, il peut être déclaré en faillite. Voici quelques-uns des faits qui manifestent le plus ordinairement la cessation des paiements : la signature du commerçant est protestée, des poursuites judiciaires sont exercées, des condamnations prononcées contre lui par les tribunaux à raison de billets en souffrance; il est obligé de solliciter des délais de ses créanciers. La plupart du temps, le failli a un passif supérieur à son actif, ses biens ne peuvent suffire à désintéresser ses créanciers; mais ce n'est pas là une condition indispensable : un commerçant peut être déclaré en faillite, alors même qu'il a un actif égal ou supérieur à son passif, si, à un moment donné, n'ayant pas de ressources disponibles, et ne possédant pas assez de crédit pour s'en procurer, il cesse de payer; cette suspension de paiements peut entrainer la faillite, tout aussi bien que la cessation absolue des paiements, conséquence de l'insolvabilité du débiteur. Il arrive souvent qu'un commerçant, espérant échapper à la faillite, parvient à se soutenir pendant quelque temps en créant de nombreux billets, en obtenant le renouvellement de ceux qu'il a déjà mis en circulation. Ce sont là des moyens dangereux, qui ne font que retarder la ruine et la rendre plus complète, en augmentant le nombre des créanciers et le chiffre du passif. Ces renouvellements de billets, fréquemment répétés, indiquent l'impossibilité où se trouve le commerçant d'exécuter ses obligations, et aboutissent presque fatalement à la cessation des paiements. Le commerçant ne se sauve donc pas par ce moyen, il s'expose au contraire à être condamné comme banqueroutier simple : en effet, la loi punit comme coupable de banqueroute simple le commerçant qui, dans le but de retarder sa faillite, s'est livré à des emprunts, à une circulation d'effets ou autres moyens ruineux de se procurer des fonds.

Formes de la déclaration de faillite ; déclaration au greffe. — Le commerçant qui a cessé ses paiements doit dans les trois jours se présenter au greffe du tribunal de commerce de son domicile, et, s'il n'y a pas de tribunal de commerce, au greffe du tribunal de première instance qui en remplit les fonctions, pour y faire la déclaration de la cessation de ses paiements. En cas de faillite d'une société, cette déclaration est faite au greffe du tribunal dans le ressort duquel se trouve le principal établissement de la société, elle contient le nom et l'indication du domicile de chacun des associés en nom, tenus personnellement et solidairement.

Dépôt du bilan. — Le failli doit, en faisant la déclaration, l'accompagner du dépôt de son bilan. On appelle bilan un exposé sommaire de la situation du débiteur ; cet exposé doit contenir : 1° l'état de son actif, c'est-à-dire l'énumération et l'évaluation de tout ce qui lui appartient, meubles, immeubles, marchandises, créances ; 2° l'état du passif ou des dettes, dans lequel se trouvent énoncés le nom et la demeure de chaque créancier, la somme qui lui est due, et la nature de sa créance ; 3° le tableau des profits et pertes réalisés par le commerçant pendant le cours de ses opérations ; 4° le tableau des dépenses de sa maison. Le bilan a pour objet de faire connaître la situation du failli ; il fournit le moyen de dresser la liste des créanciers présumés, enfin il permet d'apprécier si le failli a, dans la conduite de ses affaires, agi avec prudence et économie, ou si, au contraire, il s'est montré imprudent, s'il s'est laissé entraîner à des actes de prodigalité et de dissipation. Le bilan doit être certifié véritable, daté et signé par le failli. Si des circonstances indépendantes de sa volonté empêchent le commerçant de dresser son bilan avant de faire la déclaration, il indique dans cette déclaration les causes qui l'ont empêché de remplir la formalité du dépôt du bilan, et le bilan est dressé par les syndics, après que le tribunal de commerce a déclaré la faillite. Le failli qui ne fait pas, dans le délai et dans les formes prescrites, la déclaration de cessation de ses paiements, s'expose à être poursuivi comme banqueroutier simple. Le débiteur qui a fait au greffe la déclaration de cessation de paiements peut la rétracter, tant que le jugement déclaratif n'a pas été rendu : si des ressources nouvelles lui permettent de reprendre ses paiements, il n'y aura pas eu de faillite.

Jugement déclaratif. — A la suite de la déclaration faite par le failli et du dépôt de son bilan, le tribunal de commerce rend un jugement qui constate l'état de faillite ; on l'appelle jugement déclaratif de faillite. Quand le débiteur n'a pas fait lui-même la déclaration de cessation de ses paiements, la faillite peut être déclarée par le tribunal de commerce sur la demande d'un ou de plusieurs créanciers, ou même d'office, quand le tribunal est averti par la notoriété publique que le commerçant a cessé ses paiements. Un commerçant peut être déclaré en faillite après sa mort lorsqu'il était à ce moment en état de cessation de paiements ; toutefois, les créanciers ne sont plus admis à former une demande en déclaration de faillite, lorsqu'une année s'est écoulée depuis le décès.

Détermination de l'époque de la cessation des paiements. — La cessation de paiements peut être bien antérieure au jour où la faillite est déclarée ; on voit, en effet, des commerçants conserver, par des moyens plus ou moins honnêtes et presque toujours dangereux, un crédit factice, et retarder pendant des mois, des années quelquefois, la déclaration de faillite, bien qu'ils aient en réalité cessé leurs paiements. Le tribunal doit déterminer l'époque précise à laquelle remonte la cessation des paiements : nous verrons en effet que la cessation des paiements entraîne la nullité de certains actes faits par le failli. La détermination de l'époque de la cessation des paiements se fait soit par le jugement déclaratif lui-même, soit par un jugement ultérieur ; à défaut de détermination spéciale, la cessation des paiements est réputée avoir existé seulement à partir du jugement déclaratif.

Publicité du jugement déclaratif ; voies de recours. — A raison des conséquences graves qu'entraîne la déclaration de faillite, le jugement qui la prononce doit être porté à la connaissance des intéressés au moyen d'affiches et d'insertions dans les journaux. La même publicité est prescrite pour le jugement qui fixe l'époque de la cessation des paiements. Ces jugements sont susceptibles de diverses voies de recours. Ils peuvent être attaqués devant le tribunal même qui les a rendus, par voie d'opposition : le droit de former opposition appartient au failli lui-même et à tous ceux qui ont intérêt à ce que la faillite ne soit pas déclarée ; le délai est de huit jours seulement pour le failli, et d'un mois pour les autres intéressés ; il court du jour de l'accomplissement des formalités d'affiche et d'insertion. Les parties qui ont figuré dans l'instance devant le tribunal de commerce peuvent interjeter appel du jugement ; le délai d'appel pour les jugements rendus en matière de faillite est de quinzaine seulement, à compter de la signification. L'appel est porté devant la Cour d'appel.

Dispositions accessoires contenues dans le jugement déclaratif. — Le jugement déclaratif contient différentes dispositions accessoires : il désigne l'un des membres du tribunal pour surveiller, en qualité de juge-commissaire, les opérations de la faillite ; il nomme un ou plusieurs syndics provisoires qui sont chargés de faire les actes d'administration nécessaires ; il ordonne l'apposition des scellés sur les valeurs dépendant de la faillite et le dépôt de la personne du failli dans la prison pour dettes ; toutefois, si le failli a lui-même déclaré sa faillite, le tribunal peut l'affranchir de cette mesure rigoureuse et le laisser en liberté.

Nullités résultant de la cessation des paiements. — La faillite entraîne la nullité de certains actes faits avant le jugement déclaratif, mais depuis la cessation des paiements ou à une époque voisine de cette cessation. Les actes ainsi frappés de nullité présentent ce caractère commun qu'ils constitueraient, s'ils étaient maintenus, un avantage fait à un créancier au détriment de la généralité des créanciers, de la masse de la faillite. Le principe qui règle les rapports entre les créanciers, à partir de la cessation de paiements, est l'égalité absolue ; un créancier ne peut, à compter de cette époque, se créer une situation meilleure que celle des autres ; les actes que nous allons parcourir violent ce principe, et c'est pourquoi la loi en prononce la nullité.

Actes nuls de droit. — Les nullités qui résultent ainsi de la cessation des paiements ne sont pas toutes aussi rigoureuses : certains actes sont, à raison de leur nature propre, frappés d'une nullité radicale, absolue, que les tribunaux ne peuvent se refuser à prononcer ; cette nullité atteint non-seulement les actes faits depuis l'époque de la cessation des paiements, mais même ceux faits dans les dix jours qui l'ont précédée ; elle aura lieu, alors même que celui qui profite de l'acte était de bonne foi, ignorait complétement la situation mauvaise du débiteur. Pour d'autres actes, la nullité est facultative : les tribunaux, même en reconnaissant qu'un acte a été fait depuis la cessation des paiements, peuvent ne pas l'annuler, si cet acte ne leur paraît pas causer à la masse un préjudice réel ; la nullité de cette seconde espèce ne peut être admise que si celui qui l'invoque prouve que le tiers qui a traité avec le débiteur avait connaissance, au moment où l'acte a été fait, de la cessation de ses paiements ; cette nullité enfin, supposant la connaissance de la cessation des paiements, ne peut atteindre que les actes faits après la cessation des paiements, et non ceux faits dans les dix jours qui l'ont précédée. Les actes qui rentrent dans la première classe de nullités sont les suivants : 1° tous les actes translatifs de propriété faits à titre gratuit, c'est-à-dire ayant le caractère d'une pure libéralité, les donations en un mot; on ne saurait admettre en effet que le débiteur qui ne peut payer ses créanciers fasse à leurs dépens des libéralités; 2° les paiements de dettes non encore échues; il serait inique que le débiteur payât une créance non échue, alors qu'il n'acquitte pas des dettes échues; 3° les paiements de dettes même échues faits autrement qu'en espèces ou effets de commerce. Le seul mode régulier de paiement est celui qui se fait en argent ou en effets de commerce que le débiteur transmet à son créancier pour se libérer; si le débiteur donne, et si le créancier accepte en paiement des marchandises, des objets mobiliers, il y a là un acte suspect, qui fait présumer que le créancier, connaissant le mauvais état des affaires du débiteur, a voulu, d'accord avec lui, se faire une situation meilleure que celle des autres créanciers; 4° les droits d'hypothèque ou de nantissement constitués sur les biens du débiteur pour dettes antérieurement contractées. Voici un exemple nécessaire pour comprendre cette hypothèse : un créancier a prêté une certaine somme, sans exiger du débiteur de sûreté particulière, une hypothèque, un nantissement; puis, voyant que le débiteur va faire faillite, il vient le trouver et lui demande de lui consentir une hypothèque, qui lui permette de se faire payer avant les autres créanciers; le débiteur accorde l'hypothèque : elle sera nulle, parce qu'ici encore le créancier veut se créer, aux dépens des autres, une condition plus favorable. Tous ces actes seront absolument nuls et sans effet, s'ils sont intervenus depuis la cessation des paiements ou dans les dix jours qui l'ont précédée.

Actes annulables. — Passons au second ordre de nullités, nullités facultatives, subordonnées à la connaissance de la cessation des paiements chez celui qui traite avec le débiteur. Cette nullité peut s'appliquer à tous les paiements, même pour des dettes échues, même faits en espèces ou en effets de commerce, et à tous les actes à titre onéreux, tels qu'achats, ventes, qui ont été faits par le débiteur depuis la cessation des paiements. Ces actes ne sont pas suspects par eux-mêmes : celui qui a reçu un paiement du débiteur, qui a traité avec lui, peut être de bonne foi, l'acte fait peut ne pas préjudicier à la masse des créanciers, il sera alors maintenu ; mais si un créancier, averti que le débiteur ne paie plus, se hâte de se présenter et parvient à obtenir un à-compte ou même un paiement intégral, le paiement ainsi fait sera nul, et le créancier devra rapporter à la masse de la faillite ce qu'il aura reçu ; ou bien encore le débiteur, à bout de ressources, vend des marchandises à bas prix à un individu qui connaît sa situation et veut en profiter, la vente sera nulle, et l'acheteur sera obligé de restituer les marchandises ou leur valeur. En un mot, ces actes pourront être annulés lorsque celui qui a traité avec le débiteur avait connaissance de la cessation des paiements. Rappelons que la nullité de la seconde classe n'atteint que les actes faits depuis la cessation des paiements, et non, comme celle de la première classe, les actes faits dans les dix jours qui l'ont précédée.

Inscriptions hypothécaires. — Nous avons, pour terminer cette matière, à expliquer les règles particulières aux inscriptions hypothécaires et au paiement des effets de commerce. En principe, les hypothèques et les privilèges valablement acquis peuvent être inscrits jusqu'au jour du jugement déclaratif, mais les inscriptions prises postérieurement seraient sans valeur ; les tribunaux peuvent, en outre, annuler les inscriptions prises depuis la cessation des paiements ou dans les dix jours qui l'ont précédée, s'il s'est écoulé plus de quinze jours entre la date de l'acte constituant le privilège ou l'hypothèque et le jour où l'inscription est prise. Cette nullité est facultative : le tribunal devant lequel on l'invoquera aura à examiner, si le retard que le créancier a mis à prendre inscription provient d'un fait accidentel, ou bien de sa négligence, ou même d'une fraude concertée entre le créancier et le débiteur pour ménager le crédit de ce dernier et faire croire que ses biens sont libres, quoiqu'ils soient grevés d'hypothèque ;

il aura aussi à apprécier si le retard a causé quelque préjudice à la masse.

Effets de commerce. — Quant aux effets de commerce, lettres de change et billets à ordre, le paiement reçu par le porteur ne peut jamais être critiqué à son égard, alors même qu'il aurait connaissance de la cessation des paiements ; en effet, le porteur d'une lettre de change ou d'un billet à ordre doit, à peine de déchéance, se faire payer ou faire protester ; il lui est dès lors impossible de refuser un paiement qui lui est offert, et il y aurait injustice à le contraindre à rapporter ce qu'il a ainsi reçu.

Effets du jugement déclaratif. — Le jugement déclaratif de faillite produit quatre effets principaux : 1° il dessaisit le failli de l'administration de ses biens ; 2° il suspend les poursuites individuelles des créanciers ; 3° il rend exigibles les dettes du failli ; 4° il arrête le cours des intérêts. Donnons sur chacun de ces points quelques explications.

Dessaisissement du failli. — Le premier effet du jugement déclaratif de faillite est le dessaisissement du failli. A partir de ce jugement, le failli est privé de l'administration de ses biens ; cette administration est confiée aux syndics. Le dessaisissement a pour conséquence d'empêcher le failli de disposer des valeurs, de quelque nature qu'elles soient, qui composent son actif et d'augmenter son passif en contractant de nouvelles dettes. Les demandes judiciaires relatives aux biens du failli doivent, à partir du jugement déclaratif, être intentées ou suivies par les syndics ou contre eux ; enfin, c'est contre eux que les actes de poursuites, commandement, saisie, ou autres, doivent être faits par les créanciers qui, par exception, conservent après la faillite le droit d'exercer des poursuites.

Suspension des poursuites individuelles. — Le second effet du jugement déclaratif de faillite est la suspension des poursuites individuelles. Le but de l'administration de la faillite est la réalisation des valeurs composant l'actif et leur répartition entre les créanciers ; des poursuites exercées par les créanciers individuellement auraient eu pour résultat d'entraver cette administration, et de grever la masse de frais inutiles. Cet effet du jugement déclaratif ne s'applique qu'aux créanciers ordinaires, et non à certains créanciers que leur situation particulière place en dehors de la faillite : les créanciers ayant un privilége ou une hypothèque sur les immeubles, et les créanciers nantis d'un gage. Ces créanciers conservent, après le jugement déclaratif, le droit d'exercer des poursuites sur l'immeuble grevé de l'hypothèque ou du privilége, ou sur la chose qui leur a été donnée en gage. Le propriétaire des lieux occupés par le failli à titre de locataire a, sur les objets qui garnissent les lieux loués, un droit semblable à celui du créancier gagiste sur l'objet qui lui a été donné en nantissement; il conserve donc, après le jugement déclaratif, le droit d'exercer des poursuites. Toutefois les syndics ont huit jours à compter de l'expiration du délai de la vérification des créances pour notifier au propriétaire leur intention de continuer le bail, à la charge d'en exécuter les conditions. Jusqu'à l'expiration de ce délai de huit jours, le propriétaire ne peut exercer aucune poursuite à fin d'exécution sur les effets mobiliers servant à l'exploitation du commerce ou de l'industrie du failli.

Exigibilité. — Le troisième effet du jugement déclaratif est l'exigibilité des dettes. Lorsque le failli est débiteur, et qu'il a un terme, un délai pour payer, la dette devient immédiatement exigible par suite de la faillite, et en conséquence le créancier peut prendre part aux opérations de la faillite et aux répartitions. L'exigibilité ne s'applique pas, bien entendu, à ce qui est dû au failli; le débiteur ne peut perdre le bénéfice du terme par la faillite de son créancier. Elle ne s'étend pas non plus à ceux qui sont débiteurs avec le failli; par exemple, lorsque le débiteur principal tombe en faillite, la dette devient exigible à son égard, mais la caution qui a garanti le paiement de la même dette continue à profiter du terme. Il existe à cet égard une disposition particulière pour les lettres de change et les billets à ordre : lorsque le souscripteur d'un billet à ordre, le tiré qui a accepté la lettre de change, ou le tireur, si le tiré n'a pas accepté, tombe en faillite, les autres personnes obligées au paiement du billet à ordre ou de la lettre de change doivent fournir caution pour le paiement, si elles ne préfèrent rembourser immédiatement.

Cessation du cours des intérêts. — Le dernier effet du jugement déclaratif est la cessation du cours des intérêts. Le créancier dont la créance est productive d'intérêts ne peut pas réclamer, sur l'actif de la faillite, les intérêts courus depuis le jugement déclaratif. Il n'y a d'exception que pour les créanciers hypothécaires et privilégiés et pour les créanciers gagistes; ils peuvent se faire payer les intérêts courus depuis le jugement déclaratif, mais seulement sur le prix des biens soumis au privilége ou à l'hypothèque, ou sur le prix des objets constituant le gage.

Administration de la faillite; juge-commissaire; syndics. — Le jugement déclaratif nomme un juge-commissaire dont la mission consiste à surveiller les opérations de la faillite, et à faire son rapport au tribunal de commerce sur toutes les contestations auxquelles elle peut donner naissance. Le même jugement désigne un ou plusieurs syndics : leur nombre est de trois au plus; ils sont choisis, soit parmi les créanciers, soit parmi les personnes étrangères à la faillite; ils peuvent recevoir, dans tous les cas, une indemnité qui est déterminée par le tribunal de commerce, sur l'avis du juge-commissaire, lorsque les opérations de la faillite sont terminées. Dans la quinzaine qui suit le jugement déclaratif, le juge-commissaire réunit les créanciers présumés, et les consulte sur la nomination de nouveaux syndics ou la conservation de ceux qui ont été désignés. Il est dressé un procès-verbal des observations des créanciers présents à la réunion; sur le vu de ce procès-verbal et le rapport du juge-commissaire, le tribunal nomme de nouveaux syndics, ou continue les premiers dans leurs fonctions. Les syndics ainsi nommés ou confirmés prennent le nom de syndics définitifs.

Droits et devoirs des syndics. — Les syndics sont chargés d'administrer les biens du failli et de prendre toutes les mesures utiles dans l'intérêt de la masse des créanciers. Ils font apposer les scellés, si cette formalité n'a pas été remplie avant leur entrée en fonctions. Le jugement déclaratif ordonne en effet l'apposition des scellés : ces scellés sont apposés par le juge de paix, assisté par le greffier du tribunal de commerce, sur les magasins, comptoirs, caisses, portefeuilles, livres, papiers, meubles et effets du failli. Il n'est point apposé de scellés lorsque l'actif du failli est peu considérable, et que le juge-commissaire estime qu'il peut être inventorié en un seul jour. Les scellés sont levés à la requête des syndics qui dressent l'inventaire. Cet inventaire comprend un état et une évaluation de toutes les valeurs composant l'actif du failli, et un état des papiers trouvés à son domicile. Toutes les valeurs appartenant au failli, les livres et les papiers sont remis aux syndics ; ils continuent l'exploitation du fonds de commerce ; ils procèdent au recouvrement des sommes dues au failli ; ils peuvent, avec l'autorisation du juge-commissaire, faire procéder à la vente d'objets mobiliers et de marchandises ; ils font tous les actes nécessaires pour conserver les droits du failli contre ses débiteurs ; ils prennent, au nom de la masse des créanciers, une inscription hypothécaire sur les immeubles du failli ; enfin ils représentent la faillite dans les instances où elle peut se trouver engagée. Les syndics peuvent, s'ils le croient avantageux, transiger sur les contestations que la faillite peut avoir à soutenir : si l'objet de la contestation n'excède pas trois cents francs, la transaction a lieu avec la seule autorisation du juge-commissaire ; si l'objet de la contestation excède trois cents francs, la transaction doit être homologuée par le tribunal de commerce, lorsqu'elle est relative à des droits mobiliers, par le tribunal civil, lorsqu'elle est relative à des immeubles ; le failli peut toujours s'opposer à la transaction, et son opposition suffit pour y mettre obstacle lorsqu'elle est relative à un droit immobilier. Dans la quinzaine du jugement qui les nomme syndics définitifs, les syndics doivent remettre au juge-commissaire un mémoire ou compte sommaire, dans lequel ils font connaître l'état de la faillite, le montant présumé de l'actif et du passif, les causes et le caractère de la faillite. Les syndics doivent indiquer dans ce document s'il y a des actes d'imprudence ou de fraude à reprocher au failli, ou si au contraire la faillite ne peut être attribuée qu'à des circonstances malheureuses. Ce compte sommaire est transmis par le juge-commissaire au procureur de la République de l'arrondissement, qui appréciera s'il y a lieu de poursuivre le failli comme banqueroutier simple ou frauduleux (1).

Consignation des deniers provenant de la faillite. — Lorsque, par suite des ventes qu'ils ont faites ou des recouvrements opérés, les syndics ont touché des sommes, les deniers ne restent pas entre leurs mains; ils ne conservent que les fonds qui, d'après l'appréciation du juge-commissaire, sont nécessaires pour subvenir aux dépenses et aux frais; le surplus est déposé immédiatement à la caisse des consignations, et les syndics ne peuvent retirer les deniers déposés que sur une ordonnance du juge-commissaire.

(1) Nous empruntons au *Manuel de Droit commercial* de M. Bravard-Veyrières la formule suivante de mémoire présenté par les syndics au juge-commissaire :

A M. . . . . juge-commissaire de la faillite du sieur. . . . .

Les sieurs. . . . , syndics de la faillite du sieur X..., ont l'honneur de vous transmettre l'état de la faillite dudit sieur X... (*On relate le jugement qui a déclaré la faillite et nommé le syndic ou les syndics, et l'on mentionne sommairement ce qui s'est fait depuis.*) Cette faillite présente un actif de. . . . . et un passif de. . . . .

Le failli attribue le dérangement de ses affaires aux pertes que lui a fait éprouver le sieur Y..., qui n'a pas rempli envers lui ses engagements, et à la baisse subite du café, dont il avait fait provision à un très-haut prix et qu'il a été forcé de revendre à perte.

On doit cependant remarquer que, peu avant sa faillite, il a fait des emprunts considérables, notamment d'une somme de. . . . . au sieur A. . . . . et d'une somme de. . . . . au sieur B. . . . .

Il paraît embarrassé de justifier l'emploi de ces divers emprunts. Il était adonné au jeu, et peut-être cette passion a-t-elle pu contribuer à sa ruine. Enfin, dès qu'il a reconnu l'impossibilité de tenir plus longtemps secret l'état fâcheux de son commerce, il a disparu de son domicile et s'est tenu caché pendant. . . . . Depuis, il a été mis provisoirement en état de détention dans la maison d'arrêt de. . . . , où il est encore en ce moment.

(*Signature des syndics.*)

Sauf-conduit. — Le jugement déclaratif ordonne le dépôt à la prison pour dettes de la personne du failli qui n'a pas lui-même déclaré sa faillite ; le failli, ainsi incarcéré, peut obtenir sa liberté par un jugement du tribunal qui lui accorde un sauf-conduit. Le failli peut être employé par les syndics pour les affaires de la faillite ; le juge-commissaire détermine les conditions de son travail ; en outre, il peut obtenir pour lui et sa famille des secours alimentaires, dont l'importance est fixée par le juge-commissaire sur la proposition des syndics, sauf recours au tribunal en cas de contestation : ces secours sont prélevés sur l'actif de la faillite.

Réclamations des créanciers contre les opérations des syndics ; révocation. — La gestion des syndics est soumise à un double contrôle : celui du juge-commissaire d'abord, qui peut leur donner des avertissements, leur refuser les autorisations qu'ils demandent, enfin proposer au tribunal leur révocation ; et ensuite le contrôle des créanciers et du failli lui-même. Ce droit des créanciers et du failli peut se produire sous deux formes distinctes : ils peuvent s'opposer aux actes que se proposent de faire les syndics ou réclamer contre des actes accomplis ; l'opposition ou la réclamation est adressée au juge-commissaire qui doit statuer dans les trois jours, sauf recours au tribunal de commerce. Le failli et les créanciers peuvent provoquer en outre la révocation des syndics ; mesure grave qui ne peut se justifier que par des faits de mauvaise gestion, d'incapacité ou d'improbité. Voici la marche à suivre pour obtenir la révocation des syndics. La demande est adressée au juge-commissaire qui, s'il juge la réclamation fondée, la soumettra au tribunal, en lui demandant de remplacer le syndic ou les syndics dont la gestion est incriminée. Si le juge-commissaire n'a pas, dans les huit jours, saisi le tribunal de la demande, le demandeur peut se pourvoir directement devant le tribunal qui, après avoir entendu le rapport du juge-commissaire et les explications des syndics dans la chambre du conseil, statuera sur la révocation.

Vérification des créances ; production des titres. —

La vérification des créances est une des opérations les plus importantes de la faillite; elle a pour but d'arrêter définitivement le passif en déterminant quels sont les créanciers légitimes du failli. Aussitôt après le jugement déclaratif de faillite, les créanciers peuvent remettre au greffier du tribunal de commerce qui en donne récépissé leurs titres de créance, auxquels est joint un *bordereau* sur papier timbré indiquant les sommes réclamées. C'est ce qu'on appelle la production des titres. Les créanciers qui n'ont pas encore déposé leurs titres au greffe sont avertis, après le jugement qui nomme les syndics définitifs, par des insertions dans les journaux et des lettres adressées à chacun d'eux par le greffier, d'avoir à remettre leurs titres aux syndics avec un bordereau, à moins qu'ils ne préfèrent les déposer au greffe. Le créancier peut faire sa production et prendre part aux diverses opérations que nous allons expliquer, soit en personne, soit par un fondé de pouvoir. Le pouvoir pour représenter un créancier dans une faillite doit être enregistré, mais il peut être sous seing privé; une procuration notariée n'est pas nécessaire. Le délai pour la production des titres est de vingt jours à compter des insertions faites dans les journaux; il est augmenté, pour les créanciers domiciliés hors de la ville où siége le tribunal devant lequel se suit la faillite, d'un jour par cinq myriamètres de distance entre le lieu où siége le tribunal et le domicile du créancier; pour les créanciers domiciliés hors du territoire continental de la France, il faut ajouter au délai de vingt jours un délai supplémentaire qui varie de un mois à huit mois.

Assemblée des créanciers. — Lorsque le délai pour la production des titres est expiré, les créanciers sont de nouveau convoqués pour assister à la vérification. Cette opération a lieu aux jour et heure indiqués par le juge-commissaire. Les syndics procèdent à la vérification en présence et sous la surveillance du juge-commissaire qui préside la réunion.

Procès-verbal de vérification; preuve des créances; admission. — La vérification est constatée par un procès-verbal détaillé, qui reproduit en substance le titre de chaque créancier. Si les syndics sont eux-mêmes créanciers, leur créance est vérifiée par le juge commissaire. Le juge-commissaire a toujours le droit, si les justifications fournies par un créancier ne lui paraissent pas suffisantes, d'exiger la production des livres, ou d'un extrait fait par les juges du domicile du créancier. Tous les créanciers, même ceux dont les titres n'ont pas encore été vérifiés, peuvent assister à la vérification, faire des observations et contester les créances produites. Le même droit appartient au failli. Si les syndics et le juge-commissaire estiment que la créance est suffisamment justifiée, et si aucune contestation n'est soulevée par les autres créanciers ou le failli, la créance est admise au passif de la faillite. Mention de l'admission est faite sur le titre du créancier en ces termes : *Admis au passif de la faillite de.* . . . . *pour la somme de.* . . . , *le.* . . . . Cette déclaration est signée par les syndics, et visée par le juge-commissaire.

Contestation des créances. — Si des contestations s'élèvent, le juge-commissaire peut renvoyer devant le tribunal de commerce qui juge sur son rapport, et décide s'il y a lieu d'admettre ou de rejeter le créancier. Il peut arriver qu'une créance soit l'objet d'une contestation pendante devant un tribunal autre que le tribunal de la faillite; en pareil cas, si la contestation ne peut être jugée définitivement avant l'expiration des délais, le tribunal saisi peut ordonner que la créance contestée sera admise par provision à la faillite, jusqu'à concurrence de la somme qu'il déterminera.

Affirmation. — Le créancier admis doit remplir une dernière formalité : il est tenu, dans la huitaine qui suit la vérification, d'affirmer entre les mains du juge-commissaire que sa créance est sincère et véritable. L'affirmation frauduleuse d'une créance qui n'existe pas est punie des peines de la banqueroute frauduleuse, c'est-à-dire des travaux forcés à temps.

Conséquences du défaut de production et d'affirmation; opposition. — Les créanciers qui n'ont pas accompli les formalités que nous venons de parcourir ne peuvent prendre part aux délibérations de la faillite, non plus qu'aux répartitions qui seraient faites. Toutefois, ils peuvent former opposition entre les mains des syndics, et faire reconnaître leur droit par le tribunal, en cas de contestation. Les frais de l'opposition sont toujours à la charge du créancier négligent. Le créancier qui a formé ainsi opposition doit prendre les choses dans l'état où elles se trouvent au moment de son opposition, il ne peut demander qu'on revienne sur des répartitions déjà faites, ou même seulement ordonnancées par le juge-commissaire; mais il ne peut être procédé, après l'opposition, à de nouvelles répartitions sans y comprendre ce créancier, ou au moins sans réserver sa part si sa créance est contestée; en outre, afin que sa condition soit égale à celle des autres, le créancier opposant est admis à prélever sur l'actif non encore réparti ce qu'il aurait touché dans les répartitions précédentes, s'il s'était présenté plus tôt.

Concordat; traité entre le failli et ses créanciers. — Lorsque les délais pour la vérification et l'affirmation des créances sont expirés, une nouvelle réunion des créanciers a lieu, pour délibérer sur le concordat. On entend par concordat un traité entre le failli et ses créanciers, traité qui remet le failli à la tête de ses affaires, et qui contient certains arrangements pour le paiement du passif.

Délibération sur le concordat. — Au jour fixé par le juge-commissaire, les créanciers sont convoqués par lettre et par insertions dans les journaux. La réunion se tient sous la présidence du juge-commissaire; le failli est appelé et doit se présenter en personne, à moins d'une cause légitime d'empêchement approuvée par le juge-commissaire. Les syndics font un rapport sur l'état de la faillite, ses causes et son caractère, sur les opérations qu'ils ont faites et les formalités qu'ils ont remplies; après ce rapport, le failli fait aux créanciers ses propositions, sur lesquelles ceux-ci sont appelés à délibérer et à voter. Tous les créanciers vérifiés et affirmés peuvent prendre part à la délibération et au vote du concordat; il n'y a d'exception que pour les créanciers hypothécaires, privilégiés ou nantis d'un gage, qui ne peuvent participer au concordat, pour les créances ainsi garanties, qu'en renonçant au privilége, à l'hypothèque ou au gage: le v te au concordat entraîne de plein droit cette renonciation.

Double majorité nécessaire pour la formation du concordat. — Pour la formation du concordat, le consentement de tous les créanciers n'est pas nécessaire, il suffit que les propositions du failli réunissent une double majorité : majorité en nombre, comprenant la moitié plus un des créanciers, majorité en somme, consistant dans les trois quarts du montant des créances vérifiées et affirmées. Ainsi, supposons que les créanciers soient au nombre de vingt, et que le chiffre total des créances s'élève à 100,000 francs, il faudra que onze créanciers acceptent les propositions du failli, et que ces onze créanciers représentent dans le passif une somme de 75,000 francs au moins. Lorsque ces deux majorités sont réunies, le concordat est consenti, et il doit être signé, séance tenante, par les créanciers; si ni l'une ni l'autre des deux majorités n'est atteinte, le concordat est rejeté, la faillite se continue, et les créanciers sont de plein droit en état d'union. Il peut arriver que l'une des deux majorités, la majorité en nombre ou celle des trois quarts du chiffre des créances, soit acquise; en pareil cas, la délibération est remise à huitaine, et si, à cette nouvelle séance, la double majorité exigée ne peut être réunie, le concordat est définitivement rejeté. Le failli peut toujours obtenir un concordat, à moins qu'il n'ait été condamné pour banqueroute frauduleuse; la condamnation pour banqueroute simple n'est pas un obstacle absolu au concordat.

Conditions du concordat; dividendes. — Sans entrer dans le détail des arrangements divers qui peuvent intervenir entre le failli et ses créanciers, nous devons indiquer les conditions les plus ordinaires du concordat. La plupart du temps, les créanciers consentent au profit du débiteur une remise plus ou moins considérable sur le montant de leurs créances, remise de 25 0/0, 50 0/0, 75 0/0, et quelquefois davantage. Le prorata qui reste dû sur chaque créance, déduction faite de cette remise, s'appelle *dividende*. Ainsi, lorsqu'il est fait remise au failli de 25 0/0, on dit que le dividende est de 75 0/0, ce qui correspond aux trois quarts de la créance. Les créanciers accordent également au débiteur des délais plus ou moins longs pour le paiement, de manière que le failli puisse, par son travail, arriver à s'acquitter soit de la totalité de ce qu'il doit, soit au moins des dividendes promis. Quelquefois les créanciers exigent des garanties pour le paiement des dividendes : par exemple, le cautionnement d'une personne de la famille du failli.

Concordat par abandon. — Il est une espèce de concordat qui a des caractères particuliers, et qui se présente assez fréquemment, c'est le concordat par abandon. Ce concordat se forme de la même manière que le concordat ordinaire; mais le failli, au lieu de promettre un dividende, ou en promettant un dividende moins considérable, abandonne à ses créanciers tout ou partie de son actif; l'actif ainsi abandonné est liquidé par les syndics, qui continuent l'administration dans les formes prescrites pour le cas où, à défaut de concordat, les créanciers sont en état d'union. L'abandon de son actif libère le failli à l'égard des créanciers de la faillite.

Homologation du concordat. — Le concordat, voté par les créanciers, ne devient définitif que par l'homologation du tribunal de commerce. L'homologation est demandée par le failli lui-même, ou par les syndics au nom de la masse. Il doit y avoir un délai de huit jours au moins entre le vote de concordat et l'homologation; ce délai a pour but de permettre aux intéressés de former opposition à l'homologation. Le tribunal statue, après avoir entendu le rapport du juge-commissaire. Alors même qu'aucune opposition ne se produit, le tribunal peut ne pas accorder l'homologation ; il peut la refuser : pour des motifs tirés de l'intérêt public, lorsque le failli ne lui paraît pas digne d'obtenir un concordat; pour des motifs tirés de l'intérêt des créanciers, lorsqu'il estime que le concordat leur est préjudiciable ; enfin, il la refusera encore, si les formalités prescrites pour le vote du concordat n'ont pas été observées.

Oppositions au concordat; par qui et dans quel délai elles peuvent être formées. — Indépendamment de l'examen que le tribunal doit faire, même d'office, de la situation du failli et des dispositions du concordat, la loi a réservé aux intéressés la faculté de former opposition à l'homologation. Le droit de former opposition appartient à tous les créanciers qui ont pu concourir au concordat. L'opposition doit, à peine de nullité, se produire dans la huitaine; elle doit indiquer les motifs sur lesquels elle est fondée; elle est signifiée aux syndics et au failli, enfin elle contient assignation à la plus prochaine audience du tribunal de commerce. Lorsque des oppositions ont été formées, le tribunal statue sur ces oppositions, en même temps que sur l'homologation. Si le tribunal admet l'opposition, le concordat se trouve sans effet; il est annulé à l'égard de tout le monde. Le jugement qui accorde l'homologation, malgré l'opposition d'un ou de plusieurs créanciers, et le jugement qui refuse l'homologation, peuvent être frappés d'appel par les créanciers opposants ou par le failli; l'appel doit être interjeté dans la quinzaine de la signification du jugement.

Effets du concordat homologué. — Le concordat homologué devient obligatoire pour tous les créanciers, même pour ceux qui n'ont pas pris part aux opérations de la faillite et qui n'ont pas voté le concordat. Le failli est remis à la tête de ses affaires et recouvre l'administration de ses biens ; les fonctions des syndics cessent, et ils rendent compte au failli de leur gestion. Il en est autrement toutefois dans le concordat par abandon : le failli qui abandonne son actif n'en reprend pas la disposition, la liquidation est faite par les syndics. Le failli, après le concordat, n'est plus tenu que jusqu'à concurrence du dividende promis : s'il paie le dividende, le créancier n'a plus le droit de le poursuivre pour le surplus ; mais il conserve son action pour le tout contre les cautions et les codébiteurs du failli qui ne peuvent se prévaloir de la remise faite par le concordat. Le failli ne peut obtenir sa réhabilitation, et se relever ainsi des incapacités personnelles dont il est frappé, qu'en payant intégralement tout ce qu'il doit, même les sommes dont il lui a été fait remise dans le concordat.

Annulation et résolution du concordat. — Le concordat peut être annulé, en premier lieu, lorsque, postérieurement à l'homologation, on découvre que, par des manœuvres frauduleuses, le failli a dissimulé une partie de son actif ou exagéré son passif ; il est nul, en second lieu, lorsqu'une condamnation pour banqueroute frauduleuse intervient contre le failli après l'homologation : la banqueroute frauduleuse exclut en effet absolument le concordat. L'annulation du concordat l'anéantit complétement, à ce point que les cautions qui en assuraient l'exécution sont libérées. Le concordat peut être résolu, lorsque le failli n'exécute pas les engagements qu'il a pris, lorsqu'il ne paie pas les dividendes aux époques fixées ; la résolution peut être prononcée par le tribunal de commerce, sur la demande d'un ou de plusieurs créanciers. Cette résolution ne libère pas les cautions : leur engagement en effet a été exigé précisément en vue du cas où le débiteur n'exécuterait pas le concordat.

Effets de la nullité ou de la résolution. — L'annulation ou la résolution du concordat a pour effet de faire rouvrir la faillite : un juge commissaire et des syndics sont nommés ; les opérations de la faillite recommencent. Les actes faits par le failli depuis l'homologation jusqu'à l'annulation ou la résolution sont maintenus, à moins qu'ils n'aient été faits de mauvaise foi et dans l'intention de nuire aux créanciers. Enfin, dans cette nouvelle faillite, les droits des créanciers antérieurs au concordat annulé ou résolu sont réglés ainsi : s'ils n'ont rien reçu des dividendes promis, ils figurent dans la nouvelle faillite pour l'intégralité de leurs créances ; s'ils ont reçu une portion du dividende, ils figurent pour la portion de leur créance correspondante à la part de dividende qu'ils n'ont pas touchée. Ainsi, je suis créancier de 10,000 francs : le concordat promettait un dividende de 50 0/0 ; si je n'ai rien reçu, je serai compris dans les opérations de la nouvelle faillite pour 10,000 francs ; si j'ai reçu sur le dividende promis 2,500 francs, ma créance ne sera plus que de 5,000 francs, en effet les 2,500 francs représentent la moitié du dividende de 50 C/0 auquel se trouvait réduite ma créance, et, ayant touché la moitié de ce dividende, ma créance est éteinte pour moitié.

Clôture pour insuffisance d'actif. — Nous avons supposé jusqu'à présent une faillite se poursuivant régulièrement: la clôture pour insuffisance d'actif est un incident qui met un terme aux opérations de la faillite. Lorsque l'actif paraît insuffisant pour subvenir aux frais que la faillite entraîne, le tribunal peut, sur le rapport du juge-commissaire, prononcer la clôture des opérations pour insuffisance d'actif. Ce jugement arrête la faillite, fait rentrer les créanciers dans l'exercice de leurs droits contre le failli, et leur rend la faculté d'exercer contre lui des poursuites. L'exécution du jugement qui prononce la clôture est suspendue pendant un mois à compter de sa date; ce jugement peut en outre être rapporté à toute époque, sur la justification faite par le failli ou toute autre personne intéressée qu'il existe des fonds suffisants pour faire face aux dépenses de la faillite.

État d'union; ses conséquences. — Lorsque le failli n'obtient point de concordat, soit parce que ses propositions n'ont pas été acceptées, soit parce que le tribunal a refusé d'homologuer le concordat consenti par les créanciers, soit enfin parce qu'il a été condamné comme banqueroutier frauduleux, les créanciers sont de plein droit en état d'union. Cette expression vient de ce que, à défaut de concordat, les créanciers s'unissent pour arriver à la liquidation des valeurs appartenant au failli. L'union est pour le failli la solution la plus fâcheuse; elle aboutit en effet à sa ruine, tous ses biens sont vendus, le prix en est réparti entre les créanciers, et, s'ils ne sont pas complétement payés par la réalisation de l'actif, ils conservent le droit de poursuivre le failli pour ce qui leur reste dû. On voit quelle différence existe entre cette situation et celle faite au failli par le concordat: le concordat ordinaire lui rend la disposition de son actif, en lui permettant de se libérer par le paiement d'un dividende; et même, dans le concordat par abandon, s'il délaisse à ses créanciers tout ce qu'il possède, il obtient par ce sacrifice sa libération.

Liquidation par les syndics. — Dès le début de l'union,

les créanciers sont consultés sur le maintien ou le remplacement des syndics qui ont jusque-là dirigé la faillite ; puis, sur le rapport du juge-commissaire, le tribunal rend un jugement qui les conserve ou les remplace par d'autres. Le but de la gestion des syndics, lorsque les créanciers sont en état d'union, est la réalisation de l'actif. Ils vendent, soit à l'amiable, soit par vente publique, les valeurs mobilières appartenant au failli ; quant aux immeubles, ils ne peuvent les aliéner que dans les formes des ventes judiciaires, aux enchères publiques, et avec l'autorisation du juge commissaire. Par exception, les syndics peuvent continuer l'exploitation de l'établissement du failli : il faut pour cela une délibération des créanciers, prise sous la présidence du juge-commissaire, et réunissant la majorité des trois quarts en nombre et en sommes. Ils peuvent aussi se faire autoriser par le tribunal à traiter à forfait de tout ou partie des droits dépendant de la faillite ; enfin ils peuvent, en se conformant aux règles que nous avons indiquées plus haut, transiger sur les contestations dans lesquelles la faillite peut se trouver engagée ; à partir de l'union, l'opposition du failli ne fait plus obstacle à la transaction, même lorsqu'elle a pour objet des droits immobiliers.

Contrôle des créanciers ; compte définitif des syndics ; dissolution de l'union. — Afin de leur permettre de contrôler la gestion des syndics, les créanciers en état d'union doivent être convoqués par le juge-commissaire, au moins une fois dans la première année ; le juge-commissaire peut également, s'il le juge nécessaire, les réunir dans les années suivantes. Les syndics font connaître la situation de la faillite, et les créanciers sont consultés sur l'opportunité de les maintenir ou de les remplacer. Lorsque les opérations de la faillite sont terminées, les créanciers sont convoqués une dernière fois ; les syndics rendent leur compte définitif, puis les créanciers sont appelés à donner leur avis sur l'excusabilité du failli. L'union est dissoute après cette assemblée, et le tribunal décide, sur le vu de la délibération des créanciers, si le failli est ou non excusable.

Des diverses espèces de créanciers ; créanciers porteurs d'engagements solidaires. — Nous avons à nous occuper ici de la situation particulière faite à certains créanciers dans la faillite.

Parlons d'abord du créancier qui a plusieurs débiteurs solidaires en faillite. Ce créancier figure pour la valeur nominale de son titre dans ces diverses faillites, et participe aux distributions dans toutes les masses jusqu'à ce qu'il soit intégralement payé. Supposons, par exemple, une lettre de change portant quatre signatures, et les quatre signataires en faillite, le porteur pourra produire à ces quatre faillites pour le montant de la lettre de change, de sorte que, si chacune donne un dividende de 25 0/0, il sera intégralement payé. Le créancier, porteur d'un engagement solidaire, qui a reçu un à-compte avant la faillite de l'un des coobligés, ne peut plus figurer dans cette faillite que sous déduction de ce qu'il a reçu.

Créanciers nantis d'un gage ; créanciers hypothécaires et privilégiés. — Après le créancier porteur d'un engagement solidaire, nous trouvons les créanciers nantis d'un gage, les créanciers hypothécaires et privilégiés. Ces créanciers ont dans la faillite une situation particulière, à raison de la sûreté que leur donne le gage, le privilége ou l'hypothèque. Les créanciers nantis ne figurent dans la masse des créanciers que pour mémoire. Les syndics peuvent, avec l'autorisation du juge-commissaire, faire rentrer dans l'actif de la faillite l'objet donné en gage, en remboursant au créancier gagiste ce qui lui est dû ; ce créancier, s'il n'est pas payé, se fait autoriser en justice à vendre le gage, et se paie sur le prix par préférence aux autres créanciers. Si le prix de la vente est insuffisant pour le désintéresser, il est, pour ce qui reste dû, créancier ordinaire ; il viendra prendre part aux répartitions et toucher un dividende. Si au contraire le prix de la vente dépasse la somme due au créancier gagiste, l'excédant rentre à la masse de la faillite. Le privilége établi par le Code civil (art. 2101) au profit des domestiques et gens de service est étendu, en cas de faillite, aux ouvriers employés directement par le failli et aux commis. Les ouvriers sont privilégiés pour leur salaire pendant le mois qui a précédé la déclaration de faillite, et les commis, pour leurs appointements pendant les six derniers mois. Les créanciers privilégiés sont payés avant les autres : le juge-commissaire peut autoriser les syndics à acquitter ces créances sur les premiers deniers rentrés.

Nous avons déjà eu occasion de dire un mot des règles spéciales aux créanciers hypothécaires, nous avons vu qu'ils ne pouvaient, sans perdre leur hypothèque, prendre part au vote du concordat, nous avons vu également, qu'après la déclaration de faillite, ils conservaient le droit d'exercer des poursuites sur les immeubles hypothéqués. Toutefois, lorsque les créanciers sont en état d'union, comme les syndics sont tenus de faire procéder à la vente des immeubles, les créanciers hypothécaires ne peuvent plus commencer de poursuites. Le créancier hypothécaire, lorsqu'il n'est pas intégralement payé sur le prix de l'immeuble hypothéqué, rentre, pour le reliquat de sa créance, dans la catégorie des créanciers ordinaires. Ainsi, je suis créancier hypothécaire de 10,000 francs, l'immeuble hypothéqué est vendu 7,000 francs, je touche cette somme comme créancier hypothécaire, et je reste créancier ordinaire pour 3,000 francs ; si la faillite donne 25 0/0, je toucherai comme dividende sur les 3,000 francs, 750 francs, soit au total 7,750 francs.

Restrictions aux droits de la femme du failli. — La faillite apporte aux droits de la femme du failli des restrictions importantes fondées sur ce motif, que la femme du failli ne doit pas pouvoir s'approprier indirectement les deniers des créanciers ou les biens qui leur servent de gage. La femme ne peut reprendre les immeubles qu'elle a apportés lors du mariage, ou ceux qu'elle a recueillis ensuite par succession ou par donation, qu'en justifiant par des actes réguliers de son droit à ces immeubles. Elle ne peut reprendre les immeubles achetés en son nom pendant le mariage qu'en justifiant qu'elle les a acquis avec des deniers lui appartenant en propre ; autrement, ces immeubles sont présumés avoir été payés des deniers du mari, et sont réunis à l'actif de la faillite. Quant aux effets mobiliers qui seraient la propriété personnelle de la femme, elle ne peut en exercer la reprise qu'autant que l'identité en est constatée par un inventaire ou autre acte authentique. Si la femme a payé des dettes pour le compte du mari, elle n'a de recours à exercer contre la faillite que si elle prouve, par acte en bonne forme, qu'elle les a payées de ses deniers personnels. Signalons encore les dispositions relatives à l'hypothèque légale de la femme du commerçant tombé en faillite. En général, la femme a, sur tous les immeubles du mari, une hypothèque légale qui garantit le paiement de toutes les créances qu'elle peut exercer contre le mari. Lorsque le mari est commerçant lors du mariage, ou lorsque, n'ayant pas alors de profession déterminée, il le devient dans l'année, et qu'il tombe ensuite en faillite, l'hypothèque légale de la femme ne frappe que les immeubles dont le mari était propriétaire lors de la célébration du mariage ou qui lui sont échus depuis par succession, donation ou legs, elle ne s'étend pas aux immeubles achetés pendant le mariage ; en outre, l'hypothèque légale n'existe que pour quelques-unes des créances que la femme a à exercer contre son mari. Enfin, dans les mêmes circonstances, en supposant le mari commerçant lors du mariage, ou devenu commerçant dans l'année qui a suivi alors qu'il n'avait pas à ce moment de profession, la femme ne peut se prévaloir à l'encontre des créanciers de la faillite des avantages que lui assure son contrat de mariage.

Répartition entre les créanciers. — Après que les diverses dépenses de la faillite ont été acquittées, après le prélèvement des sommes payées aux créanciers privilégiés, l'actif net se répartit entre les créanciers ordinaires au marc le franc, c'est-à-dire proportionnellement à leurs créances. C'est le juge-commissaire qui décide si, par suite des recouvrements opérés par les syndics et dont le montant est déposé à la caisse des consignations, il y a lieu de faire une répartition ; c'est lui aussi qui en fixe la quotité. Les syndics paient au créancier le dividende afférent à sa créance sur la représentation de son titre, et, s'il ne peut le représenter, sur le vu du procès-verbal de vérification. Il est fait mention du paiement sur le titre, et le créancier donne quittance en marge de l'état de répartition dressé par les syndics. On met en réserve, lors de chaque répartition, la part revenant aux créanciers domiciliés hors de France, qui n'ont pas encore fait vérifier et affirmer leurs créances, et à ceux dont le droit est contesté et sur l'admission desquels il n'a pas été statué définitivement.

Revendication. — La revendication est le droit qui appartient à certaines personnes de réclamer contre la faillite la restitution d'effets de commerce ou de marchandises. En premier lieu, celui qui a remis au failli des effets de commerce, billets à ordre ou lettres de change, sans lui en transférer la propriété, en le chargeant seulement d'en opérer le recouvrement, peut les revendiquer s'ils se trouvent encore dans le portefeuille du failli, s'ils n'ont pas été négociés par lui. Un second cas de revendication se présente, lorsque des marchandises ont été remises en dépôt ou en consignation au failli : le propriétaire de ces marchandises peut se les faire restituer, lorsqu'elles existent encore entre les mains du failli. Si les marchandises ont été vendues par le failli et que le prix en soit encore dû, ce prix ne tombe pas dans la masse de la faillite, et le propriétaire qui avait déposé ou donné en consignation les marchandises aura droit, à l'exclusion des autres créanciers, au prix dû par l'acheteur. Une troisième espèce de revendication est celle des marchandises vendues au failli et non payées. Le vendeur peut les revendiquer pourvu que deux conditions se rencontrent : 1° que les marchandises ne soient pas entrées dans les magasins du failli, ni dans ceux du commissionnaire chargé de les vendre pour le compte du failli ; 2° qu'avant leur arrivée elles n'aient pas été vendues à un tiers de bonne foi. Le vendeur peut, à plus forte raison, retenir et conserver les marchandises qu'il a vendues, mais qu'il n'a pas encore expédiées. Dans tous les cas, les syndics peuvent, avec l'autorisation du juge-commissaire, se faire livrer les marchandises en en

payant le prix. Le vendeur qui ne se trouve pas dans les
conditions spéciales où il peut revendiquer a seulement le
droit de produire à la faillite comme créancier ordinaire, et de
toucher un dividende. Les demandes en revendication, si
elles ne sont pas reconnues fondées par les syndics qui peuvent y faire droit avec la seule autorisation du juge-commissaire, sont jugées par le tribunal de commerce.

SECTION II.

DE LA BANQUEROUTE.

**Distinction de la banqueroute simple et de la banque-
route frauduleuse.** — Lorsque la faillite est accompagnée
d'imprudence, de négligence grave ou de fraude, elle dégé-
nère en banqueroute. On distingue deux espèces de banqueroute : la banqueroute simple et la banqueroute frauduleuse.

Banqueroute simple. — La banqueroute simple est un
délit qui est poursuivi devant le tribunal correctionnel et
puni d'un emprisonnement d'un mois à deux ans. Il y a une
distinction à faire entre les divers cas de banqueroute simple.
Il est certains cas dans lesquels le tribunal, s'il reconnait les
faits constants, ne peut se refuser à prononcer une condamnation. En voici l'énumération : 1° lorsque le failli a fait des
dépenses personnelles ou des dépenses de maison excessives;
2° lorsqu'il a perdu des sommes considérables au jeu ou à
des opérations de hasard ; 3° lorsque, dans l'intention de retarder sa faillite, il a acheté des marchandises pour les revendre au-dessous du cours, ou qu'il s'est livré à des emprunts, circulation d'effets, ou autres moyens ruineux de se
procurer des fonds ; 4° lorsqu'après la cessation de ses paiements, il a payé un créancier au préjudice de la masse. Dans
d'autres cas, le tribunal a un pouvoir d'appréciation plus
large, et peut, même lorsque les faits sont prouvés, renvoyer le failli de la poursuite; voici les principaux : 1° lorsque le failli a contracté pour le compte d'autrui des engagements excessifs; 2° lorsqu'il est de nouveau déclaré en faillite

sans avoir exécuté un précédent concordat; 3° lorsqu'il n'a pas fait, dans les trois jours, au greffe du tribunal, la déclaration de cessation de ses paiements; 4° lorsqu'il n'a pas tenu de livres et fait exactement inventaire, ou que ses livres et inventaires sont incomplets ou irrégulièrement tenus. Le failli poursuivi ou condamné comme banqueroutier simple peut, malgré cette condamnation, obtenir un concordat.

Banqueroute frauduleuse. — La banqueroute frauduleuse est un crime qui est poursuivi devant la cour d'assises, et puni de la peine des travaux forcés dont la durée est de cinq ans au moins et vingt ans au plus. Le failli est coupable de banqueroute frauduleuse, lorsqu'il a soustrait ses livres pour empêcher la justice de connaître sa véritable situation, lorsqu'il a frauduleusement détourné ou dissimulé une partie de son actif, ou qu'il s'est frauduleusement reconnu débiteur de sommes qu'il ne devait pas. La condamnation pour banqueroute frauduleuse empêche le failli d'obtenir un concordat, et entraîne la nullité du concordat, si le failli l'a obtenu avant sa condamnation.

Délits commis par d'autres que le failli. — Indépendamment de la banqueroute simple et de la banqueroute frauduleuse, la loi atteint certains faits commis par des tiers au préjudice de la faillite, soit par suite d'une complaisance coupable pour le failli, soit dans un intérêt personnel. Ainsi, sont punis des peines de la banqueroute frauduleuse : ceux qui, dans l'intérêt du failli, ont soustrait ou dissimulé tout au partie de ses biens; ceux qui ont frauduleusement présenté à la faillite et affirmé des créances supposées. Le créancier qui stipule un avantage particulier, pour prix de son vote dans les délibérations de la faillite, ou qui fait un traité particulier duquel résulte en sa faveur un avantage à la charge de l'actif du failli, est puni d'un emprisonnement qui ne peut excéder une année, et d'une amende de 2,000 francs au plus; les conventions ainsi faites sont en outre déclarées nulles. Enfin le syndic, reconnu coupable de malversations, peut être poursuivi correctionnellement et puni d'un emprisonnement.

SECTION III.

DE LA RÉHABILITATION.

Conditions et effets de la réhabilitation. — Le concordat qui remet le failli à la tête de ses affaires ne fait pas cesser tous les effets de la faillite. Le failli reste privé de l'exercice des droits politiques, il n'est point électeur, il ne peut exercer de fonctions publiques : spécialement, il ne peut faire partie du jury, être agent de change ou courtier ; l'entrée de la bourse lui est même interdite. Ces diverses incapacités ne cessent que par la réhabilitation qui efface complétement la faillite, en faisant recouvrer au failli tous ses droits. Pour obtenir sa réhabilitation, le failli doit payer intégralement toutes les sommes par lui dues, en capital, intérêts et frais, même la partie des créances dont il lui a été fait remise par le concordat. La réhabilitation peut être poursuivie après la mort du failli par ses héritiers. Certains faillis ne peuvent être réhabilités, notamment ceux qui ont été condamnés pour vol, escroquerie, abus de confiance ou banqueroute frauduleuse. Le banqueroutier simple peut obtenir sa réhabilitation lorsqu'il a subi sa peine.

Formes de la demande en réhabilitation. — La demande en réhabilitation est formée devant la Cour d'appel dans les ressorts de laquelle le failli est domicilié ; elle est introduite par une requête signée d'un avoué exerçant près la Cour (1). A la requête doivent être jointes les quittances et

(1) *Formule de requête en réhabilitation.*

A MM. les premier président, président et conseillers composant la Cour d'appel de...

Le sieur A..., ancien négociant, demeurant à...; département de...,
Ayant Me X... pour avoué,

A l'honneur de vous exposer, qu'en 1860, il exerçait à... le commerce de...; que, par suite des pertes éprouvées dans ce commerce, il a été obligé de déposer son bilan à la date du..., et qu'il a été déclaré en faillite à la date du..., par jugement du tribunal de commerce de...;

autres pièces justifiant le paiement fait aux créanciers de tout ce qui leur est dû. La requête est communiquée au procureur général près la Cour qui transmet une copie de la demande au procureur de la République et au président du tribunal de commerce du domicile du failli, et, si le failli a changé de domicile depuis la faillite, au procureur de la République et au président du tribunal de commerce de l'arrondissement où la faillite a été déclarée. Ces magistrats sont chargés de recueillir des renseignements qu'ils transmettent au procureur général, et de porter la demande à la connaissance du public, au moyen d'affiches et d'insertions dans les journaux.

Opposition à la réhabilitation. — Pendant deux mois à compter de l'accomplissement de ces formalités de publicité, tout créancier qui n'a point été intégralement payé, ou toute autre personne intéressée, peut faire opposition à la réhabilitation. L'opposition consiste en une déclaration au greffe, accompagnée des pièces établissant, ou que le créancier n'a pas été intégralement payé, ou que le failli se trouve dans un cas où la réhabilitation n'est pas possible (1).

Qu'il a obtenu, à la date du..., de ses créanciers, un concordat, lequel a été homologué par jugement du tribunal de commerce de..., en date du...;

Que, par ce concordat, il lui était fait remise de 25 0/0 sur le montant des créances, et que les 75 0/0 non remis devaient être payés en trois ans sans intérêt;

Qu'il a non-seulement payé les dividendes promis par ce concordat, mais qu'il est parvenu à acquitter la totalité des sommes qu'il devait à l'époque de l'ouverture de sa faillite, en principal, intérêts et frais, ainsi qu'il résulte des pièces produites à l'appui de la présente requête.

En conséquence, l'exposant conclut à ce qu'il plaise à la Cour, vu le bilan en date du..., les quittances produites au nombre de..., ensemble la présente requête, et y faisant droit.

Le déclarer réhabilité et rentré dans l'exercice des droits qu'il avait perdus par la faillite.

Et ce sera justice.

(Date et signature.)

(1)   *Formule d'opposition à la réhabilitation.*

Le... 187..., au greffe et par-devant nous greffier, est comparu le sieur... demeurant à...

Comment il est statué sur la demande. — A l'expiration du délai de deux mois, la Cour statue. Si la demande est rejetée, elle ne peut être renouvelée qu'après un an d'intervalle; si la réhabilitation est prononcée, l'arrêt est transmis aux tribunaux du domicile actuel du failli et du lieu où la faillite a été déclarée. Ces tribunaux en font faire une lecture publique, et en ordonnent la transcription sur leurs registres.

CHAPITRE XV.

DES TRIBUNAUX DE COMMERCE ET DES ARBITRAGES.

Division. — Il existe, pour les contestations en matière commerciale, une juridiction particulière, celle des tribunaux de commerce; en outre, les parties peuvent, dans certains cas, au lieu de remettre la décision du procès aux tribunaux, choisir elles-mêmes leurs juges, et faire statuer sur leur différend par des particuliers investis de leur confiance, qu'on appelle

Lequel a dit : qu'il est créancier sérieux et légitime du sieur X..., d'une somme de..., montant d'un billet à ordre, souscrit à la date du..., par ledit sieur X..., ledit billet protesté à l'échéance, faute de paiement;

Que, depuis la faillite dudit sieur X..., il n'a reçu que la somme de..., à-compte sur le montant de sa créance, d'où il suit qu'il reste encore créancier de la somme de...; qu'ayant appris que le sieur X... a formé, devant la Cour d'appel de....., une demande en réhabilitation, il déclare par la présente y former opposition : de tout quoi le comparant a requis acte que nous lui avons octroyé,

Et a signé avec nous greffier, après lecture faite.

(Signature.)

des arbitres. Ce chapitre se trouve naturellement divisé en deux sections traitant, la première, des tribunaux de commerce, et la seconde, de l'arbitrage.

SECTION Ire.

DES TRIBUNAUX DE COMMERCE.

(Code de commerce, art. 615 à 648. — Code de procédure civile, art. 414 à 442.)

Création des tribunaux de commerce. — Il n'existe de tribunaux de commerce que dans les villes où les affaires commerciales ont un certain développement. Ils sont établis par des décrets rendus dans la forme des règlements d'administration publique, c'est-à-dire après avis du conseil d'État. Lorsqu'il y a dans un arrondissement un seul tribunal de commerce, la compétence de ce tribunal s'étend à tout l'arrondissement ; s'il y a plusieurs tribunaux de commerce dans un même arrondissement, le décret d'institution détermine le territoire sur lequel ils exerceront leur juridiction. Enfin, dans les arrondissements qui n'ont pas de tribunaux de commerce, leurs attributions particulières appartiennent aux tribunaux de première instance qui, pour le jugement des contestations commerciales, doivent se conformer aux règles établies pour la procédure des tribunaux de commerce.

Leur composition. — Les tribunaux de commerce sont composés d'un président et d'un certain nombre de juges et de juges suppléants, selon leur importance ; les magistrats sont pris parmi les commerçants de la circonscription du tribunal, et sont élus par une assemblée d'électeurs pris parmi les commerçants recommandables par leur probité, leur esprit d'ordre et d'économie. La liste des électeurs est dressée par une commission spéciale. (*Loi du* 28 *Décembre* 1871.) Pour être nommé juge ou juge suppléant, il faut être âgé de trente ans, inscrit à la patente depuis cinq ans au moins, et domicilié dans le ressort du tribunal. Nul ne peut être nommé juge, s'il n'a été suppléant ; le président ne peut être choisi que parmi les anciens juges. Les président, juges et juges suppléants, après l'élection, sont institués par un décret, et prêtent serment à l'audience de la Cour d'appel ou du tribunal de première instance de leur arrondissement ; ils ne peuvent entrer en fonctions qu'après l'institution et la prestation de serment. Les fonctions des membres des tribunaux de commerce sont gratuites ; elles durent deux ans : après une première période, ils peuvent être réélus pour deux ans, mais, ces quatre années expirées, ils ne peuvent être nommés de nouveau qu'après un intervalle d'une année. Il y a près de chaque tribunal de commerce un greffier qui tient la plume aux audiences, conserve les minutes, et délivre les expéditions des jugements.

Compétence des tribunaux de commerce. — Les tribunaux de commerce jugent : 1° les contestations relatives aux engagements et transactions entre négociants, marchands et banquiers ; 2° les contestations entre associés, membres d'une société commerciale ; 3° les contestations relatives aux actes qui ont par eux-mêmes le caractère d'actes de commerce, tels que les lettres de change, par quelque personne que ces actes aient été faits. Ils ont encore compétence pour statuer sur les contestations qui naissent en matière de faillite, et sur les demandes formées contre les commis ou préposés des commerçants à raison du commerce auquel ils sont attachés ; enfin ils connaissent, comme juges d'appel, des sentences rendues par les conseils de prud'hommes.

Le demandeur peut porter son action, soit devant le tribunal du domicile du défendeur, soit devant le tribunal dans l'arrondissement duquel la promesse a été faite et la marchandise livrée : ces deux conditions doivent concourir, une seule ne suffirait pas pour justifier la compétence ; soit enfin devant le tribunal dans l'arrondissement duquel le paiement doit être effectué.

Procédure devant les tribunaux de commerce. — Les caractères essentiels de la procédure devant les tribunaux de commerce sont la célérité, la simplicité et l'économie de frais. L'instance est introduite par une assignation ou exploit d'ajournement signifié par un huissier. Le délai pour comparaître est d'un jour au moins; ainsi, l'assignation étant délivrée le lundi, le défendeur peut être cité pour l'audience du mercredi. En cas d'urgence, le président peut permettre d'assigner pour l'audience du lendemain, ou même pour l'audience du jour, d'heure à heure. Les parties comparaissent en personne devant le tribunal de commerce, ou se font représenter par un mandataire muni d'un pouvoir spécial, qui peut être sous seing privé, mais doit être enregistré. Il y a là une différence essentielle avec la procédure devant les tribunaux civils : devant ces tribunaux en effet les plaideurs doivent nécessairement être représentés par un avoué, dont le ministère est obligatoire, et auquel la remise des pièces donne un pouvoir suffisant. Il existe près de certains tribunaux de commerce des mandataires spéciaux, recommandés au choix des justiciables, et qui ont l'agrément du tribunal, ce qui leur a fait donner le nom d'agréés. Mais là où des agréés sont institués, leur ministère n'est pas obligatoire, et, si la partie s'adresse à eux, ils ne peuvent la représenter que munis d'un pouvoir spécial, comme les autres mandataires. Dans tous les cas, le tribunal peut ordonner que les parties donnent des explications personnelles, à l'audience ou en chambre du conseil. Afin d'éviter les frais qu'entraîneraient des significations faites à de grandes distances, les parties qui ne demeurent pas dans le lieu où se trouve le tribunal doivent, lorsqu'il n'intervient pas de jugement définitif à la première audience, faire élection de domicile dans la ville ou siége le tribunal; cette élection de domicile est mentionnée sur la feuille d'audience : si elle n'a point été faite, toutes les significations qui se présentent dans le cours de l'instance sont valablement faites au greffe du tribunal.

Moyens d'instructions; preuve testimoniale; renvoi devant arbitre rapporteur. — Le tribunal de commerce peut employer divers moyens pour s'éclairer sur le mérite des prétentions respectives des parties; il peut se faire représenter les livres, ordonner la preuve par témoins : les témoins sont entendus à l'audience. Il peut prendre l'avis d'hommes spéciaux pour vérifier ou estimer des travaux ou des marchandises, ceux qu'il charge de cette mission sont des experts; enfin il arrive souvent que le tribunal renvoie pour l'examen des livres, des pièces, des comptes, devant un ou trois arbitres. Ces arbitres sont chargés d'abord de concilier les parties, et s'ils n'y peuvent réussir, ils font un rapport sur l'affaire, et le déposent au greffe du tribunal. Ces arbitres, désignés dans la pratique sous le nom d'arbitres rapporteurs, et qui ont mission seulement de donner un avis que le tribunal peut suivre ou ne pas suivre, ne doivent pas être confondus avec les arbitres proprement dits, ou arbitres juges, choisis par les parties pour statuer sur une contestation.

Les jugements des tribunaux de commerce sont exécutoires par provision. — Les jugements des tribunaux de commerce s'exécutent par provision, nonobstant l'appel interjeté; mais la partie qui suit l'exécution, après que son adversaire a fait appel du jugement, doit en général fournir caution ou justifier d'une solvabilité suffisante : en effet, si l'appel est bien fondé, et si la décision du tribunal est réformée, elle devra restituer ce qu'elle aura reçu.

Jugements par défaut; opposition. — Lorsque la partie assignée devant le tribunal de commerce ne comparaît pas, elle est condamnée par défaut; les jugements par défaut sont susceptibles d'opposition, et l'opposition est possible jusqu'à l'exécution du jugement. L'opposition est formée par exploit d'huissier contenant assignation devant le tribunal qui a rendu le jugement par défaut. Le demandeur doit mettre à exécution le jugement par défaut dans les six mois de son obtention, sinon le jugement serait réputé non avenu.

Appel. — Les jugements des tribunaux de commerce peuvent être attaqués par la voie de l'appel, lorsque l'intérêt du litige excède 1,500 francs; l'appel est porté devant la Cour d'appel dans le ressort de laquelle se trouve le tribunal. Le délai pour interjeter appel est de deux mois à compter du jour de la signification, si le jugement est contradictoire; à compter du jour où l'opposition n'est plus recevable, s'il est par défaut. Le délai est réduit à quinzaine pour les jugements rendus en matière de faillite. L'appel peut être interjeté aussitôt après le jugement; mais il ne suspend pas nécessairement l'exécution, puisque les jugements des tribunaux de commerce sont de droit exécutoires par provision nonobstant appel.

SECTION II.

DES ARBITRAGES.

(Code de procédure civile, art. 1003. — 1028.)

Qu'entend on par arbitres; compromis. — On appelle arbitres des personnes choisies par les parties elles-mêmes, et chargées de juger une contestation. Le compromis est la convention qui soumet le différend à la décision des arbitres. La juridiction arbitrale présente dans certains cas des avantages sérieux : elle est plus simple dans ses formes, plus rapide et moins coûteuse; elle évite aux parties les inconvénients qui peuvent résulter de la publicité des débats judiciaires. Quelques restrictions sont cependant apportées au droit qu'ont les parties de constituer un arbitrage. Il faut d'abord, pour pouvoir faire un compromis, être capable de s'obliger et d'aliéner : ainsi un mineur, un interdit ne pourrait y figurer. Certaines contestations qui touchent à l'ordre public, les demandes en séparation de corps et de biens, les questions relatives à l'état des personnes, et aussi les procès qui s'élèvent sur les dons et legs de pensions alimentaires, ne peuvent être soustraits à l'examen des tribunaux ordinaires et soumis à des arbitres.

Formes du compromis. — Le compromis peut être fait par acte notarié ou par acte sous seing privé, ou enfin par procès-verbal devant les arbitres choisis. Il doit, à peine de nullité, désigner l'objet du litige sur lequel les arbitres auront à statuer, et les noms des arbitres; il peut fixer un délai dans lequel les arbitres devront juger, et s'il ne l'a pas fait, leur mission est limitée à une durée de trois mois, à compter du jour du compromis.

Devoirs des arbitres. — Les arbitres nommés ne peuvent être révoqués que du consentement de toutes les parties; ils peuvent, avant les opérations commencées, refuser la mission qui leur est offerte; ils ne peuvent y renoncer, se déporter, après que les opérations sont commencées; les parties ont la faculté de les récuser, lorsqu'il se produit certains faits qui sont de nature à faire suspecter l'impartialité de l'arbitre; mais la récusation n'est possible que pour une cause postérieure à la nomination. Le compromis prend fin par le décès, le refus, le déport ou l'empêchement de l'un des arbitres, par l'expiration du délai stipulé, ou de celui de trois mois, s'il n'en a pas été réglé, enfin par le partage d'opinions entre les arbitres, s'ils n'ont pas le pouvoir de choisir un tiers arbitre pour se départager. Les arbitres doivent juger en se conformant aux règles du droit et aux formes établies pour la procédure ordinaire. Toutefois, ces formes ne sont pas complétement applicables à la juridiction arbitrale : ainsi le ministère des avoués n'y est pas obligatoire, les parties peuvent elles-mêmes défendre leurs intérêts, sans avoir besoin de recourir à ces officiers ministériels. Les parties peuvent dispenser expressément les arbitres de suivre les règles du droit et les formes de la procédure; les arbitres, auxquels ces pouvoirs étendus ont été donnés, prennent le nom d'*amiables compositeurs*. Les arbitres peuvent, dans tous les cas, procéder aux actes d'instruction nécessaires pour éclairer leur religion, entendre des témoins, faire une visite de lieux, se faire représenter certaines pièces ou les livres des parties. Ces actes d'instruction doivent être faits par tous les arbitres conjointement, à moins que le compromis ne les autorise à commettre l'un d'eux pour y procéder. Afin que les arbitres aient le temps d'examiner les moyens invoqués par les parties, les défenses et pièces soumises à leur appréciation doivent être produites quinze jours au moins avant l'expiration du délai dans lequel ils doivent juger. Lorsque l'affaire est complétement instruite, que les parties ont produit leurs pièces et leurs moyens de défense, ou que le délai dans lequel cette producti n doit être faite est expiré, les arbitres délibèrent;

leur jugement doit être rendu à la majorité, il est motivé comme un jugement ordinaire.

Partage d'opinions; tiers arbitre. — Il arrive souvent que les arbitres sont au nombre de deux seulement, chacune des parties ayant choisi son arbitre; dans ce cas et toutes les fois que les arbitres sont en nombre pair, il peut se produire un partage d'opinions, c'est-à-dire que deux opinions opposées peuvent les diviser. Si cette circonstance n'a pas été prévue dans le compromis, le partage met fin à l'arbitrage. Aussi d'ordinaire, en prévision d'un partage d'opinions, donne-t-on aux arbitres le pouvoir de nommer un tiers arbitre. Ce tiers arbitre doit être immédiatement désigné par les premiers arbitres, et, s'ils ne peuvent s'entendre, le choix est fait par le président du tribunal. Les arbitres divisés rédigent un avis dans lequel ils indiquent séparément les motifs de leurs opinions respectives ; le tiers arbitre prend connaissance de cet avis, il confère en outre avec les arbitres divisés, et il doit se conformer à l'une des opinions émises par eux. Le tiers arbitre doit juger dans le mois à compter de son acceptation, à moins que ce délai n'ait été prolongé par l'acte de nomination.

Ordonnance d'exequatur. — La sentence arbitrale une fois rendue, la partie condamnée peut s'y conformer volontairement; si elle refuse de l'exécuter, la sentence est déposée au greffe du tribunal de première instance dans le ressort duquel elle a été rendue, ou, si le compromis est intervenu sur l'appel d'un jugement, au greffe du tribunal d'appel. La sentence est rendue exécutoire par une ordonnance du président du tribunal au greffe duquel elle a été déposée : cette ordonnance prend le nom d'ordonnance d'exequatur. Le jugement arbitral, revêtu de l'ordonnance d'exequatur, produit les mêmes effets qu'un jugement ordinaire, et peut être exécuté au moyen de la saisie des biens meubles ou immeubles du débiteur.

Voies de recours; appel; opposition à l'ordonnance d'exequatur. — Les jugements des arbitres sont susceptibles d'appel, à moins que les parties n'aient formellement renoncé

à cette voie de recours, soit dans le compromis, soit depuis.
L'appel est porté devant le tribunal de première instance, si
l'affaire jugée par les arbitres rentrait dans la compétence du
juge de paix; devant la Cour d'appel, si l'affaire eût été de
la compétence du tribunal de première instance ou du tribunal de commerce. Dans tous les cas, et alors même que
les parties ont renoncé à l'appel, la sentence arbitrale peut
être l'objet d'un recours particulier, qui prend le nom d'opposition à l'ordonnance d'exequatur. C'est une instance en
nullité du jugement arbitral : elle est introduite par assignation devant le tribunal dont le président a rendu l'ordonnance d'exequatur. L'opposition à l'ordonnance d'exequatur
peut être formée dans plusieurs cas : lorsque le jugement a
été rendu sans qu'il ait été fait de compromis, ou hors des
termes du compromis; lorsque le compromis était nul, ou
que les délais fixés pour le jugement étaient expirés; lorsque la sentence n'a pas été rendue par tous les arbitres, et
qu'ils n'étaient pas autorisés à juger séparément les uns des
autres; lorsqu'elle a été rendue par un tiers arbitre, sans en
avoir conféré avec les arbitres partagés; enfin, lorsqu'il a été
statué sur des choses que les parties ne demandaient pas. Si
l'opposition à l'ordonnance d'exequatur est reconnue fondée,
le jugement arbitral est annulé, et les parties sont remises
au même état que s'il n'avait pas été rendu.

CHAPITRE XVI.

DES DOUANES.

Caractère des droits de douane; leur importance. — Les droits de douane sont des droits perçus au profit du Trésor sur les marchandises importées en France de l'étranger, ou exportées de France à l'étranger. Les droits de douane ont un double caractère : ils constituent d'abord un impôt, et entrent pour une part assez considérable dans les revenus du Trésor; le produit des droits de douane pour les neuf premiers mois de 1875 représente 198,359,000 fr., qui se décomposent ainsi : droits à l'importation, 172,411,000 francs; droits à l'exportation, 275,000; droits de navigation, 3,557,000; droits de statistique et divers, 7,033,000 fr.; droits sur les sels, 15,083,000 francs. A un autre point de vue, les droits de douane sont un moyen de protection pour l'industrie nationale, que l'élévation plus ou moins grande des droits met à l'abri de la concurrence des produits étrangers. L'importance des droits de douane a du reste bien diminué dans ces dernières années : les principes de liberté commerciale consacrés par les traités de commerce conclus avec diverses puissances tendent à la suppression ou tout au moins à une atténuation considérable des droits de douane; ces traités ont fait disparaître les prohibitions qui fermaient à certains produits l'entrée de la France. Les douanes constituent une administration spéciale qui dépend du ministère des finances, et prend le nom de direction générale des douanes et des contribution indirectes.

Nous étudierons successivement des notions générales sur l'établissement et la perception des droits de douane, les règles relatives aux entrepôts et au transit, à la navigation au cabotage, enfin les dispositions pénales en matière de douanes.

Tarifs de douanes. — Les droits de douane sont perçus d'après des tarifs ou tableaux énumérant les diverses espèces de marchandises avec l'indication des droits auxquels elles sont soumises. Les tarifs de douanes ne peuvent être modifiés que par une loi. Les traités de commerce conclus par le chef de l'État, peuvent aussi contenir des modifications aux tarifs douaniers : les traités de commerce, comme toutes les autres conventions faites avec les puissances étrangères, doivent être soumis à l'approbation de l'Assemblée nationale, et n'ont de valeur que quand ils ont été ratifiés par elle.

Divers modes d'établissement des droits; droits ad valorem; tare. — Les droits de douane sont établis, ou sur les marchandises entrant en France, on les appelle alors droits à l'importation, ou sur les marchandises sortant de France, ce sont les droits à l'exportation. Ils sont calculés de différentes manières : tantôt sur la valeur des marchandises, c'est ce qu'on nomme les droits *ad valorem*, tantôt en ayant égard au poids, à la mesure ou au nombre. Lorsque le droit se paie sur la valeur, et qu'il y a dissentiment entre l'administration et le propriétaire des marchandises sur l'estimation, la douane a la faculté de retenir les marchandises, en payant au propriétaire la valeur déclarée, à laquelle on ajoute 5 0/0 ou 10 0/0. Cette faculté est connue sous le nom de *droit de préemption.* Pour les marchandises taxées au poids, le droit se calcule tantôt sur le poids brut, tantôt sur le poids net, c'est-à-dire en faisant déduction du poids des caisses, tonneaux, sacs, emballages. On appelle tare l'évaluation donnée au poids des tonneaux et enveloppes, ou leur pesanteur effective résultant de la vérification. Dans un grand nombre de cas, afin d'éviter les embarras et la perte de temps qu'entraîne un pesage effectif, le poids des enveloppes, tonneaux et emballages, est déterminé par avance et d'une manière générale.

Surtaxes de navigation; modération de droits pour les marchandises ayant certaines provenances; primes à l'exportation. — Les droits ne varient pas seulement suivant la nature des marchandises, ils diffèrent aussi quelquefois suivant la provenance : certaines marchandises sont soumises à des droits plus ou moins élevés, selon qu'elles ont telle ou telle origine. Nous trouvons un exemple de cette différence dans la législation sur les sucres. Les sucres venant des colonies ou de l'étranger paient, en entrant en France, un droit qui varie, suivant la richesse saccharine; mais les sucres venant de la Réunion ou des Antilles françaises jouissent d'une modération de droit, tandis que les sucres importés des pays et des entrepôts d'Europe sont soumis à une surtaxe ou taxe supplémentaire. A différentes époques des droits spéciaux ont été établis sur les produits importés en France par navires étrangers; ces droits portaient le nom de *surtaxes de pavillon*. On cherchait ainsi à procurer des ressources au Trésor, et à protéger notre marine contre la concurrence des marines étrangères. D'un autre côté, ces surtaxes ont été considérées comme contraires au principe de libre échange, qui prévaut de plus en plus dans notre législation commerciale, et on a reconnu qu'elles étaient nuisibles au commerce et aux consommateurs. Une loi du 30 janvier 1872 avait soumis les marchandises importées par navires étrangers à une surtaxe qui variait, suivant les provenances, de 75 cent. à 2 fr. Ces surtaxes ont été supprimées et la loi de 1872 abrogée par une autre loi du 28 juillet 1873. Certains produits jouissent, lorsqu'ils sont exportés, d'avantages particuliers destinés à encourager les négociants français, et à leur donner intérêt à porter leurs produits sur les marchés étrangers. Cet avantage, qui consiste dans une somme payée à l'exportateur ou dans la restitution des droits que les matières premières avaient payés lors de leur importation, prend le nom de prime à l'exportation, ou *drawback*.

Formalités à remplir pour l'importation ou l'exportation des marchandises sujettes aux droits; passavant. — L'exécution des lois de douanes exige une surveillance active: cette

surveillance s'exerce par les préposés des douanes qui sont
organisés militairement ; elle s'étend sur le territoire voisin
de la frontière à une distance de 2 myriamètres ou 2 myriamètres et demi, c'est ce qui forme le rayon frontière. En mer,
il y a le rayon frontière maritime, qui comprend une distance
de quatre lieues au delà des côtes. Les marchandises soumises
aux droits à l'entrée ou à la sortie ne peuvent pénétrer dans le
rayon frontière, ou en sortir, qu'en acquittant les droits ; elles ne
peuvent même y circuler, qu'autant que le propriétaire ou conducteur des marchandises s'est muni d'un *passavant*, ou permis
de circulation délivré par la douane ; les marchandises circulant
sans passavant sont saisies et confisquées. Les formalités à
remplir à l'égard de la douane sont différentes, selon qu'il
s'agit d'importation ou d'exportation, d'importation par terre
ou d'importation par mer. Dans le cas d'importation par terre,
les marchandises qui passent la frontière sont conduites au
bureau de douane le plus voisin, où le conducteur fait une
déclaration. Les préposés procèdent à la vérification, et, après
que les droits ont été acquittés, les marchandises repartent
avec un acquit de la douane désignant la route à suivre et le
bureau où les marchandises devront être de nouveau reconnues et vérifiées. Lorsque des marchandises sont importées
par mer, le capitaine du navire remet dans les vingt-quatre
heures de son arrivée le manifeste ou état général de la cargaison à la douane. Dans les trois jours, l'armateur ou le consignataire du navire doit joindre au manifeste une déclaration
détaillée des marchandises. Lorsque des marchandises qui
paient des droits à la sortie sont exportées par terre ou par
mer, la déclaration doit en être faite, et elles sont présentées
et vérifiées au bureau de douane, avant de sortir du territoire.

Acquit-à-caution. — Il y a certains cas dans lesquels les
droits ne sont pas perçus, ou ne sont perçus qu'à charge de
restitution. Ainsi, les marchandises qui viennent de l'étranger,
et ne font que traverser la France pour parvenir dans un autre pays, sont dispensées du paiement des droits. Celui qui
veut profiter de cette franchise doit se munir d'un acquit-à-
caution. On définit l'acquit-à-caution : un certificat délivré aux

expéditeurs de marchandises, pour autoriser la libre circulation de ces marchandises, sans payer de droits, entre le lieu
de l'envoi et celui de la destination. Une application de l'acquit-à-caution se présente pour la navigation au cabotage.
Lorsque certaines marchandises sont transportées d'un port
de France à un autre, celui qui les expédie doit se faire délivrer un acquit-à-caution, et justifier, dans un certain délai,
que les marchandises sont parvenues en France à leur destination.

Entrepôts; définition. — On entend par entrepôts des
magasins où les marchandises soumises aux droits de douane
sont introduites sans payer de droits; les droits ne sont acquittés que quand les marchandises sortent de l'entrepôt pour
être vendues en France; autrement les marchandises sont
réexportées, elles sortent de l'entrepôt et du territoire français, sans que les droits de douane soient perçus; il y a lieu
seulement au paiement d'un droit de magasinage pour le séjour que les marchandises ont fait dans l'entrepôt. L'entrepôt
présente un grand avantage : si le propriétaire des marchandises admises à l'entrepôt ne trouve pas à les vendre
dans des conditions convenables, il les réexportera, et n'aura
pas à supporter la perte des droits de douane; s'il les vend
en France, il n'aura toujours à payer les droits que lors de la
vente, au lieu d'être obligé d'en faire l'avance longtemps peut-
être avant de toucher le prix de ses marchandises. On distingue deux sortes d'entrepôts: l'entrepôt réel et l'entrepôt fictif.

Entrepôt réel. — Les entrepôts réels sont des magasins
publics établis soit dans les ports de mer, soit dans les villes
de l'intérieur. Les marchandises y sont admises sur une déclaration détaillée, elles sont vérifiées par les préposés, et inscrites sur un registre où sont portées les indications nécessaires pour constater leur identité. La durée de l'entrepôt est de
trois années; ce délai peut, par exception, être prorogé par
l'administration. Les délais expirés, si les marchandises en-
treposées ne sont pas réexportées, les droits doivent être payés
et, à défaut de paiement, l'administration des douanes fait
vendre les marchandises pour se rembourser sur le prix.

Lorsque les marchandises sortent de l'entrepôt pour être livrées en France à la consommation, elles doivent acquitter les droits. Elles sont vérifiées de nouveau lorsqu'elles quittent l'entrepôt pour être réexportées ou vendues en France. L'entrepositaire peut, sans payer les droits, faire transporter ses marchandises d'un entrepôt à un autre, à la charge d'en faire la déclaration, et de se munir d'un acquit-à-caution. Les entrepôts réels sont soumis à la surveillance immédiate des préposés de la douane.

Entrepôt fictif. — L'entrepôt fictif est la faculté concédée aux négociants de conserver dans des magasins leur appartenant certaines marchandises qui n'ont pas encore acquitté les droits. L'entrepôt fictif n'est généralement autorisé que dans les villes où il existe un entrepôt réel; il n'est permis que pour certaines marchandises : ainsi, pour les denrées coloniales importées par navires français des colonies françaises, pour certains produits, appelés marchandises d'encombrement, tels que les bois de construction, les ardoises, les marbres, les meules, les peaux, etc. L'entrepôt fictif, ne se trouvant pas sous la surveillance directe et continuelle des préposés des douanes, pouvait faciliter la fraude : aussi des précautions particulières ont-elles été prises pour la garantie des droits du Trésor. Le négociant qui veut jouir de la faculté d'entrepôt fictif est tenu d'indiquer le magasin dans lequel la marchandise doit être renfermée; il prend l'engagement écrit de représenter les marchandises en même qualité et quantité, toutes les fois qu'il en sera requis; l'administration peut exiger un engagement garanti par une caution d'acquitter les droits, lorsque les marchandises seront vendues en France. Les agents des douanes peuvent, lorsque des marchandises sont admises à l'entrepôt fictif, prendre des échantillons qui sont conservés, et permettent de constater d'une manière plus certaine l'identité des marchandises à leur sortie de l'entrepôt; ils peuvent toujours pénétrer dans les magasins pour vérifier les marchandises qui y sont déposées. Il est interdit à l'entrepositaire de changer les marchandises de magasin, sans une déclaration préalable et un permis de la douane. La durée de l'entrepôt fictif ne peut excéder une année. Le négociant qui commet des fraudes, ou ne se conforme pas rigoureusement aux conditions prescrites pour l'entrepôt fictif, s'expose au paiement immédiat des droits; dans certains cas même, il est obligé de payer une somme double de celle qui est ordinairement perçue, ou double droit, et il peut être condamné à une amende.

Transit. — Le transit est une faveur au moyen de laquelle les denrées et marchandises, venant de l'étranger et à destination de l'étranger, peuvent traverser la France en franchise des droits. Celui qui veut jouir du transit doit faire à la douane une déclaration détaillée, se munir d'un acquit-à-caution, et prendre l'engagement de faire sortir les marchandises et de justifier de leur sortie dans un délai déterminé. Les marchandises sont vérifiées à l'entrée, et les colis sont en général soumis au *plombage* : on appelle ainsi l'application de petits sceaux de plomb qui empêchent d'ouvrir les enveloppes, et garantissent l'identité des marchandises. Lorsque les marchandises quittent le territoire français, il est procédé à une vérification nouvelle au bureau de sortie, à l'effet de constater que les marchandises sont bien celles qui ont été admises au transit, et qu'aucune quantité n'a été détournée, vendue ou consommée en France.

Cabotage, distinction du grand et du petit cabotage. — Au point de vue du régime douanier, on entend par cabotage la navigation qui se fait entre deux ports de France ; on distingue : le grand cabotage qui se fait de l'Océan dans la Méditerranée et vice versa, et le petit cabotage qui se fait d'un port à l'autre de la même mer. La navigation au cabotage permet de transporter des marchandises d'un port à un autre, sans acquitter les droits de douane. Les marchandises expédiées au cabotage sont l'objet d'une déclaration à la douane, déclaration qui indique la qualité, le poids, la mesure ou le nombre des produits, les lieux de chargement et de destination, le nom du navire et celui du capiaine; elles sont vérifiées par les préposés de la douane avant leur embarquement, et sont accompagnées d'un passavant ou d'un acquit-à-caution. Si le navire caboteur fait relâche dans un port intermédiaire par suite de l'état de la mer ou de circonstances de force majeure, il doit être fait mention de la relâche par la douane de ce port. A l'arrivée au lieu de destination, l'armateur ou le consignataire du navire fait une nouvelle déclaration, et il est procédé à la vérification de la cargaison.

Législation pénale en matière de douanes ; son caractère particulier. —Des dispositions pénales sévères répriment les fraudes commises en matière de douanes. Ces dispositions présentent des caractères particuliers sur lesquels il est nécessaire d'insister. D'après les règles générales du droit, les infractions à la loi pénale se divisent en trois classes : les contraventions, qui sont punies d'une amende de 15 francs au plus et d'un emprisonnement qui ne peut excéder cinq jours, et qui sont jugées par les juges de paix siégeant comme juges de simple police ; les délits, punis d'un emprisonnement de six jours au moins et d'une amende de plus de quinze francs : c'est aux tribunaux correctionnels qu'appartient le jugement des délits ; enfin les crimes, punis de peines criminelles, telles que la réclusion, les travaux forcés : ces peines sont appliquées par les cours d'assises. En matière de douanes, les expressions : délit, contravention, ont une signification différente, et les règles de compétence sont exceptionnelles. Tous les faits que les lois de douane punissent seulement d'une amende, quel qu'en soit le chiffre, alors même qu'elle dépasse quinze francs, constituent des contraventions, et sont de la compétence du juge de paix jugeant civilement. Il y a délit de douane, toutes les fois que le fait est puni d'une peine d'emprisonnement : le tribunal correctionnel est compétent pour les délits, et en outre pour certaines contraventions dont les lois spéciales lui ont confié la répression. Il n'existe plus aujourd'hui, en matière de douanes, d'infractions qualifiées crimes, entraînant des peines criminelles, et jugées par les cours d'assises. Seulement la contravention ou le délit peut être accompagné de circonstances qui constituent des crimes d'après le Code pénal, telles que la rébellion à main armée, des blessures faites aux préposés de l'administration; à raison de ces raits, il peut y avoir lieu à la compétence de la cour d'assises. Le mot : contravention est souvent employé pour désigner toute infraction à la législation des douanes, et ces infractions prennent le nom de *contrebande*, lorsqu'elles ont le caractère de délit, ou qu'elles sont accompagnées de circonstances qui offrent les éléments d'un crime.

Poursuites; visites domiciliaires; saisies. — Les fraudes qui peuvent être commises en matière de douanes sont assez nombreuses pour qu'il soit impossible d'en faire l'énumération : nous indiquerons seulement quelques règles générales. Lorsque des marchandises soumises aux droits sont importées ou exportées, sans que les droits soient acquittés, des poursuites peuvent être exercées contre ceux qui ont introduit ces marchandises, ou qui les ont fait sortir du territoire, et aussi contre tous ceux qui seraient trouvés en France les ayant en leur possession. Les simples détenteurs de marchandises introduites en fraude sont punis , alors même qu'ils en ignorent la provenance; leur bonne foi ne saurait être une excuse pour eux. Indépendamment des peines proprement dites : amende, emprisonnement, les marchandises sont confisquées et vendues au profit du Trésor, ainsi que les voitures ou autres moyens qui ont servi au transport. Enfin les négociants ou commissionnaires, reconnus coupables de fraude, peuvent être privés de la faculté du transit et de l'entrepôt. Les contraventions et délits sont constatés par les préposés des douanes, qui peuvent faire des visites domiciliaires, opérer des saisies, et qui dressent des procès-verbaux dont la sincérité ne peut être détruite qu'au moyen de la procédure particulière appelée inscription de faux.

Contraintes. — L'administration des douanes n'a pas seulement le droit de faire citer les redevables ou les contrevenants devant les tribunaux compétents pour les faire condamner au paiement des droits et aux peines établies par la loi, elle a un moyen d'exercer des poursuites avant qu'aucune condamnation soit intervenue. Les receveurs des douanes peuvent décerner pour le paiement des droits des contraintes, qui sont exécutoires comme le serait un jugement, à condition qu'elles aient été visées par le juge de paix dans le ressort duquel se trouve le bureau du receveur. En vertu de la contrainte, l'administration peut faire saisir et vendre les biens du redevable pour obtenir le paiement. Celui contre lequel une contrainte a été décernée, et qui prétend ne pas devoir, peut former devant le juge de paix opposition à la contrainte, mais cette opposition ne le dispense pas d'acquitter provisoirement les droits, qui lui seront restitués, si son opposition est reconnue fondée.

L'administration a la faculté de transiger; prescription. — La rigueur des dispositions en matière de douanes est tempérée par la faculté qu'a l'administration de transiger. La transaction peut intervenir avant la condamnation, l'administration consentant à ne pas exercer de poursuites contre le contrevenant; elle peut aussi avoir lieu après la condamnation, et l'administration peut faire remise des amendes et même de l'emprisonnement, s'il a été prononcé. La prescription est accomplie, soit en faveur de la régie, soit contre elle, par le délai d'un an écoulé sans demande ou sans poursuite.

CHAPITRE XVII.

DISPOSITIONS PÉNALES.

Division. — Nous étudierons, dans ce chapitre, les principales dispositions pénales applicables au commerce et à l'industrie, en parcourant successivement les délits qui consistent dans la violation des règlements relatifs aux manufactures, au commerce et aux arts, tels que la révélation des secrets de fabrique, les fraudes commises dans la vente de certaines marchandises, les coalitions, la contrefaçon; nous verrons ensuite les délits des fournisseurs de l'État, les règles qui concernent les épizooties, les mauvais traitements envers les animaux domestiques, les dégâts commis par les bestiaux, enfin les lois et règlements établis pour la fabrication et l'usage des machines à vapeur.

Violation des règlements relatifs aux marchandises exportées. — (*Code pénal, art.* 413). — Des décrets rendus dans la forme des règlements d'administration publique, c'est-à-dire le conseil d'État entendu, peuvent prescrire certaines conditions pour les produits des manufactures françaises qui sont destinés à être exportés et vendus à l'étranger. Ces règlements garantissent la bonne qualité des produits, en déterminent les dimensions et les apparences extérieures, et fixent le mode de fabrication. Ils assurent ainsi la réputation des produits français à l'étranger, en empêchant la confusion qui pourrait s'établir avec des produits d'une autre origine, et en prévenant les fraudes qui seraient de nature à les déprécier. Toute violation de ces règlements constitue un délit, et est punie d'une amende qui varie de 200 francs à 3,000 francs et de la confiscation des marchandises.

Engagement à l'étranger de directeurs, commis ou ouvriers d'un établissement français. — (*Code pénal, art.* 417.) — La loi a voulu protéger l'industrie française contre la fraude qui consiste à détourner des ouvriers, commis ou directeurs, à les enlever aux manufactures françaises, en les attirant à l'étranger par l'appât d'un salaire plus élevé. Elle punit d'un emprisonnement de six mois à deux ans et d'une amende de 50 francs à 300 francs ceux qui, dans le but de nuire à l'industrie française, ont fait passer en pays étranger des directeurs, commis ou ouvriers d'un établissement. Pour qu'il y ait délit, et pour que ces peines soient applicables, il faut un dessein frauduleux, l'intention de porter préjudice à l'industrie française. Ainsi le fabricant qui a un établissement en France et un autre à l'étranger peut, sans commettre aucun délit, faire passer à l'étranger et employer dans l'établissement qu'il exploite à l'étranger des ouvriers employés jusque-là dans son établissement de France. Remarquons que la loi punit seulement celui qui détourne le directeur, commis ou ouvrier ; ces derniers, qui abandonnent la France pour trouver des conditions de travail plus avantageuses, ne peuvent être poursuivis.

Révélation de secrets de fabrique.—(*Code pénal, art. 418.*) — Indépendamment des moyens qui font l'objet de brevets d'invention, il existe dans certains établissements industriels des procédés particuliers de fabrication qui ne sont point connus et employés ailleurs. Ces procédés particuliers sont les secrets de fabrique. Il fallait empêcher que ceux auxquels le fabricant a dû, à raison des nécessités du travail, faire connaître les moyens qu'il emploie, n'aillent les divulguer, et, en les portant à d'autres, **ne servent d'instruments à une** concurrence déloyale. Les directeurs, commis ou ouvriers de fabrique, qui communiquent ou tentent seulement de communiquer les secrets de la fabrique où ils sont employés, peuvent être condamnés à une peine, qui varie selon que la communication a été faite à un étranger ou à un Français résidant à l'étranger, ou à un Français demeurant en France. La révélation de secrets de fabrique à un étranger ou à un Français demeurant à l'étranger peut entraîner un emprisonnement de deux ans à cinq ans et une amende de 500 francs à 2000 francs ; la révélation faite à un Français résidant en France est punie d'un emprisonnement de trois mois à deux ans et d'une amende de 16 francs à 200 francs. La divulgation de secrets touchant à la fabrication des armes et munitions de guerre appartenant à l'État est toujours punie du maximum de la peine.

Des coalitions. — (*Code pénal, art. 414, 415, 416, modifiés par la loi du 25 mai 1864.*) —La coalition est l'accord qui s'établit entre les patrons ou entre les ouvriers pour arriver à une modification du salaire ou des conditions du travail. Lorsque des ouvriers veulent obtenir une augmentation de salaire qui est refusée par les patrons, la coalition peut amener la *grève*, c'est-à-dire la désertion des ateliers et l'abandon simultané du travail par les ouvriers.

Législation antérieure à la loi du 25 mai 1864. — Les dispositions du Code pénal antérieures à 1864 étaient fort sévères pour les coalitions. Toute coalition, soit entre les patrons, soit entre les ouvriers, était un délit, alors même que la cessation du travail avait été de la part de tous les intéressés parfaitement libre, qu'aucun désordre, qu'aucune violence ne l'avait accompagnée, alors même que les griefs allégués par les ouvriers étaient légitimes. Voici quelle était la situation faite aux ouvriers par cette législation : chaque ouvrier était libre de discuter individuellement avec le patron les conditions du travail, il pouvait refuser de travailler si le patron ne lui accordait pas ce qu'il demandait, mais lorsque plusieurs ouvriers se concertaient, faisaient au patron des conditions identiques, et, sur le refus de celui-ci, désertaient ensemble l'atelier par suite d'un accord antérieur, il y avait délit de coalition. Cet état de choses avait été signalé comme contraire aux vraies doctrines économiques et au droit des ouvriers. Le principe de la liberté du travail et des transactions entraîne, disait-on, comme conséquence nécessaire la faculté pour les ouvriers de discuter comme ils l'entendent les conditions du travail, et de quitter l'atelier, s'il n'est pas fait droit à leur demande. L'entente entre les ouvriers, le concert arrêté, peuvent seuls triompher de la résistance des patrons, et permettre aux ouvriers de faire prévaloir des réclamations fondées. Sans doute la coalition et la cessation du travail qui en résulte sont des faits extrêmement regrettables, mais les ouvriers en sont d'ordinaire les premières victimes, c'est à leur sagesse, à leur intelligence, qu'il convient de s'en remettre pour ne pas faire un mauvais usage de cette liberté, de ce moyen qui peut être dangereux pour eux-mêmes. Ces raisons ont paru décisives, et une loi du 25 mai 1864, a modifié les règles de la législation antérieure.

Liberté des coalitions ; répression de la violence, de la fraude, des manœuvres portant atteinte à la liberté. — D'après cette loi, les coalitions entre patrons ou entre ouvriers sont libres en principe : les ouvriers peuvent se concerter pour refuser le travail, si une augmentation de salaire ou une modification dans les conditions du travail ne leur est pas accordée : ce fait n'est plus un délit. Mais si la coalition n'est pas punie lorsqu'elle est le résultat de la volonté libre des intéressés, elle est sévèrement réprimée lorsqu'elle est accompagnée de violence, de fraude, de manœuvres portant atteinte à la liberté des autres ouvriers. Lorsqu'il y a des violences, des voies de fait, des menaces, des manœuvres frauduleuses, que ces violences ou ces manœuvres ont eu pour but de porter atteinte, par la cessation simultanée du travail, à la liberté du patron ou de l'ouvrier, il y a délit de coalition, puni, d'après la loi de 1864, d'un emprisonnement de six jours à trois ans, d'une amende de 16 francs à 3,000 francs, ou de l'une de ces deux peines.

Atteintes légères à la liberté du travail. — La loi prévoit et réprime un autre fait qui constitue aussi une atteinte à la liberté du travail ; ce sont les amendes, défenses, proscriptions, interdictions qui sont prononcées en exécution d'un concert ou accord préalable, et qui ont pour but d'empêcher de travailler les ouvriers qui ne veulent pas se joindre aux demandes de leurs compagnons, et se coaliser avec eux. Ce délit est puni d'un emprisonnement de six jours à trois mois, d'une amende de 16 francs à 300 francs, ou de l'une de ces deux peines seulement (1).

Manœuvres frauduleuses pour amener la hausse ou la baisse des marchandises et effets publics ; opérations de jeu sur les effets publics. — (*Code pénal, art. 419, 420, 421, 422.*) — Le commerçant a évidemment le droit de fixer comme il l'entend le prix de ses marchandises, de vendre et d'acheter dans les conditions les meilleures qu'il trouve à réaliser. Mais il n'est point permis d'amener la hausse ou la baisse des marchandises par des moyens frauduleux, par exemple, par de faux bruits semés à dessein dans le public, ou par une entente entre les principaux détenteurs d'une même marchandise. Ceux qui par ces manœuvres ont opéré la hausse ou la baisse du prix des denrées et marchandises

____

(1) L'Assemblée nationale est saisie de plusieurs propositions tendant à modifier la loi de 1864, et à prévenir les dangers que présentent les grèves.

ou des papiers et effets publics, sont punis d'un emprisonnement d'un mois au moins, d'un an au plus et d'une amende de 500 francs à 10,000 francs. La peine est plus forte et peut être portée jusqu'à deux années d'emprisonnement et 20,000 francs d'amende, si ces manœuvres ont été pratiquées sur certaines denrées destinées à l'alimentation publique, les grains, les farines, le pain, le vin.

Peuvent également être punis d'un emprisonnement d'un mois à un an et d'une amende de 500 francs à 10,000 francs ceux qui se livrent à l'agiotage, à des opérations qui ont le caractère d'opérations de jeu ou de paris sur les effets publics.

Fraudes et falsifications commises par les marchands et par les voituriers. — (*Code pénal, art. 387, 423, 424. Loi du 27 mars 1851.*) — Des dispositions pénales protègent le public contre les fraudes et les falsifications qui pourraient être commises par les marchands. En voici le résumé. La loi punit : 1° celui qui trompe l'acheteur sur le titre des matières d'or et d'argent, sur la qualité d'une pierre vendue pour fine et qui ne l'est pas, enfin sur la nature même de la marchandise ; 2° celui qui falsifie ou altère des médicaments ou des substances alimentaires destinées à être vendues, du vin, du lait, par exemple ; 3° celui qui vend ou met en vente des substances ou denrées alimentaires, des médicaments qu'il sait falsifiés ou corrompus ; 4° celui qui trompe ou tente de tromper l'acheteur sur la quantité des choses livrées, soit par l'usage de faux poids, de fausses mesures, de balances inexactes, soit par des manœuvres tendant à fausser l'opération du pesage ou du mesurage, soit enfin par des indications frauduleuses faisant supposer un mesurage antérieur et exact. Tous ces faits sont punis d'un emprisonnement pendant trois mois au moins et un an au plus, d'une amende qui ne peut être inférieure à 50 francs, de la confiscation des marchandises ou instruments de pesage ; le tribunal peut ordonner l'affiche du jugement de condamnation et son insertion dans les journaux. L'emprisonnement peut être porté à deux ans, s'il s'agit d'une marchandise contenant des mixtions nuisibles à la santé. Sont également punis, mais d'une peine moins forte, amende de 16 francs à 25 francs, emprisonnement de six jours à dix jours, les marchands qui détiennent, sans motifs légitimes, de faux poids, des mesures ou instruments de pesage ou de mesurage inexacts ; la même peine peut être prononcée contre le marchand qui a en sa possession des substances alimentaires ou des médicaments qu'il sait falsifiés ou corrompus, alors même qu'il ne les a ni vendus ni mis en vente.

Les voituriers, les bateliers, leurs commis ou employés, qui altèrent les vins, les liquides ou autres marchandises qu'ils sont chargés de transporter, commettent aussi un délit. Si cette altération a eu lieu par le mélange de substances malfaisantes, la peine est un emprisonnement de deux à cinq ans et une amende de 25 francs à 500 francs ; s'il n'y a pas eu mélange de substances malfaisantes, la durée de l'emprisonnement n'est que de un mois à un an, et l'amende de 16 francs à 100 francs.

Contrefaçon; notions sur le droit des auteurs. — (*Code pénal, art. 425 à 429. Loi du 19 juillet 1793. Décret du 28 mars 1852. Loi du 14 juillet 1866.*) Nous avons eu à parler déjà de la contrefaçon lorsque nous avons traité de la propriété industrielle : il y a également contrefaçon dans la violation des droits de l'auteur d'une œuvre littéraire ou artistique. C'est de cette contrefaçon que nous avons maintenant à nous occuper ; et tout d'abord, il est nécessaire de déterminer les droits des auteurs. Les auteurs d'écrits en tout genre, de compositions musicales, d'œuvres dramatiques, les artistes, peintres, sculpteurs, dessinateurs, graveurs, ont le droit exclusif, pendant leur vie, de tirer profit de leurs œuvres par les divers modes d'exploitation qu'elles comportent : la publication, s'il s'agit d'œuvres littéraires, la représentation, pour les œuvres dramatiques, la reproduction, pour les dessins, gravures, etc. Le droit n'est pas limité à la vie de l'auteur, il passe à ses héritiers ; d'après une loi du 14 juillet 1866, la durée du droit des héritiers est de cinquante années à compter de la mort de l'auteur. Si l'auteur était marié, l'époux qui lui survit a, sauf quelques exceptions, un droit de jouissance s'éteignant à sa mort, et ne pouvant, en tout cas, excéder le terme de cinquante ans à compter du décès de l'auteur. Après la mort du conjoint survivant, si ce terme n'est pas atteint, la jouissance de l'œuvre revient aux héritiers de l'auteur. L'auteur peut, au lieu d'exploiter lui-même son œuvre, céder ses droits à un tiers, moyennant un certain prix : ainsi l'auteur d'une œuvre littéraire cède ses droits à un libraire qui se charge d'éditer et de vendre l'ouvrage ; le droit du cessionnaire est déterminé par la convention intervenue entre l'auteur et lui, et, si ce droit n'est pas limité, il peut s'étendre à toute la durée du droit de l'auteur et de ses héritiers, c'est-à-dire la vie de l'auteur et cinquante ans après sa mort. Lorsque le droit de l'auteur et de ses héritiers se trouve éteint par l'expiration du terme qui lui est assigné, l'œuvre tombe dans le domaine public, et tout le monde a le droit de la publier, de la représenter, de la reproduire.

Éléments de la contrefaçon ; peines. — Après ces notions générales sur les droits des auteurs, voyons en quoi consiste la contrefaçon, et quelles peines sont prononcées contre les contrefacteurs. L'atteinte portée aux droits de l'auteur, de ses héritiers ou cessionnaires, peut consister dans la publication ou la reproduction illicite, dans le débit ou l'introduction en France d'œuvres publiées ou reproduites sans le consentement des ayants-droit, enfin dans la représentation non autorisée d'une œuvre dramatique, d'une pièce de théâtre. Toute contrefaçon est un délit, et les différents faits qui la constituent sont punis de peines différentes selon leur gravité. La contrefaçon proprement dite, qui consiste dans la publication ou reproduction sans le consentement de l'auteur de l'œuvre littéraire ou artistique et dans l'introduction en France d'ouvrages contrefaits, est punie d'une amende de 100 francs à 2,000 francs ; la vente ou débit d'ouvrages contrefaits est puni d'un amende de 25 francs à 500 francs ; dans tous les cas, l'œuvre contrefaite est confisquée. La représentation non autorisée d'une pièce de théâtre ou œuvre dramatique est punie d'une amende de 50 francs à 500 francs et de la confiscation des recettes. Indépendamment de ces peines, l'auteur dont l'œuvre a été contrefaite ou représentée sans autorisation peut obtenir contre le contrefacteur des dommages-intérêts pour le préjudice que lui a causé la contrefaçon.

Obligation du dépôt. — Pour les œuvres littéraires, pour les dessins et gravures, la poursuite en contrefaçon est subordonnée à l'accomplissement d'une formalité : le dépôt de deux exemplaires, à Paris au ministère de l'intérieur, et dans les départements, au secrétariat de la préfecture. L'auteur qui n'aurait pas rempli cette condition verrait son action contre les contrefacteurs repoussée par les tribunaux. Le dépôt n'est pas nécessaire, il n'est même pas possible pour les œuvres dramatiques, les peintures et sculptures : pour ces objets, l'action en contrefaçon peut être exercée sans que la formalité du dépôt ait été remplie.

Protection accordée aux ouvrages étrangers. — La protection de la loi a été étendue aux œuvres littéraires et artistiques qui ont vu le jour en pays étranger. La contrefaçon des ouvrages étrangers est punie comme celle des ouvrages publiés en France, pourvu que l'auteur étranger ait rempli en France les conditions imposées à l'auteur français, et notamment se soit conformé à l'obligation du dépôt. Ces dispositions favorables pour les étrangers, dues à l'initiative du gouvernement français, et consacrées par le décret du 28 mars 1852, ont déterminé un grand nombre de puissances étrangères à accorder dans leur pays aux auteurs français la même protection. Des traités ont été faits entre la France et les puissances voisines pour assurer la répression à l'étranger de la contrefaçon des ouvrages publiés en France.

Délits des fournisseurs. — (*Code pénal, art. 430 à 433.*) — La nécessité d'assurer l'exécution rigoureuse des marchés ayant pour objet les fournitures de l'armée et de la marine, et les conséquences graves que peuvent entraîner, surtout en temps de guerre, la non-exécution et le retard dans ces services, ont fait établir des peines contre les fournisseurs qui ne remplissent pas les obligations de leurs marchés. Il est bien entendu que ces peines ne s'appliquent qu'aux fournis-

seurs des armées de terre ou de mer : la même sanction rigoureuse n'existe pas pour les autres marchés qui sont contractés avec l'État. Trois faits sont prévus : 1° le fournisseur qui fait manquer le service dont il était chargé, sans
pouvoir invoquer pour se justifier un fait de force majeure,
est puni d'une peine criminelle, de la réclusion ; ce fait constitue un crime qui sera jugé par la cour d'assises. La même
peine est appliquée aux agents du fournisseur, si la cessation
du service provient de leur fait ; 2° si le service n'a pas manqué, mais que les livraisons aient été retardées par la négligence du fournisseur, il est puni d'un emprisonnement de
six mois au moins, de cinq ans au plus et d'une amende de 100
francs au moins ; 3° la même peine est appliquée au fournisseur
qui commet des fraudes sur la nature, la qualité ou la quantité des travaux faits ou des objets fournis. Les fournisseurs
qui se rendent coupables de ces délits ne peuvent être poursuivis que sur la dénonciation du gouvernement.

Épizooties; mesures prises pour arrêter la contagion.—
(*Code pénal, art. 459, 460.*) — On appelle *épizooties* les maladies qui attaquent simultanément un certain nombre d'a-
nimaux, dans un même lieu ou dans des lieux rapprochés,
sous l'influence de causes communes et accidentelles. Lorsque
des maladies de cette nature, ayant un caractère contagieux,
éclatent dans une localité, les maires et les préfets doivent
prendre les mesures nécessaires pour que la contagion ne se
propage pas. Le gouvernement peut aussi, comme il l'a fait
à différentes époques, à l'occasion de la maladie appelée
typhus contagieux qui a sévi en France, en Angleterre,
en Hollande, en Belgique, en Allemagne, interdire l'entrée
du territoire français aux animaux venant de certains pays,
afin d'empêcher qu'une maladie contagieuse, existant à l'é-
tranger, n'envahisse la France. Pour faciliter et assurer l'accomplissement des mesures de police relatives aux épizooties,
le Code pénal contient les dispositions suivantes : celui qui a
en sa possession ou sous sa garde des animaux soupçonnés
d'être atteints d'une maladie contagieuse est soumis à une
double obligation ; il doit sur le champ avertir le maire de la

commune où se trouvent les animaux, et en outre, même
avant que le maire ait répondu à son avertissement, les e-
nir enfermés. S'il manque à l'une ou l'autre de ces prescrp-
tions, il peut être puni d'un emprisonnement de six jour à
deux mois, et d'une amende de 16 francs à 200 francs. Un
emprisonnement de deux mois à six mois et une amende de
100 francs à 500 francs peuvent être prononcés contre ceux
qui, au mépris des défenses de l'administration, ont laissé ces
animaux infectés communiquer avec d'autres ; l'emprisonnement peut être porté à cinq années et l'amende à 1000 francs,
si de cette communication il est résulté une contagion parmi
les autres animaux.

Animaux domestiques ; mauvais traitements. — (*Loi du
8 juillet 1850*). — Le propriétaire d'animaux domestiques,
celui qui les garde ou les conduit peut en général en user
comme il l'entend. Cependant la loi du 8 juillet 1850, connue
sous le nom de *loi Grammont*, punit les mauvais traitements
exercés envers les animaux domestiques d'une manière abu-
sive, c'est-à-dire méchamment et avec cruauté, lorsque ces
mauvais traitements se produisent en public. La peine est
une amende de 5 francs à 15 francs, ou même l'emprisonnement de un à cinq jours.

Dégâts commis par les bestiaux. — Enfin, lorsque des bestiaux laissés à l'abandon font des dégâts à la propriété d'autrui, ces dégâts doivent être payés par les propriétaires des
bestiaux ou par ceux qui en ont la jouissance. Le propriétaire qui a éprouvé le dommage peut saisir les bestiaux, sous
l'obligation de les conduire dans les vingt-quatre heures au
lieu désigné par l'autorité municipale. Les bestiaux saisis
sont vendus pour satisfaire aux dégâts, s'ils ne sont pas récla-
més, et que le dommage n'ait point été payé dans la huitaine
du jour du délit.

Appareils à vapeur et chaudières à vapeur. — (*Loi du
21 juillet 1856. Décret du 27 janvier 1865.*) — Les dangers que
peut présenter l'usage des machines à vapeur ont fait établir des règlements particuliers auxquels sont soumis la fabrication et l'emploi de ces appareils. La règle générale est

qu'aucune pièce destinée, soit à produire de la vapeur, comme une chaudière fermée, soit à la contenir seulement, comme les cylindres ou enveloppes de cylindres, ne peut être livrée par le fabricant sans avoir été soumise à des épreuves qui en garantissent la solidité. Ces épreuves doivent être renouvelées, lorsqu'il est fait à l'appareil des réparations notables. Au surplus, les règles de détail varient selon la destination des machines à vapeur. Occupons-nous d'abord de celles qui ne sont point placées à bord des bateaux : elles sont régies par le décret du 27 janvier 1865.

Épreuves; timbres; appareils de sûreté. — Aucune chaudière neuve destinée à ces appareils ne peut être livrée par le constructeur, aucune chaudière ayant déjà servi ne peut être vendue, ou rendue au propriétaire après avoir été réparée, qu'autant qu'elle a subi une épreuve qui est faite par les ingénieurs des mines ou des ponts et chaussées ou par les agents sous leurs ordres. Lorsque la chaudière a été éprouvée avec succès, il y est apposé un timbre indiquant la pression effective que la vapeur ne doit pas dépasser. Le timbre est placé d'une manière apparente et poinçonné par l'agent qui a assisté à l'épreuve. Chaque chaudière doit être munie de deux soupapes de sûreté, chargées de laisser la vapeur s'écouler dès qu'elle atteint la limite maximum de pression énoncée par le timbre, d'un manomètre en bon état placé en vue du chauffeur, d'un appareil d'alimentation d'une puissance suffisante et d'un effet certain, enfin de deux appareils indicateurs du niveau de l'eau.

Chaudières placées à demeure. — Certaines prescriptions particulières sont relatives à l'établissement des chaudières à vapeur placées à demeure : elles ne peuvent être établies qu'après une déclaration au préfet du département. Cette déclaration, qui est enregistrée à sa date, indique l'origine de la chaudière, le lieu où elle est établie, sa forme, sa capacité, le timbre qui exprime la pression effective maximum sous laquelle elle doit fonctionner, enfin le genre d'industrie et l'usage auquel elle est destinée. Les chaudières placées à demeure sont divisées en trois catégories selon leur capacité et la pression qu'elles doivent subir. Celles de la première catégorie ne peuvent être placées qu'en dehors des maisons ou des ateliers surmontés d'étages ; elles doivent être écartées de trois mètres au moins du mur des habitations voisines, et, si la distance est de moins de dix mètres, il doit être établi un mur de défense en bonne et solide maçonnerie, à moins que la chaudière ne soit installée dans certaines conditions particulières. A la distance de dix mètres ou plus des maisons d'habitation, aucune précaution spéciale n'est plus exigée. Les chaudières de la seconde classe peuvent être placées dans tout atelier, pourvu que la maison où il se trouve ne soit habitée que par le manufacturier et sa famille. Quant à celles de la troisième classe, elles peuvent être établies même dans une maison habitée par des tiers. Les fourneaux des chaudières de la deuxième et de la troisième classe doivent être entièrement séparés des habitations voisines, par un espace de un mètre, pour les chaudières de la seconde catégorie, de 50 centimètres, pour celles de la troisième. Les conditions d'emplacement prescrites pour les chaudières de toutes classes cessent d'être obligatoires lorsque les tiers intéressés à les invoquer renoncent à s'en prévaloir. Le foyer de toutes les chaudières doit brûler sa fumée.

Machines locomobiles. Les machines qui ne sont pas placées à demeure s'appellent locomobiles ou locomotives. Les machines dites locomobiles sont celles qui peuvent être transportées d'un lieu à un autre, qui n'exigent aucune construction pour fonctionner sur un point donné, et sont employées d'une manière temporaire. Ces machines sont l'objet d'une déclaration adressée au préfet du département où habite celui à qui elles appartiennent ; elles portent une plaque sur laquelle se trouve indiqué le nom du propriétaire et un numéro d'ordre, s'il a plusieurs machines. Les chaudières des machines locomobiles sont soumises en général aux mêmes épreuves, et doivent être munies des mêmes appareils de sûreté que celles des machines fixes. Les machines locomobiles ne peuvent être employées sur une propriété particulière, à moins de cinq mètres des bâtiments d'habitation et des amas de matières inflammables. Les locomotives sont les machines qui, sur terre, travaillent en même temps qu'elles se déplacent par leur propre force. Les locomotives qui circulent sur les voies ferrées sont soumises aux règlements particuliers sur les chemins de fer. Quant aux appareils de même nature qui peuvent circuler sur les routes ordinaires, un arrêté du ministre des travaux publics du 20 avril 1866 a déterminé les règles qui leur sont applicables. Aucun service destiné aux personnes ou aux marchandises, et fonctionnant par ces machines, ne peut s'établir qu'avec l'autorisation du préfet, s'il est compris dans un seul département et avec l'autorisation du ministre des travaux publics, s'il embrasse plusieurs départements.

Surveillance de l'administration; accidents.— Quelle que soit la nature de l'appareil à vapeur, il est soumis à la surveillance des ingénieurs. Lorsqu'un accident arrivé à une machine à vapeur a occasionné la mort d'un homme ou des blessures graves, le propriétaire ou chef d'établissement doit avertir immédiatement l'autorité chargée de la police locale, le maire ou le commissaire de police, et en outre l'ingénieur chargé de la surveillance. Un procès-verbal est dressé par le maire ou le commissaire de police, transmis au préfet et au procureur de la République; l'ingénieur adresse également un rapport au préfet et un procès-verbal au procureur de la République. En cas d'explosion, aucune réparation ne doit être faite, avant la clôture du procès verbal rédigé par l'ingénieur.

Machines placées à bord des bateaux.— Il nous reste à dire quelques mots des bateaux à vapeur et des machines qui y sont placées. Les bateaux à vapeur ne peuvent circuler sans un permis de navigation délivré par l'autorité administrative. Les chaudières doivent être revêtues des timbres constatant qu'elles ont été soumises aux épreuves réglementaires. Le propriétaire du bateau à vapeur doit se conformer aux prescriptions qui lui sont imposées pour l'usage des appareils à vapeur et pour les mesures de sécurité qui sont prises dans l'intérêt des passagers. Enfin la conduite du bateau et de l'appareil à vapeur ne peut être confiée qu'à un capitaine ou à un mécanicien pourvu d'un certificat de capacité.

Contraventions et peines. — Les infractions aux dispositions diverses que nous venons de parcourir sont punies d'une amende, quelquefois même d'un emprisonnement. Une amende est prononcée contre le fabricant qui livre une machine neuve, ou qui rend au propriétaire une machine à laquelle il a fait des réparations notables, sans qu'elle ait été soumise aux épreuves règlementaires, contre celui qui fait usage d'une chaudière qui n'a point été éprouvée, ou sur laquelle n'a pas été apposé le timbre indiquant le degré de pression auquel elle peut être soumise, ou enfin qui n'est pas pourvue des appareils de sûreté exigés. Sont punis d'une amende et même d'un emprisonnement, le chauffeur ou mécanicien qui fait fonctionner une machine à un degré de pression trop fort, qui fausse, paralyse ou surcharge les appareils de sûreté, et le propriétaire, chef d'entreprise, gérant, préposé, par les ordres duquel le chauffeur ou mécanicien a agi. Lorsque la contravention, quelle qu'elle soit, a occasionné la mort d'un homme, la peine peut être un emprisonnement de six mois à cinq ans, et s'il en est résulté des blessures, un emprisonnement de huit jours à six mois. La victime de l'accident, sa veuve ou ses héritiers peuvent réclamer en outre des dommages-intérêts au propriétaire de la machine qui a causé l'accident.

Procès-verbaux. — Les contraventions sont constatées par des procès-verbaux dressés par les ingénieurs des mines ou des ponts et chaussées, par les agents placés sous leurs ordres, par les maires et les commissaires de police, enfin, pour les bateaux à vapeur, par les officiers de port, inspecteurs et gardes de la navigation ; elles sont jugées par les tribunaux correctionnels qui appliquent les peines établies par la loi.

APPENDICE (1)

HYPOTHÈQUE MARITIME

(Loi du 10 décembre 1874.)

Motifs de la loi. — Aux termes de la loi civile, les immeubles seuls peuvent être hypothéqués; les navires, ayant le caractère de meubles, ne pouvaient d'après le droit commun être susceptibles d'hypothèque. D'un autre côté le contrat de nantissement, qui permet de donner en garantie des marchandises ou autres objets mobiliers, était sans application aux navires, parce que le nantissement ou gage ne peut se constituer qu'autant que la chose qui en fait l'objet est remise en la possession du créancier : le propriétaire du navire qui le donnerait en nantissement perdrait ainsi la faculté d'en tirer profit (2). Les moyens habituels de crédit manquaient donc au commerce maritime, et les propriétaires de navires pouvaient difficilement se procurer les fonds nécessaires à leurs entreprises, malgré l'importance du capital que représentent les navires. La loi du 10 décembre 1874 a eu pour but de remédier à cette lacune de notre législation en rendant les navires susceptibles d'hypothèque.

Formes de l'hypothèque. — Les navires ne peuvent être hypothéqués que par la convention des parties; il n'existe

---

(1) V. p. 222.

(2) Voir pour les conditions de constitution du gage et les caractères de l'hypothèque nos Éléments de législation usuelle, 3ᵉ année, p. 228 et 232.

point pour les navires d'hypothèque légale ou judiciaire Le contrat duquel résulte l'hypothèque doit être rédigé par écrit; il peut être authentique, c'est-à-dire reçu par un officier public, tel qu'un notaire, ou sous seing-privé. L'hypothèque ne peut être consentie que par le propriétaire de tou, ou partie du navire ou par son mandataire spécial. L'hypothèque peut être constituée sur un navire en construction, mais en pareil cas, afin de constater d'une manière certaine l'identité du navire, le contrat d'hypothèque doit être précédé d'une déclaration faite au bureau du receveur des douanes du lieu où le navire est en construction. Cette déclaration indique la longueur de la quille du navire, approximativement ses autres dimensions, son port présumé et l'emplacement de la mise en chantier. Les navires de vingt tonneaux et au-dessus sont seuls susceptibles d'hypothèque.

Publicité. — L'hypothèque est rendue publique au moyen d'une inscription portée sur un registre spécial, tenu par le receveur des douanes du lieu où le navire est en construction, ou du lieu où il est immatriculé, s'il s'agit d'un navire déjà construit. L'inscription est opérée par le receveur sur la représentation de l'acte établissant l'hypothèque et de deux bordereaux signés de celui qui requiert l'inscription. Ces bordereaux contiennent les énonciations nécessaires pour l'inscription, à savoir : les noms et demeure des parties, la date du titre, sa nature, le montant de la créance, les conventions relatives au remboursement et aux intérêts, le nom et la désignation du navire hypothéqué, la date de l'acte de francisation ou de la déclaration au bureau du receveur de la mise en construction, enfin élection de domicile par le créancier dans le lieu où réside le receveur. L'accomplissement de la formalité de l'inscription est certifié par le receveur sur l'un des bordereaux qui est remis à la personne requérant l'inscription. L'inscription ne conserve l'hypothèque que pendant trois ans; elle doit être renouvelée avant l'expiration de ce délai. Toute personne peut se faire délivrer par le receveur un état des inscriptions existant sur le navire ou un certificat constatant qu'il n'existe pas d'inscription.

L'inscription faite sur le registre doit être en outre mentionnée par le receveur au dos de l'acte de francisation, si l'hypothèque est constituée sur un navire déjà construit; si l'hypothèque a été consentie au cours de la construction du navire, la mention devra être faite au moment où le navire sera présenté à la francisation. Ces différentes formalités ne pouvaient être remplies lorsque le navire est hypothéqué au cours d'un voyage en mer; voici les règles particulières qui doivent être suivies en pareil cas. Le propriétaire du navire qui veut se réserver la faculté de l'hypothéquer au cours du voyage doit déclarer au bureau du receveur des douanes la somme pour laquelle il entend pouvoir user de ce droit; cette déclaration est portée sur le registre du receveur et mentionnée au dos de l'acte de francisation. L'hypothèque réalisée au cours du voyage est constatée sur l'acte de francisation : en France, par le receveur des douanes du lieu où l'emprunt hypothécaire est réalisé ; à l'étranger, par le consul français ou à défaut par un officier public du lieu.

Effets de l'hypothèque. — L'hypothèque crée au profit du créancier un droit de préférence qui s'exerce sur le prix, en cas de vente, ou sur le montant des assurances, en cas de perte du navire. Le créancier hypothécaire n'est payé toutefois qu'après les créances privilégiées, telles que les frais d'entretien, les gages et loyers des gens de l'équipage, etc. Le rang des créanciers hypothécaires entre eux se règle par la date de leur inscription; le créancier inscrit le premier est payé avant les autres et ainsi de suite dans l'ordre de date d'inscription. Outre le droit de préférence, l'hypothèque confère au créancier un droit de suite qui lui permet de saisir et de faire vendre le navire, même lorsqu'il est sorti des mains de son débiteur et passé par une vente entre les mains d'un tiers. Le tiers acquéreur qui veut se garantir de l'effet des inscriptions existant sur le navire doit remplir les formalités de *la purge des hypothèques*. Il notifie aux créanciers inscrits un extrait de son contrat, en offrant de payer les dettes hypothécaires jusqu'à concurrence de son prix. Sur cette notification et dans les dix jours qui la suivent, tout créancier inscrit peut faire une *surenchère du dixième*, c'est-à-dire demander que l'immeuble soit mis en vente aux enchères publiques, en s'engageant à porter le prix à un dixième en sus de celui offert par l'acquéreur : s'il n'y a point de surenchère, l'acquéreur est libéré par le paiement de son prix alors même que ce prix serait insuffisant pour désintéresser tous les créanciers hypothécaires.

FIN.